A Taste For Poison
Eleven Deadly Molecules and the Killers Who Used Them

Neil Bradbury

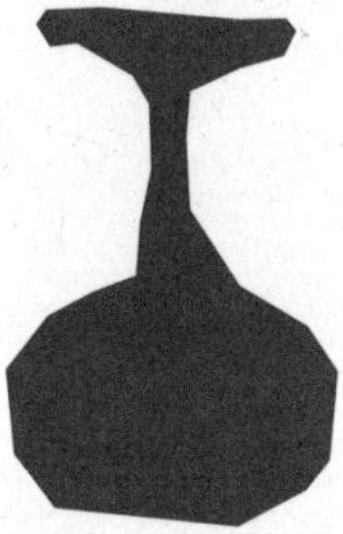

毒殺の化学
世界を震撼させた11の毒

ニール・ブラッドベリー
五十嵐加奈子 訳

青土社

毒殺の化学

目次

パート1　死を招く生体分子

パート2　土壌由来の死の分子

妻と娘たち、そして善悪を教えてくれた両親に捧げる。

毒殺の化学——世界を震撼させた11の毒

世に名だたる毒殺者は、概して女性だ。しかし喜ばしいことに、誰彼かまわず手当たり次第に毒を盛ったウェールズの男性弁護士の事件を、私はしかと記憶している。彼は自分を抑えられなかった。そして、じつに品の良い紳士であった彼は、殺人史上最も印象的なせりふを生み出した。客に毒入りスコーンを勧めながら、こう言ったのだ――「この指がご無礼を《エクスキューズ・フィンガーズ》*1」。

――サー・ジョン・モーティマー（法廷弁護士、『オールド・ベイリーのランポール（Rumpole of the Bailey）』の作者）

パート1

死を招く生体分子

序文

昔ながらの方法がいちばんいい、毒という単純な方法が。毒は私たち女にも、男と同じ力を与えてくれる。

エウリピデス『メディア』(紀元前四三一年)

犯罪の歴史において、殺人はひときわ凶悪な地位を占める。その殺人の方法として、毒ほど禍々《まがまが》しい魅力を放つものはないだろう。かっとなってその場のはずみで犯してしまう衝動的な殺人とは違い、冷徹な計算のもと計画的に行なわれる毒殺には「予謀」という法律用語がぴたりと当てはまる。毒殺には周到な計画が必要であり、相手の習慣を把握したうえで実行しなければならない。毒をどうやって投与するかの検討も必要だ。ものの数分で死に至らしめる毒もあれば、時間をかけて少しずつ投与されたものが徐々に体内に蓄積されていき、いつか確実に息の根を止める毒もある。

本書では、毒殺者とその犠牲となった人々の例をただ並べるのではなく、さまざまな毒の性質や、それが人体にどう作用するかを分子、細胞、生理的レベルで探求する。命を奪う仕組みは毒によって異なり、多くの場合、被害者が経験するさまざまな症状は、使われた毒の性質を知る手がかりとなる。おかげで適切な治療がほどこされ、完治に至ったケースもまれにある。その一方で、毒の種類がわかっても治療には役立たないケースもある。解毒剤がなければどうしようもないからだ。

いずれも「毒」をあらわす「ポイズン（poison）」と「トキシン（toxin）」という言葉は同じ意味で使われることが多いが、厳密に言えば同じではない。ポイズンのほうは、自然界に存在するものか人工的につくられたものかを問わず、人体に害を及ぼす化学物質全般を指す。一方のトキシンは通常、生物由来の致死性化学物質を指す。しかしいずれかを投与される立場からすれば、両者の違いを知ったところでなんの役にも立たない。toxikon という語は古代ギリシャ語に由来し、「矢を浸す毒」すなわち人や獲物を殺すために矢じりに塗った植物の抽出液《エキス》を意味する。この toxikon とギリシャ語で「研究する」という意味の logia が組み合わさって、毒の研究すなわち toxicology（毒物学）となった。一方、poison の由来はラテン語の potio で、単に「飲み物」という意味しかなかったが、これが徐々に変化して古フランス語の puison または poison になった。英語に poison という語が初めて登場したのは一二〇〇年のことで、「死に至る薬液または物質」を意味した。

生物由来の毒の多くは、複数の化学物質の混合物である。たとえばナス科の有毒植物から抽出される未精製のエキス（ベラドンナとしても知られる）は非常に危険性が高いが、このエキスを精製するとアトロピンという純粋な化学物質が得られる。同様にジギタリス属の植物も毒性をもつが、そこからは単一化学物質のジゴキシンが精製される。

歴史的には、たとえば鉛とヒ素、ベラドンナの混合物であるトファナ水（アクア・トファナ）のように、複数の毒を混ぜ合わせてつくられた毒もある。*1

瓶のなかの無害な化学物質が、どのようにして死体のなかの毒物になるのだろうか。それがなんの毒であれ、死に至るまでには「投与」、「作用」、「効果」という三つのステージがある。

毒は、「経口」、「吸入」、「経皮」、「注射」の四つの経路《ルート》で投与される。つまり、飲食により腸から体内に入るか、吸い込んで肺に入るか、皮膚からじかに吸収されるか、筋肉または血流に注入されるかである。殺人者がどの方法で被害者の身体に毒を投与するかは、その毒の性質による。殺人に毒ガスが使われたこともあるが、扱う難易度が高く実用的でないうえ、たいていは特定の個人を狙うのが難しい。皮膚または目や口の粘膜から吸収させる方法は非常に効果的だ。殺人者は被害者に接触する必要がないばかりか、毒殺の現場にいる必要すらない。被害者が触れそうなものに毒を塗っておくだけで死に至らしめることができるのだ。飲食物に混入させる方法は大半の毒に使える簡単な投与ルートであり、食べ物に振りかけたり飲み物に溶かしたりしやすい固形の結晶体の毒には特に有効だ。しかし、なかには体内に注入しなければならない毒もある。たとえば毒物がタンパク質であれば、口から接種すると胃や腸で分解されてしまうからだ。注射するには、殺人者は当然ながら被害者のすぐそばにいなければならない。

さて、ここで毒物に関する最も重要な点に目を向けてみよう。毒はどのようにして人体の内部機構を崩壊させるのだろうか。毒の働きは驚くほど多様であり、その作用によって人体の仕組みがよくわかる。毒の多くは神経系を攻撃し、人体の正常な機能をつかさどる極めて精巧な電気信号を混乱させる。心臓の各部位間の情報伝達が阻害されると、鼓動は容易に停止し死に至る。同様に、呼吸を制御する筋肉である横隔膜の規則正しい動きが妨げられた場合も、呼吸が止まり窒息死する。毒のなかには、別の物質のふりをして細胞内に入り込むものもある。正体を偽り、細胞に不可欠な要素にほぼ近い形に偽装した毒は、細胞内の代謝に取り込まれはするが、正しい生化学的機能を果たすことはできない。その毒が偽の分子として働くことで細胞全体の化学反応が停止し、細胞は死ぬ。こうして相当数の細胞が死滅すると、身体全体が死んでしまう。

毒が異なれば作用も異なり、被害者が経験する症状もまた変わってくることは想像に難くない。毒を経口摂取した場合、その作用にかかわらず、最初の反応は嘔吐と下痢であることが多い。これは、身体から物理的に毒を排除しようとする働きによるものだ。毒が神経や心臓の電気信号に影響を及ぼせば動悸が起き、遅かれ早かれ心停止に至る。また、毒が細胞の化学反応に影響を及ぼせば、しばしば吐き気や頭痛、倦怠感が生じる。以下のページは、毒の作用とそれがもたらす恐ろしい影響の話で埋めつくされている。

多くの人は、毒とは命を奪う薬物だと考えるだろう。だが科学者たちはそれとまったく同じ化学物質を用いて細胞内の分子や臓器内の細胞のメカニズムを解明し、その情報をもとにさまざまな病気の治療に役立つ新薬を開発してきた。たとえばジギタリスの毒が人体に及ぼす影響の研究は、鬱血性心不全の治療薬の開発につながった。同様に、ベラドンナの人体への作用を理解することで、いまでは外科手術で普通に使われている薬が生まれた。術後の合併症を防ぐこの薬は、化学兵器の攻撃を受けた兵士の治療薬としても用いられている。そこからわかるのは、化学物質とは本質的に「善い」ものや「悪い」ものではなく、単なる化学物質にすぎないということだ。その化学物質をどう使うか——つまり、生命を守るために使うのか、奪うために使うのかが善悪を分けるのである。

第一章　インスリンとバーロウ夫人のバスタブ

ロチェスターのウィリアムズとシカゴのウッディアットは、インスリンの過量投与を受けた患者が低血糖ショックで死亡したことを報告してきた。
シア・クーパー／アーサー・アインスバーグ著
『ミラクル　エリザベス・ヒューズとインスリン発見の物語』（二〇一〇年）
〔門脇孝監修、綱場一成訳、日経メディカル開発、二〇一三年〕

特効薬から殺しの道具へ

「毒《ポイズン》」という言葉から何を思い浮かべるだろうか？　有毒植物のエキス、毒ヘビの毒素、あるいはマッドサイエンティストが地下の穴倉で致死性の化学物質を調合している姿かもしれない。ただ、すべての毒がそのようなエキゾチックな起源をもつわけではない。毒を毒たらしめている成分によって、逆に薬にもなるものもある。

同じ化学物質が毒にも薬にもなるという、この一見相矛盾する現象は、ルネッサンス期の医療革命で初めて認識された。一六世紀の偉大な錬金術師で医者でもあったフィリップス・アウレオールス・テオフラストゥス・ボンバストゥス・フォン・ホーエンハイム（幸い、パラケルススという通称のほうがよく知られている）は、「毒になるかどうかは量次第」だと警告している。その最たる例はおそらく、本書で最初に紹介する毒——少量ならば命を救う効力をもち、大量に投与すると命取りになる化学物質であろう。

その化学物質とはインスリンだ。インスリンが欠乏すると、もしくはインスリンに対し身体が正常に反応できなくなると、真性糖尿病という病気になる。[*1] インスリンが広く用いられるようになる前は、糖尿病と診断されたら死の宣告を受けたも同然で、ごく甘い見通しでも、数年苦しんだのちに死が待っていた。活動的で幸福な幼少期を、糖尿病は猛烈な空腹感とたえまない喉の渇きへと変貌させた。インスリンが発見される一〇年ほど前、アメリカの医師フレデリック・アレンとエリオット・ジョスリンは、糖尿病患者を延命させる方法として厳しい断食を提唱した。それは徐々に飢餓状態にさせていく気の滅入るようなプロセスで、患者は骨と皮も同然にやせ細っていった。[*2] 糖尿病患者の尿には糖が出ることが知られており、たしかに断食によって糖は出なくなった。だが実際のところ、この方法でおさまるのは症状だけで、減食が治療として有効であると裏付ける科学的証拠はほとんどなく、それに代わる合理的な療法もなかった。

だが一九二一年、この状況に変化が生じる。カナダの研究者たちが動物の膵臓からインスリンを発見し、抽出に成功したのである。インスリンを使った治療を受けた患者の第一号はレナード・トンプソンという一四歳の少年で、体重はわずか三〇キロ足らず、頻繁に糖尿病性の昏睡状態におちいっていた。ところがインスリン療法を行なうと、レナードの血糖値は正常なレベルまで劇的に下がり、体重も増えはじめ、症状も徐々に消えていった。治癒するわけではないが、インスリン注射のおかげで無数の糖尿病患者がそれなりに普通で健康な人生を送り、天寿を全うできるようになった。糖尿病患者が教わる最も重要なことのひとつが、インスリンが足りないときと多すぎるときの症状の見極めかただ。

インスリンは最初の発見・抽出から驚くほど短期間のうちに糖尿病患者の治療に広く用いられるようになり、発見からわずか二年後の一九二三年には市販された。*3 その一方で、より不吉で悲劇的なタイムテーブルは、命を救うこの化学物質が殺人の道具と化すまでにわずか三〇年しかかからなかったことを示している。

バーロウ夫人のバスタブ

イングランド北部ウェスト・ヨークシャー州の都市ブラッドフォード、ソーンベリー・クレセント沿いに建つ棟割り住宅にジョン・ネイラー巡査部長が呼び出されたのは、一九五七年五月四日土曜日の未明のことだった。ネイラーがその家に入っていくと、むせび泣く声がかすかに聞こえ、悲しみに打ちひしがれた夫が女性の写真をしっかりと握りしめていた。巡査に案内されて二階のバスルームに行ってみると、裸のままバスタブに崩れ落ちるように死んでいるのは、さっきの写真の女性だった。不穏な沈黙のなか、隣人たちが気づかわしげに、泣いている夫のそばに寄り添っている。彼らは夫の悲しみを本物だと信じて疑わなかったが――ネイラーには確信がなかった。

〝ベティ〟ことエリザベス・バーロウは、愛情深い夫ケニスと幸せな結婚生活を送っていた――彼女を知る人はみな、そう思っていた。近所の人びとの話では、じつに仲睦まじい夫婦で、ふたりが言い争うことなど一度もなかったという。ケニスよりも九歳年下のエリザベスは、じつは二番目の妻だった。最初の妻が亡くなったあと、ふたりは一九五六年に結婚している。この結婚により、エリザベスはケニスの幼い息子イアンの継母となった。夫婦はいずれもブラッドフォード周辺の病院で、エリザベスは看護助手、ケニスは正看護師として働いていたことから、ふたりの出会いの場も病院であったのかもしれない。

ケニスは結婚後もブラッドフォード王立病院で看護師として働きつづけたが、エリザベスは看護の仕事をやめ、地元のクリーニング屋でアイロンがけの職を得た。じつに平凡な仕事で、つねにスチームの蒸気がたちこめているせいで服が湿って不快だったが、給料はそこそこ良く、家計の足しにはなった。毎週金曜日はエリザベスが半日だけ勤務する日で、一九五七年五月三日もそうだった。昼が近づくと、彼女いそいそと帰り支度を始め、少しだけ自分の時間がもてたら髪を洗いたいと友人たちに話していた。クリーニング屋からソーンベリー・クレセントの自宅までは歩いて少しの距離で、エリザベスは途中で近所のフィッシュアンドチップスの店に立ち寄り、家族のための昼食を買った。そして一二時三〇分、酢に浸した新聞紙で包まれていた熱々のフィッシュアンドチップスはバター付きパンと一緒に皿に盛られ、紅茶で家族の胃袋に流し込まれた。

昼食後、エリザベスは片付けや家族の衣類の洗濯に追われ、一方でケニスは家に隣接するガレージから愛車を出して念入りに洗車し、金曜日の午後を〝自慢の種〟の手入れに費やした。四時ごろ、エリザベスは隣に住むスキナー夫人を訪ねた。夫人はのちに、そのときのエリザベスは明るく「元気いっぱいだった」と証言している。「実際、彼女は（購入した）ひと揃いの黒い下着を見せてくれて、そのことで冗談まで言いました」とスキナー夫人は語った。

夜になると、一家はリビングルームに移動してくつろいだ。エリザベスは少しのあいだソファーに横になっていたが、だんだんそわそわしはじめ、しばらく横になってくると家族に告げた。そして午後六時三〇分、一緒にテレビを見たいから一時間後に起こしにきてほしいとケニスに頼み、エリザベスは二階に行く。だが結局、彼女がテレビを見ることは二度となかった。五〇分後にケニスが二階にのぼり、もうすぐ番組が始まると告げるが、すでにパジャマに着替えてベッドに入っていたエリザベスは、「心地良すぎて動きたくない」と言った。そのためケニスはすごすごとリビングルームに戻り、三〇分ほどひとりでテレビを見たあと、コップ一杯の水を持って妻のようすを見に行った。

寝室に行くとエリザベスはまだベッドに寝ていて、かなり疲れたようすだった。ケニスはのちに、そのとき妻が「ひどく疲れているから、イアンにおやすみを言えない」と言ったと証言することになる。寝るにはまだ少し早かったし、妻をしばらくひとりで休ませてやりたい気持ちもあったため、ケニスは一階に戻ってテレビの続きを見た。九時半になる少し前、寝室から自分を呼ぶ声が聞こえた。二階に行ってみると、エリザベスはベッドで嘔吐していた。ふたりでシーツを交換し、ケニスは汚れ物を下に運んでキッチンの洗い桶に入れた。エリザベスは疲労感を訴えるだけでなく、「身体がほてる」と言って、交換したばかりのベッドカバーの上に寝ることにした。

ケニスはパジャマに着替えてベッドに入り、本を読みはじめた。一〇時になってもエリザベスはまだ気分がすぐれず、大量に汗をかいていた。彼女は服を脱ぎ、風呂に入って身体を冷やしてみると言い、ケニスはバスタブに湯を張る音を聞きながら、いつしか眠りに落ちた。

はっと目覚め、枕元の目覚まし時計を見ると、すでに一一時二〇分になっていた。エリザベスがまだ風呂から戻ってきていないことに驚いたケニスは、「大丈夫か、いつまで入ってるつもりだ?」と声をかけるが返事はない。入浴中に眠ってしまったのではないか、お湯もすっかり冷めてしまっただろうと心配になり、ベッドから出てバスルームに行ってみると、恐ろしいことに、エリザベスは頭まで完全に湯に浸かり、動かなくなっていた。

動揺しながらも、妻が溺れていると確信したケネスは、すぐにバスタブの栓を抜いた。水が流れていくなか、ケニスは必死になってエリザベスをバスタブからバスルームの硬い床に引っぱり出そうとするが、いくらがんばっても無理だった。だが幸いにして熟練の看護師である彼は、バスタブに入ったままでもとにかく人工呼吸をほどこさなければならないと気づき、生気のないエリザベスの肺に空気を送り込もうとするが無駄だった。

助けが必要だが家には電話がないため、ケニスはパジャマ姿のまま隣家に駆け込んでスキナー夫妻を起こすと、医者を呼んでほしいと頼み込み、自分はまた家に戻って妻を蘇生させようと試みた。不思議なことに、このとき隣の夫婦はすぐに救急車を呼ぼうとはせず、何が起きているのか自分たちの目で確かめることにした。隣家に向かい、短い階段をのぼってバスルームに行った彼らは、その光景に衝撃を受ける。空っぽのバスタブにエリザベスが裸のままで横たわり、ケニスがその両肩をさすっていた。事の重大性をようやく理解したスキナー夫妻は自分たちのかかりつけ医に電話をかけ、できるだけ早く来てほしいと頼んだ。医者を待つあいだスキナー夫人がケニスのほうに目をやると、彼は肘掛け椅子に腰かけ、両手に顔をうずめて静かにむせび泣いていた。医者は急いで駆けつけてくれたがすでに手遅れで、エリザベスの死亡が確認された。

死とはつねに心をざわつかせるものだが、死んだのが若き妻であり、母親であり、健康に何ら問題を抱えていなかった場合はなおさらだ。具体的に何がとは言えないが、医者は何かがおかしいと感じていた。たしかにエリザベスは死んでいて、死後硬直の兆候もあらわれていたが、胸の奥のざわつきが、警察に通報すべきだと告げていた。こうして、まもなくネイラー巡査部長が現場検証にやってくるのである。

その晩エリザベスが風呂に入ろうとしたことは、じつは重要な意味をもつ。もし彼女がずっとベッドにいたならば、若すぎる痛ましい死ではあっても、自然死と判断されただろう。当初、エリザベスは溺死したように見えたが、瞳孔が著しく拡大しており、そこまで瞳孔が開いた溺死者を医者は見たことがなかった。

では何がエリザベスの瞳孔を拡大させたのだろうか。冷たい風呂に浸かって身体を冷やさなければならないくらい身体がほてっていたのはなぜなのか。また、元気な若い女性を、何がそこまで疲れさせたのか。エリザベスの死の答えは、意外にもごく身近なところにあった。日々、無数の人々が自分のコーヒーや紅茶に入れるもの——砂糖である。

「たったひとさじの砂糖で……」

私たちが食料品店で買う砂糖は、糖の一種にすぎない。糖は化学的には炭水化物と呼ばれるが、それは炭素、水素、酸素の原子が特定の方法で結合しているからだ。最小の糖は炭素原子と酸素原子が六個ずつと水素原子一二個から成り、原子の配列によってフルクトース（果糖）、ガラクトース（牛乳やアボカドなどの食品に含まれる）、またはグルコース（ブドウ糖）のいずれかになる。いわゆる「血糖」とはグルコースのことで、エネルギー源として血液によって運ばれる。私たちが「砂糖」としてコーヒーや紅茶に入れる白い結晶はグラニュー糖、正式にはスクロースと呼ばれるもので、フルクトースとグルコースの分子が一個ずつ結びついている。同様にラクトース（乳糖）は、グルコースとガラクトースの分子が結びついたものだ。

また、炭素、酸素、水素の分子は何百、何千と結合することが可能で、それらは長い糖鎖を形成し、動物性のグリコーゲン、植物性のデンプンや繊維となる。*4

人体のすごいところは、どんな炭水化物を食べても――フライドポテトでも、パンでも、パスタでも、ソーダ水やフルーツジュースに含まれる糖分でも――それをすべて腸でグルコース、フルクトース、ガラクトースの三つの糖に分解して吸収し、肝臓に送り込む点だ。肝臓では、種類の異なるこれらの糖は、血液によって運ばれる唯一の糖であるグルコースに変換される。

多くの体内物質と同様に、血液中のグルコースの値（血糖値）もまた比較的狭い範囲内に保たれ、規定値から大きく外れてしまうと重度の合併症が起き、死に至ることもある。血液内のグルコースが不足すると（低血糖）、身体（特に脳）が必要とするエネルギーを供給できなくなるが、一方でグルコースが過剰になると（高血糖）、デリケートな細胞膜、とりわけ神経や網膜の細胞膜がダメージを受け、そこから神経障害や失明にもつながりかねない。他の臓器とは異なり、人間の脳はグルコースを主なエネルギー源にしている。しかし、脳はグルコースを貯蔵できないため、脳神経が正常に機能するには、血液から一定量がコンスタントに供給されなければならない。血糖値が正常値の五〇パーセント以下になると、指と唇がピリピリと痺れて感覚がなくなり、脳の働きが鈍くなり、思考が混乱し集中力が低下することもある。また、全身に玉のような汗をかきはじめ、すでに血液から失われたグルコースを循環させようと心臓が激しく鼓動する。言葉は不明瞭になり、視界もぼやける。さらに血糖値が正常値の二五パーセントまで下がると昏睡状態におちいり、死に至ることもある。

このように、血糖値が極度にまたは急速に低下すると深刻な影響が出ることから、身体には当然ながら、血液内の糖の量を注意深くコントロールし適度なレベルに保つ手段が備わっている。それがインスリンと呼ばれるホルモンだ。

インスリンと血糖値

バーロウ夫人の死に疑念を抱かせたものはなんだったのか？　夫人が示した症状を理解するには、グルコースの血中濃度（血糖値）を調節するインスリンの役割に注目する必要がある。肝臓の近く、胃のすぐ下にある膵臓は、バナナのような形と大きさをした臓器だ。胃腸での消化作用を助ける酵素の分泌など、膵臓は人体に不可欠な多くの機能を担っている。膵臓はまたインスリンも分泌する。インスリンは身体がグルコースを蓄え利用するのを助けるホルモンだ。炭水化物を含む食事が消化されると血糖値が上昇し、それがトリガーとなって血液中にインスリンが放出される。膵臓から分泌されたインスリンはその後、肝臓や脂肪組織、筋肉などの重要な器官に運ばれていく。

これらの器官がインスリンと触れると、血液からグルコースを吸収する能力が高まり急速に吸収されるため、糖分を多く含む食事をしたあとでも血糖値は一時的に上昇するだけですぐに正常な安定値に戻る。このように、インスリンは体内で二つの重要な機能を果たす。ひとつは血糖値の過度な上昇を抑える機能、そしてもうひとつは、血液中の余分なグルコースを肝臓、筋肉、脂肪組織に取り込ませる機能だ。肝臓と筋肉はそれをグリコーゲンとして、脂肪組織は脂肪として蓄える。血糖値が下がると膵臓から分泌されるインスリンの量も減る。だが、もしインスリンの量が減らずに膵臓が血液中にインスリンを放出しつづけたらどうなるだろう？　肝臓、筋肉、脂肪組織に対し、血液からグルコースを取り込めという信号《シグナル》がいつまでも出つづけていたらどうなるのだろうか。幸い、極めて珍しいがんの場合を除き、それが自然に起きることはない。しかしインスリン濃度が人為的に高められたら――たとえば血液中に大量のインスリンを注射したらどうなるだろうか？　二〇世紀初頭、ベルリンで働く若き医師が自分の患者を救えるかもしれないという期待から抱いたのが、この疑問だった。

インスリン・ショックと、エリザベス・バーロウの症状を読み解く手がかり

初めて商業生産されてから一〇年もたたないうちに、インスリンは糖尿病患者の治療になくてはならないものになっていた。一九二八年、オーストリアの医師マンフレート・ヨシュア・ザーケルはある糖尿病患者の治療に当たっていたが、この患者はたまたま統合失調症も患っていた。あるときザーケルは、糖尿病の症状を緩和しようとし、新たに発見されたインスリンを誤って過剰投与してしまった。すると驚いたことに、統合失調症の症状が軽減したように見えたのだ。そこでザーケルは、他の統合失調症患者、つまり糖尿病を患っていない統合失調症患者も同じような反応を示すのだろうかと考えた。

統合失調症の患者にインスリンを注射してみると血糖値が急激に下がり、脳の正常な生理機能に不可欠な要素が奪われた。患者たちは大量に汗をかき、何度も入浴して汗を流さなければならなかった。血糖値がさらに低下すると次第に落ち着きを失い、激しい痙攣を起こして昏睡状態におちいったが、そのとき瞳孔は大きく開いたままになっていた。これらはすべてエリザベス・バーロウが亡くなる前

の数時間にあらわれた症状であり、大きく開いたままの瞳孔は、患者が深いインスリン昏睡におちいっている明らかな兆候である。妄想、幻覚、興奮、不適切な反応といった統合失調症の症状がインスリン・ショック（血糖値の急激な低下）後に軽減したように見えたが、[*5] それがインスリンそのものの効果なのか、インスリンが引き起こした昏睡の影響なのかはわからない。[*6] インスリン・ショックは有効に思えたが、まだ問題は残っていた。この療法が有益であるためには、患者はインスリンによる昏睡状態から回復しなければならない。

勤務する病院からはいっさい支援を受けず、ザーケル医師は自宅のキッチンで動物実験を始めた。この実験で、血糖値の低下が引き起こす昏睡（低血糖性昏睡）はグルコースを静脈注射すれば容易に回復が可能であるとの確証を得た彼は、自身が「偉大な発見への道を歩んでいる」と確信する。

ザーケルはベルリンを離れてオーストリアに戻り、ウィーンの大学付属クリニックでボランティアとして働きながら、精神科の患者にインスリン昏睡療法（インスリン・ショック療法）を行なった。患者をインスリン昏睡状態にするのは命にかかわる手法であったため、インスリンの作用を相殺するために、患者の口に胃まで達するゴムチューブをくわえさせ、そこからグルコースを注入する必要があった。このときグルコースを速やかに投与しないと、この療法自体がもつ問題が生じてしまう。脳に栄養が与えられない状態が長時間続くと大脳皮質がダメージを受け、神経変性疾患をもつ患者の脳のように大脳の凹凸が平らになってしまうのだ。幸い、ザーケルの患者の大半はすぐに昏睡状態から回復し、精神状態にも改善が見られた。

一九三五年の時点で、ザーケルは独自の精神疾患療法について一三本以上の論文を発表し、八八パーセントという驚異的な治療成功率を報告していた。成功の噂はまたたくまに広まってザーケルは精神医学界の寵児となり、ノーベル賞を手にする日も近いと確信する。彼の療法は次々に採用され、ヨーロッパ全土のみならずアメリカへも徐々に広まっていった。医師たちは患者を週に何度インスリン昏睡状態にできるかを盛んに競い合い、一方で、覚醒させる前にどれだけ昏睡状態を維持できるか、その限界に挑もうとする者たちもいた。経験を積んだ医師たちは、グルコースを静脈注射する前に、もしくはその溶液を胃に注入する前に、患者を一五分間もインスリン昏睡状態にしておける腕前を自慢した。

しかし、この療法が普及するにつれて、患者ごとにインスリンへの反応が異なること、また同じ患者でも日によって差があることに医師たちは気づきはじめる。それでもなお、インスリン昏睡療法にたずさわる医師はみな、この手法を「非常に熱心に」支持していた。第二次世界大戦が始まると、インスリン昏睡療法を行なっていたヨーロッパの医師の多くがナチズムから逃れて国外に脱出し、この手法はさらに連合国へも広まっていった。

ところが医師たちの熱意とは裏腹に、精神疾患に対するインスリン昏睡療法の未来は脆《もろ》くも崩れ去る。

一九五三年、イギリスのベテラン精神科医ハロルド・ボーンは、*The Insulin Myth*（インスリン神話）と題し、インスリン昏睡療法の有効性には信頼できる科学的根拠がないとする論文を発表した。そのなかで彼は、最初の精神医学的診断が信頼性に欠ける疑わしい検査に基づいたものであった可能性が高いと指摘した。ボーンはまた、インスリン昏睡療法は特定の患者だけを選んで行われたもので、結果には偏りがあるとも主張した。さらに憂慮すべきは、昏睡療法を同じやりかたで実施している病院が二つとないことが判明した点だ。患者が昏睡状態に置かれる時間もまちまちで、ある病院では一時間、別の病院では四時間という驚きの長さであった。

当初、ボーン医師の懸念に対して寄せられた声は「どこで間違ったかを教えてくれてありがとう」というものではなく、医学界からはむしろ非難が殺到した。医学誌には、有名な精神科医たちから彼を批判する投書が寄せられた。そのうちのひとつには、「いかなる反証があろうと、重要なのは臨床経験である」と書かれていた。インスリン昏睡療法に関する入念な比較試験の結果が公表されるまでにはさらに四年を要し、それにより、インスリン昏睡療法は疑う余地のないいんちき療法であることが明確に示された。[*7] 確固たる試験結果に批判の余地はなく、インスリン昏睡療法は放棄され、この療法に関する言及はなかったことのように闇に葬られた。

精神疾患治療へのインスリンの使用を葬り去る研究結果が公表されたのは一九五七年――奇しくも、ケニス・バーロウがインスリンを使って妻を葬り去るわずか数週間前のことだった。

家宅捜索

一九五七年五月四日の午前二時、エリザベスの遺体を調べるため、イギリス内務省[*8]の法医学者ディヴィッド・プライス博士がバーロウ家にやってきた。プライス博士が最初に疑念を抱いたのは、まだ若い健康な女性が自宅のバスタブで溺れ死ぬケースは極めて珍しかったからだ。だがおそらく、エリザベスの腕とバスタブの側面のあいだにできた窪みにたまっている少量の水が、より明白な疑念を抱かせたのだろう。ケニスが主張するとおり妻をバスタブから必死に引き上げようとしたのなら、なぜそこに水がたまったままになっているのか？　ケニスの話のその部分が真実でないとしたら、彼が語ったその晩の出来事全体があやしくなる。すべての部屋の捜索が行なわれ、吐瀉物の染みがついたシーツと汗まみれになったエリザベスのパジャマがキッチンの流しで見つかった。そこから食品庫《パントリー》に通じる扉の上の棚に置かれた小さな磁器の鍋からは、使用済みの注射器が二本と皮下注射針が四本、ハンカチにくるまれた状態で発見された。しかし空の薬瓶《バイアル》は見つからなかった。

午前五時四五分、バーロウ夫人の遺体は自宅から地元の遺体安置所に移され、プライス博士が検死解剖を開始した。鼻、口、喉に血の混じった泡があり、肺には液体が入っていたことから、エリザベスは実際に溺死したことが確認された。しかし、なぜもがいた形跡がないのだろうか？　ほかに異常な点は何も見つからなかったが、エリザベスが妊娠八週目であったことがわかった。採取した血液と尿が北東部犯罪科学研究所（North-Eastern Forensic Science Laboratory）に送られたが、典型的な毒物も流産を誘発する化学物質も検出されなかった。エリザベスは溺れる前にすでに意識を失っていたに違いない、プライス博士はそう確信した。最近になって信頼性が否定されたインスリン昏睡療法についても知っていた博士は、瞳孔が拡大していたことからも、エリザベスはインスリンを注射され意識を失った状態で水中に沈められたのだと考えた。しかし重大な疑問が残る。インスリンを打たれたのなら、注射痕はどこにあるのか？

エリザベスの死から四日たった五月八日、あと数時間で葬儀が行われるというところで遺体の再検分が決定された。注射痕を見つけるのを目的に、プライス博士とそのチームは拡大鏡を使って遺体をくまなく調べた。すると左右の臀部に二カ所ずつ、皮下注射を打った跡が見つかった。注射痕とその周辺の組織が採取されたが、それを証拠リストに加えて保管する以外、何もなされなかった。

警察の取調べで、ケニス・バーロウはキッチンにあった注射器とエリザベスの臀部の注射痕を証拠として突きつけられた。たしかに注射はしたとケニスは白状したが、それはエリザベスも同意の上であり、打ったのはインスリンではなく、子宮を収縮させて出産後の大量出血を防ぐために産科で用いられるエルゴメトリンという薬だと彼は言った。流産させるのにも使われることから、この薬の使用自体が違法だった。

自分もエリザベスも子どもはもうほしくなかった、子どもを産むくらいならその前にガスオーブンに頭を突っ込むとエリザベスに言われ、ほかにどうしようもなく、エルゴメトリンを使った中絶の企てに加担した、とケニスは警察に語った。しかし彼は知らなかったが、その可能性はすでに法医学チームによって検討され、排除されていた。エリザベスの体内からも、どの注射器からも、エルゴメトリンは検出されなかったからだ。また、瞳孔の拡大や発汗、嘔吐がエルゴメトリンによって引き起こされたとは考えにくかった。

警察はいまや、ケニス・バーロウが妻に大量のインスリンを注射し、二度と目覚めることのない昏睡状態におちいらせて殺害したとの確信を得ていた。だが、検察当局がこの事件を裁判に持ち込むために必要なものがもうひとつだけあった。エリザベスの体内に大量のインスリンが存在する法医学的証拠である。問題は、人体組織内のインスリン量をまだ誰も計測したことがないという点だ。この重要な証拠がないために、ケニスは殺人の罪を免れるのだろうか?

痙攣するマウスと眠りに落ちたモルモットが、ケニス・バーロウの有罪を証明

妊娠中の妻を殺害する理由が、ケニスには少なからずあったのだろう。一家の経済状態を考えれば、

乏しい収入で家族をもうひとり養うのはとうてい無理だったはずだ。ケニスはおそらく、いまさら赤ん坊が生まれれば大変なことになると考え、誰にも妊娠に気づかれないうちに始末すれば問題はすべて解決すると妻を説得したのだろう。金曜日はエリザベスが半日出勤なので、エルゴメトリンを注射するなら金曜の午後が最適なタイミングだった。そうすれば、土日のあいだにエリザベスは体力を取り戻せる。

しかし昼食後、ケニスはエルゴメトリンではなく大量のインスリンを注射した。するとエリザベスの身体は即座にインスリンに反応し、血液からグルコースが除去されて肝臓や筋肉、脂肪組織に大量に吸収された。その結果、血糖値が急激に低下し、脳を働かせるのに必要な燃料が枯渇した。インスリン昏睡療法と同様、大量のインスリンを注射されて血液からグルコースが奪われた場合、口から大量のグルコースを摂取するしか手立てはない。ところがケニスは、妻にそれを与えようとしなかった。

ソファーに横になっていたエリザベスを襲ったそわそわする落ち着かない感じは、インスリン昏睡療法を受ける患者が示した症状に似ている。筋肉を動かすエネルギーが失われたためにエリザベスは疲労感や脱力感、だるさを覚え、ベッドで横になることにした。吐瀉物で汚れたものが流しで発見されたことは、低血糖になるとよく起きる嘔吐と矛盾しない。また、過ごしやすい気温であったにもかかわらずエリザベスは大量の汗をかき、最初は布団に入らずベッドの上に横になっていたが、ついにはパジャマを脱ぎ、癒しを求めて風呂に浸かることにした。インスリン濃度が高まると瞳孔が拡大するが、光への反応は維持される。ところがエリザベスの瞳孔はあまりにも拡大しすぎて、目の色を判別するのがやっとだったと病理学者は指摘している。エリザベスがバスタブに横たわっているあいだにも脳細胞は徐々に燃料を失っていき、ついに意識が失われた。昏睡状態におちいった彼女はそのまま滑り落ちるようにして溺れたのか、それとも殺意をもつ夫の手で、意識を失った状態で水中に沈められたのか――その答えは永遠にわからないだろう。

病理学者はエリザベスの血液にエルゴメトリンが含まれている可能性を除外したが、彼女の体内に大量のインスリンが存在することは証明できずにいた。嘔吐、発汗、瞳孔の拡大は低血糖症の症状と一致するものの、法廷で通用するような客観的証拠にはならない。昨今の犯罪ドラマによると、いまなら警察はただエリザベスの遺体から採取した組織を地元の科学捜査部門に送りさえすればよく、あとは陪審員に有罪を確信させる試験結果がエンディングまでに届けばよかった。だが残念ながら、一九五七年当時は科学捜査が始まったばかりで、信頼できるインスリン測定法が開発されるのは三年後のことだ。では、エリザベスの体内に致死量のインスリンが存在することを、当時の警察はどのようにして証明できたのだろうか。彼らが協力を求めたのは、インスリンを製造する製薬会社だった。

人間の臓器内のインスリン濃度を測定しようとした者はまだ誰もいなかったが（おもに、誰もその必要性を感じていなかったからだ）、インスリン製造会社にとっては、糖尿病患者に適切な量を投与できるよう、瓶に入れる精製インスリンの量を見積もる手段が必要だった。それに用いる測定法は、インスリンの量が多く純度も高ければかなり有効だった。しかし、予測されるインスリン濃度が非常に低い場合や、純粋とは程遠いインスリン、すなわち殺人の被害者かもしれない死体の組織から検出された不純なインスリンでもうまくいくだろうか？

当時、製薬会社では高純度インスリンをある方法で測定していた。その方法については、『イギリス薬局方』に「インスリンを測定するためのマウス痙攣法」として楽しく紹介されている。マウスに高純度のインスリンを注射すると、血糖値が下がり正常な脳の機能が維持できなくなり、痙攣を起こして昏睡状態におちいった。同様にモルモットにインスリンを注射し、血液から十分にグルコースが失われモルモットが「眠りに落ちる」までにどれだけのインスリンが必要かを測定することもできた。

いまでこそ、警察の研究所がさまざまな試料実験を行なうのは当たり前になっているが、当時の警察では、科学者といえども動物実験の免許をもたない研究員が実験に関与することはできなかった。だがありがたいことに、動物実験の免許をもつ私企業が、エリザベスの組織からインスリンを検出する実験を引き受けてくれた。そして毎日毎日、何週間ものあいだ、エリザベスの臀部から採取した組織からインスリンを抽出する方法が模索された。

こうしてついに試料が整い、ごく少量がゆっくりとマウスに注射された。するとマウスはすぐに痙攣を起こし、次にグルコース溶液を注射すると完全に元の状態に回復した。だが、たった一匹のマウスから得た証拠で陪審員を動かすのは無理だ。エリザベスの体内に致死量のインスリンが存在したことを決定づけるために、合わせて一二〇〇匹のマウスと九〇匹のラット、数匹のモルモットが使われた。こうしてケニス・バーロウを起訴するのに十分な証拠がそろったと確信した警察は、一九五七年七月一六日、検死官に最終報告書を提出した。起訴状に記載された死因は「インスリンの過剰投与による低血糖性昏睡状態で溺れたことによる窒息」。ケニス・バーロウは殺人容疑で逮捕され、一九五七年一二月、リーズ巡回裁判所で裁きを受けた。

裁判では検察側が二名の証人を召喚し、三年ほど前にバーロウと言葉を交わしたという彼らの記憶が、バーロウにとって不利な証拠となった。証人のひとりハリー・ストークはある療養所でケニス・バーロウと一緒に働いていた人物で、その療養所では糖尿病患者がインスリン注射を受けていた。あるときバーロウが「インスリンを使えば完全殺人ができる。インスリンは血流に溶けてしまうから痕跡が残らないんだ」と言ったとストークは証言した。もうひとりの証人ジョーン・ウォーターハウスは、以前バーロウが勤務していたイースト・ライディング総合病院の看護実習生だった。証言によると、彼女はバーロウに「インスリンで人を殺せるよ、相当な量でない限り体内では簡単に見つからないから」と教わったという。検察側の鑑定証人である内務省のプライス博士は、「バーロウ夫人は注射でインスリンを過剰投与されたのち、昏睡状態で溺れたことにより窒息死した」と証言した。

検察は、バーロウには殺人を犯す動機があった、彼はもうひとり子どもを育てて家計を苦しくしたくなかったのだと主張した。殺すチャンスも間違いなくあった。では、どのようにして殺したのか？

エレン・シンプソンは、バーロウが看護師としてて働いていたセント・ルークス病院の上級看護師《シニアナース》だった。シンプソンは、バーロウがこの病院に勤務していた期間、彼の職務には患者へのインスリン注射も含まれていたと証言した。バーロウはいつでもインスリンを入手することができ、彼が〝消費した〟本数はチェックされていなかった。

裁判中、ケニス・バーロウは終始無実を訴えていたが、エリザベスが自分で臀部にインスリンを注射していたと示唆する以外、彼女の体内に高濃度のインスリンが存在した理由を説明できなかった。

当然ながら、被告人側の弁護団も独自の鑑定証人を用意していた。J・R・ホブソン博士は、バーロウ夫人の体内から発見されたインスリンの量はごく自然なものだと主張した。怒りや恐怖といったストレスを感じると、身体は反射的にアドレナリンを血液中に送り込み、それで自然にインスリンの量が増えるのだと。ホブソン博士はさらに、陪審員にこう説明した。「浴槽内で身体が沈み込み溺れそうになっていて、それでもそこから出られないと気づいたら、バーロウ夫人は恐れおののくはずです……それこそが、化学者たちが述べたあらゆる症状を生み出したのだと私は考えます」

しかし実際のアドレナリンの働きは逆で、アドレナリンが分泌されるとインスリンの量は減るのだ。五日間にわたる消耗戦ののち、裁判長は陪審員に対し、ケニス・バーロウに問える罪はただひとつであり、「これは殺人か、無実か」なのだと説示した。「彼が妻にインスリンを注射した、それを打てばどうなるかを知りながら注射したと確信が得られたなら、殺意をもってそうしたと結論づけるのは難しくないでしょう」

八五分かけて審理した結果、陪審員はバーロウを有罪と評決した。終身刑を申し渡すさい、裁判長はバーロウを「冷酷かつ残忍、周到な殺人者」と評し、「高度な捜査能力なくして真実は明るみに出なかっただろう」と述べた（陪審員もまた、〝精神的にこたえる長く痛ましい訴訟〟だったとして、以後一〇年間は陪審員の役割を免除された）。

バーロウの刑期が始まると、警察は彼の最初の妻ナンシーの死にまつわる新情報を発表した。同じく看護師であったナンシーは、バーロウと結婚して一二年目の一九五六年五月九日、急に体調を崩し、わずか一二時間後に亡くなった。匿名の電話を受け、警察は葬儀を中断させて遺体の解剖を求めたが、徹底的に調べても、脳が少し腫れている以外は何もわからなかった。葬儀は続行され、その二カ月後にバーロウは二番目の妻エリザベスと結婚し——その彼女もまた、一年後には死亡するのである。

エリザベス・バーロウの死は正式には溺死だが、インスリンの作用で昏睡状態になり、夫に水に押し沈められても抵抗できなかった可能性が高い。ケニスはインスリンを殺人の道具に使った最初の人物とされている。一九八三年一一月、二七年間刑に服したのち、六六歳になったバーロウはついに釈放されたが、そのときもまだ無実を訴えていた。

インスリン殺人

発見以来、糖尿病の治療薬として広く用いられるようになったインスリンは、効果的かつ検出不能な殺人方法という不当な風評を得た。だが実際は、効果的でもなければ検出不能でもない。低血糖症を引き起こし最終的に死に至らしめるほどのインスリンを投与するにはしばらく時間がかかるし、低血糖症の症状は容易に診断がつき、グルコースを与えるだけで治る。市販のインスリンも体内で自然に合成されるインスリンと働きは同じだが、医薬品のインスリンでは（即効性または遅効性をもたせるために）アミノ酸配列に若干手が加わっているため、悪意ある手段で殺人被害者の体内に過剰なインスリンが投与されていればすぐにわかる。実際、インスリンを使った毒殺は非常にまれで、確認された事例は世界全体で七〇件もなく、大半がイギリスとアメリカで起きている。その多くが医師や看護師など医療従事者による犯行であるのは、じつに残念なことだ。

従来、糖尿病患者は一日に何度か指先に針を刺して血糖値を測り、自己注射するインスリンの量を決めていた。これに代わるものが、コンピュータで制御されたインスリンポンプというスマートフォンサイズの装置で、皮下脂肪に留置したカテーテルを通してインスリンを送り込む。[*9] すばらしいことに、インスリンポンプには継続的に血糖値をモニターし、注入すべきインスリンの適正量をリアルタイムに教えてくれるものもある。まさに膵臓の役目を担ってくれる装置だ。

ポンプは小型コンピュータで制御されているため、サイバー攻撃を受けて乗っ取られ、致死量のインスリンが注入されてしまうリスクがある。つまり、ポンプの製造業者に恨みを抱く者や糖尿病患者本人に悪意を抱く者は、インターネット経由で殺人を犯せるのだろうか。二〇一九年、大手インスリンポンプメーカーが、ある不具合を理由に製品の一部をリコールした。ハッカーに悪用されてポンプの制御を乗っ取られる可能性があったからだ。

何かをする〝最初の人物〟となる者は、たいてい祝福されるものだ。しかしケニス・バーロウの場合、インスリンを使って人を殺した最初の人物になろうとした彼の野望は、下劣極まりないものだった。検察側の証人たちは、ケニスがかなり前からインスリンを完璧な殺人の道具と考えていたと証言した。ケニスはきっと、インスリンで殺された人はまだ誰もいないのだから、妻の死に何らかの疑念が生じたとしても、この斬新な方法は見過ごされると高をくくっていたのだろう。だが残念ながら、ケニスの革新的な殺害方法は、彼が自身の行為のツケを回避するのにはほとんど役立たなかった。

かつて毒として使われたことのなかった薬剤の話はここまでにして、次の章では、殺人の道具として長い歴史と多くの逸話をもち、誇り高きルネッサンス期の女性たちになくてはならない化粧品でもあったものについて見ていこう。

第二章　アトロピンとアレクサンドラのトニック

「なんてことだ」彼は叫んだ。「たったいま気づいたんだが、あの悪党め、毒入りのカクテルなんぞ作りおって！」

アガサ・クリスティー『三幕の殺人』（一九三四年）〔長野きよみ訳、早川書房、二〇〇三年〕

薬用植物

ジャガイモ、ナス、トウガラシ、トマトなどナス科植物は、どこの家庭でも日常的に食されているおなじみの食材だ。いまでは毎日のように食卓に並ぶそれらの野菜だが、最初は不安と疑いの目で見られていた。たとえばトマトは、一六世紀にスペインの征服者《コンキスタドール》によって新世界からヨーロッパにもたらされたが、野菜商はこの新奇な果実を売るのに大変な苦労をした。客たちは、これを食べればきっと死ぬと考えたからだ。このトマト恐怖症と闘うため、野菜商はさくらを雇って売り台の横でトマトを食べさせては感想を言わせていた。言わば、〝商品レビュー〟のさきがけである。こんにちトマトが広く料理に使われているのは、当時の果敢な客たちのおかげなのだ。[*1] しかし、たかがトマトを、人々がそれほどまでに恐れたのはなぜなのか？

その答えは別のナス科植物にある。見た目はジャガイモやトマトに似ていても、食べれば命取りになりかねない植物。なかでも代表的なのがアトローパ・ベラドンナ（Atropa Belladonna）、紫色の花が咲き、光沢のある濃い紫色ないし黒色の小さい実をつける魅力的な植物だ。その実が食べ物や飲み物にひと粒でも入っていれば、人を殺すのに十分な毒となる。アトローパ・ベラドンナというラテン語名は毒性をほのめかす程度だが、通称であるデッドリー・ナイトシェード（deadly nightshade＝命取りのナス科植物）のほうは間違いなく致命的な性質を示している。

ギリシャ神話では、赤ん坊が生まれて三日目に運命の三女神がやってきて、その子の運命を決める。いちばん若い女神クロートー（紡ぎ手）は闇と光の繊維で生命の糸を紡ぎ、ラケシス（配分者）は生命の糸の長さを定め、アトロポス（避けがたき者）は生命の糸を断ち切るハサミを持ち、寿命を封じる。ベラドンナの最も致命的な成分が、アトロポスの名を借りてアトロピンと名付けられたのも不思議ではない。[*2]

純粋なアトロピンは白い無臭の結晶粉末で、一八三三年にドイツの化学者フィリップ・ローレンツ・ガイガーとその弟子でスイス人のルートヴィヒ・ヘッセによって、アトローパ・ベラドンナの実と葉から初めて精製された。[*3] アトロピンは化学的には植物アルカロイドに分類され、他のアルカロイドと似た性質をもつ。水に溶かすとアルカリ性溶液になるのがアルカロイドの特徴で、また、非常に苦い味がする傾向がある。つやつやした小さい実は、見ればつい食べてみたくなるかもしれないが、知らずに噛んでも苦くてすぐに吐き出すため、誤ってアトロピン中毒で亡くなる人はほとんどいない。

アトローパ・ベラドンナの〝ベラドンナ〟の部分は、イタリア語で「美しい女性」を意味する「bella donna」に由来する。一五四四年、イタリアの医師で植物学者でもあったピエトロ・アンドレア・マッティオリは、薬草の概念を記したディオコリデスの『マテリア・メディカ（薬物誌）』を新たな注釈を加えて出版した。マッティオリは医師で治療師であったが、日常生活における有毒植物の利用法についても研究していた。その研究結果のひとつが、ヴェネツィアの女優や高級娼婦が、当時流行りの魅惑的な顔に見せるためにベラドンナの実の汁を目に一滴垂らして瞳孔を拡大させていたというものだった。ダ・ヴィンチのモナリザの魅力の一端は、ベラドンナで拡大させた瞳にあるとも言われている。しかし、ぱっちりとした大きく魅惑的な瞳になる反面、難点がないわけではなかった。瞳孔が拡大すると、目に入る光の量を増やさなければ物がはっきり見えなくなる。ところが、ベラドンナに含まれるアトロピンにはレンズを調整する筋肉を弛緩させる作用もあるため、娼婦たちには自分が相手をしている男の顔がよく見えなかった。また、ベラドンナを長期間使いつづけると失明する恐れもある。いまではロマンスのために瞳孔を拡大させる目的でベラドンナの実が使われることはないが、照明を落としてテーブルにキャンドルを置くレストランでは、それと同じ原理が用いられている。そうすると自然に瞳孔が拡大し、より多くの光が目に取り込まれるのだ。

明るい陽射しのなかに踏み出すと、これとは逆の作用が起き、網膜へのダメージを防ぐために瞳孔は即座に収縮する。このように光の強さに応じて瞳孔が素早く変化するのは、瞳孔の大きさを調節する小さな筋肉の神経の働きによる。光ではなくベラドンナの汁（アトロピン）でも瞳孔の大きさが変化するということは、ベラドンナが神経から筋肉への正常な情報伝達を何らかの形で妨げていることを意味する。

アトロピンはどのように瞳孔に作用し、さらには人を死に至らしめるほどの影響を及ぼすのか。それを理解するため、ここで少し寄り道をして、一九世紀の終わりにヨーロッパ各地で巻き起こった激しい科学的議論について見ていこう。

スープとスパーク

瞳孔を拡大または収縮させる、腕を動かす、手で本のページをめくる、鼓動を速くまたは遅くするといった指令を、脳はどのように発信するのだろうか。この一見簡単そうな問いが、一九世紀も終わりに近づいたころ、生物学界でも最大規模の激烈な論争を呼ぶことになる。議論は二派に分かれて行なわれ、錚々たる科学者たちが戦線に居並ぶ突撃隊のごとく顔をそろえ、自説が優れていると双方が譲らず、反論する者は無知な頑固者だと信じて疑わなかった。

一九世紀の末には、脳を含む神経系はひとつながりの大きなネットワークであるとする〝網状説〟が唱えられていた。ノーベル賞を受賞したイタリアの病理学者カミッロ・ゴルジが優れた学識を注いで提唱したこの説は、当時の神経理論の主流となった。だがやがて、スペインの神経解剖学者サンティアゴ・ラモン・イ・カハルが登場し、網状説はまったくのナンセンスだと誰彼かまわず言いふらした。

何百という脳のスライス標本を丹念に調べた結果にもとづき、カハルは独自のニューロン説を提唱、神経系はひとつの巨大な網ではなく実際は個別の神経細胞が集まってできており、細胞と細胞のあいだにはシナプスという小さな間隙があると結論づけた。この間隙がどれくらい小さいかというと、一ナノメートルは一〇億分の一メートルで、人間の髪の毛の太さは約八万〜一〇万ナノメートル、紙一枚の厚さは約一〇万ナノメートル、それに対してシナプスは二〇〜四〇ナノメートルである。このようにごくわずかな間隙ではあるが、間隙があることに変わりはない。

二〇世紀初頭には、情報がどうやってその間隙を越えるのかが最大の謎だった。この問題をめぐっては、科学者たちが二派に分かれて盛んに議論がなされた。一方は放出された化学物質が間隙を伝わると信じる人々で、この説の支持者は自らを「スープ」と称し、一方、間隙を電気の衝撃が走ると信じる一派は「スパーク」と称した。両派閥間の熾烈《しれつ》な応酬と対立は政治集会の比ではなく、どちらも自分たちの見解が正しいと確信し、相手側の主張など微塵も信用していなかった。そしてこの科学的確執が、その後五〇年間の神経科学を方向づけていくのである。

一九世紀の科学理論は、ほぼドイツの化学者たちの独占市場であったが、一方で電気の科学も開花しつつあった。イタリアの医師で物理学者のルイージ・ガルヴァーニが、電気刺激を与えるとカエルの脚がぴくぴくと痙攣することを実証したのが一七九一年。動物の組織に電気を流すこうした初期の実験は若き日のメアリー・シェリーに強烈な影響を与え、一八一八年に『フランケンシュタイン』が出版されることになる。やがて二〇世紀になると、電気が新しく、現代的で、エキサイティングなものに思える一方で、化学はかなり前時代的なものとなった。電気信号が隙間を越えて情報を伝達するという概念は、グリエルモ・マルコーニの研究によって頂点に達した。一九〇一年、マルコーニは無線伝送を用いた通信方法を世に示した。無線送信機の電磁波が数百マイル先まで届くのならば、当然シナプスの小さな間隙も越えられるはずだ。*4

さらに重要なのは、「スパーク」側に有利な証拠の存在だ。ちょうど細い電線をつくる技術が開発されたころで、それを神経細胞に挿入すると、神経が興奮するたびに放電することがわかったのだ。

もっとも、この現象が起きたのは神経細胞内だが、シナプスのわずかな空隙でも放電が起きることは想像に難くない。「スパーク」の論理を支えるさらなる証拠は、カエルの心臓を使った実験によってもたらされた。カエルから心臓を取り出して塩水すなわち生理的食塩水が入ったビーカーに入れると、まだカエルの体内にあるかのように鼓動しつづけることは知られていた。丁寧に解剖すれば、心臓についている神経をそのまま残すことができる。そこでバッテリーに電極をつなぎ、心臓につながるいろいろな神経を刺激してみると、鼓動が遅くなったり速まったりすることがわかった。これはつまり、「スパーク」が正しかった証拠である。

「スープ」側も負けてはいられないと、独自に生理的食塩水入りのビーカーを用意し、カエルの心臓を入れた。そしてバッテリーと電線の代わりに様々な化学物質をビーカーに入れたところ、こちらも同様に、加える化学物質によって心臓の動きを速めたり遅くしたりすることが可能だとわかった。しかし「スパーク」側はすぐさま、それらの化学物質はすべて化学者がつくった人工物で、生物学というよりも見世物に近いと指摘した。

この〝スープとスパーク〟の論争に関心をもった若きドイツの薬理学者オットー・レーヴィは大胆にも、この難題を解いてみせようと決意する。ちなみに、インターネットで「absentminded professor（うわの空の教授）」と検索すると、レーヴィのような人物像が出てくる。学生のころから、彼はよく生物学の授業をサボっては、オペラを観に行ったり哲学の講義を受けたりしていたという。

一九二〇年の復活祭《イースター》は、レーヴィにとっても新たに生まれつつあった神経薬理学という学問（薬物が神経とりわけ脳神経にどう作用するかを研究する学問）にとっても極めて重要な転機点となった。イースター前日の土曜日の晩、レーヴィは自宅で読書をしていた。読んでいた本がよほど面白かったのか、すぐにうとうとしはじめた。そして眠っているあいだに見た夢のなかで、彼は「スープ」対「スパーク」のジレンマを一気に解決する実験を行なったのである。[*5] 半ば寝ぼけた状態で、レーヴィは画期的な実験のやりかたを小さな紙切れに書き留めた。その後、夢で疲れ、必死にメモをとってさらに疲れ果てた彼は、再び眠りに落ちる。翌朝六時に目覚め、ゆうべ何か重要なことを書き留めたことを思い出すが――自分で書いた文字が読めずに愕然とする。その日一日、夜中に書いた文字から何らかの意味を読み取ろうとしたが無駄だった。またとないチャンスを逃してしまったのかと打ちひしがれ、夜になってベッドに入った。

すると驚いたことに、早朝にまた同じ夢を見た。今度は読めもしない手書きのメモには頼れないと、レーヴィはベッドを飛び出し、すぐに実験室に向かった。そして二匹のカエルを安楽死させて心臓を取り出すと、生理的食塩水入りのビーカー二つに入れ、それまで何度も行なってきたように心臓が鼓動するのを確認した。そのあと電線を使ってひとつ目の心臓の迷走神経に電気刺激を与えると、予想どおり心臓の動きが鈍くなった。レーヴィは次に、それまで誰も思いつかなかったことをした。震える手でスポイトを握ると、第一の心臓が漬かっている生理的食塩水を吸い取り、もうひとつのビーカーに入った心臓に垂らしたのだ。するとうれしいことに、何も電気的な刺激を加えていないのに第二の心臓の鼓動も遅くなった。

興奮を覚えながら再び第一の心臓に戻り、迷走神経ではない別の神経を刺激すると、今度は鼓動が速くなった。その生理的食塩水を第二の心臓に垂らすと、夢で見たとおり、そちらも鼓動が速まった。つまりこういうことだ。第一の心臓の迷走神経に電気的刺激を加えたことで生理的食塩水内に何らかの化学物質が放出され、鼓動が遅くなった。放出されたその物質を第二の心臓のほうに移せば、そちらの鼓動も同様に遅くなる。表現力があまり豊かでないレーヴィは、迷走神経から放出されたこの化学物質をドイツ語で「迷走神経剤」を意味する「Vagusstoff」と名付けた。この物質が神経伝達物質のアセチルコリンであることを、いま私たちは知っている。レーヴィの夢から生まれた実験は、彼に一九三六年のノーベル生理学・医学賞をもたらすことになる。

ところで、レーヴィはスープとスパークの難題を解決し、どちらが正しいかを証明できたのだろうか？　答えは「イエス」でもあり「ノー」でもある。というのも、結局はどちらも正しかったのだ！　現在では、神経が〝興奮〟するとその神経全体に信号が波及することがわかっている。それこそが〝スパーク〟が発見した電気的要素だ。しかし電気信号が神経の末端まで伝わっても、電気はシナプスを飛び越えられないため、神経は電気的メッセージを化学的メッセージに変換する。あたかも化学物質の供給所のように、神経の末端部には化学的メッセージすなわち神経伝達物質が小さなパケットの形で蓄えられ、適切な指示が出たらいつでもシナプスに放出できるように準備されている。伝えるべきメッセージに応じて、神経伝達物質の種類も異なる。そしてトリガーが引かれると、神経伝達物質のパケットがシナプスに放出されて間隙に化学物質がどっと流れ込み、隣接する神経細胞がもつ特定の結合タンパク質すなわち受容体とドッキングする。これが〝スープ〟が発見した化学的要素だ。

次に何が起きるかは、シナプスの受信側が何かで決まる。たとえばそれが汗腺なら、化学的メッセージを受けて汗の分泌量を増やすかもしれない。膵臓ならば、刺激を受けて腸に消化酵素を分泌するかもしれない。ただし、すべての信号が活動を促進するメッセージとして受信されるわけではなく、レーヴィのアセチルコリンのように、鼓動を遅くする信号として心臓に伝わる化学的信号もある。このあと見ていくように、アトロピンの影響を受けるのは化学的メッセージを受け取るシナプスの受信側であり、信号伝達プロセスそのものが完全に遮断され、身体をコントロールする脳の正常な機能が阻害される。

アトロピンは苦いため、誤ってベラドンナの実を食べて中毒になることは、ほぼありえない。殺人を犯そうとする者にとっては、いかにアトロピンの苦みをごまかすかが重要だ。その難問の解決策は、ヴィクトリア朝時代にイギリス軍がインドで直面したある問題のなかにあった。

ジンと殺害計画

一九世紀、植民地であったインドで、イギリス陸軍の将校や下士官たちは蚊に刺され、マラリアにかかっていた。あまりに深刻な状況だったため、一九世紀半ばのインドにおける平均寿命は本国イギリスの半分だった。多数の兵士や役人がマラリアで寝たきりになり、インドの統治は困難を極めていた。この問題に解決策をもたらしたのは、スコットランド人医師ジョージ・クレッグホーンの研究だった。彼はキナノキの樹皮に含まれているある化合物（のちにキニーネと判明する）を水に溶かして飲むとマラリアによく効くことを発見したのである。このキニーネ飲料《トニック》はマラリアの予防に役立つが、難点は苦くて非常に飲みにくいことだ。そこでイギリスの将校たちは口当たりを良くするために砂糖とライム、ジンを加え、こうしてカクテルの〝ジントニック〟が――純粋に医療目的で――誕生した。

それから約一五〇年後、苦い薬の味をごまかすために考案されたこの飲み物が、エディンバラの街全体をパニックにおとしいれるのである。

市場の大混乱

一九九四年八月の終わり、エディンバラでは、警察のホットラインにひっきりなしにかかってくる電話に警官たちが忙殺されていた。ほとんどはなんの役にも立たない電話だが、それでも出なければならず、入念に記録も残さなければならない。ジョン・マゴーワン警視は捜査本部を落ち着きなく歩き回っていた。スーパーの棚から毒が混入した商品が見つかり、体調を崩す者も出ていた。事件はまだ始まったばかりだが、動機がまったくつかめなかった。テロなのか、脅迫なのか、それとも恨みを抱く元従業員のしわざなのか。犯行の理由がわかれば、一見無差別に見える攻撃の背後にいる人物の手がかりが得られるのではないか。これは事故なのか、故意なのか？

その数日前、エディンバラ郊外ハンターズトリストに住むジョン・メーソンと妻のマリーは、地元のスーパー〈セーフウェイ〉に週に一度の買い物に出かけた。帰宅し、買ったものを袋から出して片付けはじめたとき、トニックウォーターを買い忘れたことにマリーは気づいた。一大事というわけではないが、少し胸焼けするときに胃を落ち着かせるのに、何本か常備しておきたかった。そこで適度に忠実な夫であるジョンが、また店に戻って何本か買ってくることになったが、この決断が、メーソン夫妻の人生に多大な影響を及ぼすことになる。帰宅すると、ジョンは妻のためにグラスにトニックウォーターを注いだ。するとしばらくして、マリーは具合が悪いから早めに寝ると言い、ベッドに入るために服を脱いでいる途中、よろめいて転倒した。転ぶことなどめったにないが、きっと疲れているのだろうと彼女は思った。朝になって目覚めたときにまだ具合が悪かったため、胃の痛みを和らげようと、マリーはトニックウォーターをさらに二杯飲んだ――それがよけいに体調を悪化させようとは思いもせずに。すると視界がぼやけて幻覚が見えはじめ、「ラジエーターから水が出ている」と夫に言った。マリーは王立病院に運ばれ、医師たちは原因を突き止めようとした。

このときメーソン夫妻は知らなかったが、エリザベス・シャーウッド＝スミスもまた、同じ店からトニックウォーターを買っていた。その週末、エリザベスと一八歳の息子アンドリューは激しい胃の痙攣と吐き気を訴え、そろって救急治療室に運ばれた。その不吉な週末のあいだに、毒入りのトニックウォーターを飲んでさらに四人が病院に運ばれ、合わせて八人が犠牲となるのである。

大規模な毒混入事件となったことから、マゴーワン警視は捜査本部を立ち上げ、ひっきりなしに電話が鳴り響いた。しかし矛盾する話や無関係な情報が大半で、少なからぬ時間が無駄になった。〈セーフウェイ〉は記者会見を開き、ハンターズトリスト店でトニックウォーターを購入したエディンバラ住民に返品を呼びかけた。その結果、返品されたなかで、さらに六本に毒が混入していたことが判明した。毒入りボトルが発見されたのはエディンバラだけだが、国全体に動揺が走り、〈セーフウェイ〉のトニックウォーター五万本が棚から取り除かれ破棄された。毒が混入した原因について、マスコミではさまざまな憶測が飛び交った。犯人はエディンバラの街を自由に闊歩しているのか？瓶詰め工場で恐ろしい汚染が起きたのか？

じつは、マリー、エリザベス、アンドリューらが飲んだ毒入りトニックウォーターはすべて、犯人の真の狙いを覆い隠す目的で巧みに張られた煙幕、すなわち、妻を亡き者にして愛人とともに新たな人生を送る計画の一部だった。

イングランド中部ダービーシャー荒地《ムーア》の麓《ふもと》の町グロソップで生まれたポール・アガターは非常に知能が高く、優れた学業成績をおさめた彼は、誰もがあこがれるエディンバラ大学に入学した。生化学を学び、一九六八年には第一級優等学位を取得、理学部では名の知れたアガターは大学に残り、学部生向けの生化学実習の実験教授者《デモンストレーター》として働きながら分子生物学の博士号を取得した。博士課程を終えたアガターは、エディンバラ南郊にあるネーピア大学生命科学学部で細胞生物学を教えることになった。そしてよくある展開として、同じく博士号をもち大学で英語を教えるアレクサンドラと結婚した。

アガター夫妻の結婚生活は誰もがうらやむほど幸せそうで、エディンバラから東に二〇マイル、イースト・ロージアンの歴史ある町アテルズティーンフォードにある自宅キルダフ・ロッジに、夫妻はよく友人たちを食事に招いた。ところが結婚生活の実態は傍目の印象とはだいぶ異なっていた。ポールは主治医に抑うつを訴え、自殺を考えるほどのうつ状態におちいっていた。そこへさらに経済的な問題や夫婦間のトラブルが加わり、彼の苦悩は深まっていった。

ポールはおそらく中年の危機《ミッドライフ・クライシス》に苦しんでいたのだろう。だが、トンネルの先に光明が――少なくとも彼の目には――見えた。それはネーピア大学の教え子のひとり、キャロル・ボンサルという魅力的な女性だった。この学生と結婚すれば問題はすべて解決する、ポールにはそう思えた。彼女はポールを大学一の頭脳の持ち主と持ち上げ、彼の自尊心をくすぐったに違いない。しかし、その至福の生活を手に入れる前に乗り越えなくてはならない大きな障壁があった。彼はすでに結婚している。離婚すれば自宅から追い出され、ただでさえ不安定な経済状態はますます苦しくなるだろう。妻さえ死ねば、ポールの人生はもっとずっと楽になる。しかし、アレクサンドラがそう易々《やすやす》と死んでくれるとは思えない。そこでポールは妻の死期を早めようと考え、殺害計画を立てた。

生物学を教えていたポールは、ある程度は毒に関する知識もあり、毒の多くが検死解剖で容易に発見されることも知っていた。それでも自身の知性に自信があり、チェス愛好家でもあるポールは、数歩先まで見据えたプランを立てるのに慣れていた。また、ネーピア大学で毒物学研究グループに所属している彼は、アトロピンを簡単に入手できた。しかしアトロピンは検出されやすい毒であるため、自身に疑惑の目が向けられてはならない。疑惑の矛先は、街をうろついている架空の大量殺人犯に向けられなければならなかった。

完全殺人には重要な要素が二つある。当然ながら、狙った相手が死ななければならない。一方で殺人者は、逮捕や有罪判決、投獄を免れなければならない。しかし、巧妙な計画を立てたにもかかわらず、ポール・アガターはその両方に失敗する運命にあった。彼は〈セーフウェイ〉ブランドのトニックウォーターを何本か購入し、自身の研究室から持ち出したアトロピンを混入させた。そして一九九四年八月二四日、細工したトニックウォーターのボトルを、オフィス兼研究室から車ですぐに行けるハンターズトリスト店の棚に戻した。どのボトルにもアトロピンが入っているが、人が死ぬほどの量ではない。それでも、飲めばひどく具合が悪くなる量だ。ポールは自分用に一本とっておき、アトロピンを追加して致死性の飲み物にするタイミングをうかがっていた。この方法ならば、アトロピンが引き起こす妻アレクサンドラの死も、何者かがエディンバラの人々をパニックにおとしいれるために仕組んだ大規模な陰謀の一部にしか見えないだろう。この計画は最初のうちは首尾よくいき、メーソン夫妻やシャーウッド＝スミス親子らが〈セーフウェイ〉で毒入りトニックウォーターを買い、街のあちらこちらで病人が出た。

自身の計画には難点がひとつあり、それはアトロピンの極端な苦味であることをポールは知っていた。そこで彼は、何かに混ぜて苦味を消すのが最良の策だと考えた——一世紀以上前に、イギリスの将校たちがインドで苦いキニーネの味をごまかしたように。八月二八日、やや暑い夏の晩をゆったりと過ごすアレクサンドラにとって、きりっと冷えたジントニックは最高の飲み物に思えた。ポールは妻のためにアトロピン入りのトニックをたっぷりと注ぎ、効き目があらわれるのを待った。アレクサンドラはドリンクをひと口飲み、またひと口飲んだ。なんとなく味が変だった。少し苦すぎる気がして、全部は飲み干さず少しだけ飲んだ。それだけでも死んでもおかしくない量だったのかもしれない。アトロピン中毒に特徴的な症状が出揃うのに十分な量であったのは確かだ。口が渇き、心臓がドキドキし、立ち上がるとめまいがして床に倒れ込む。そのころから幻覚が見えはじめ、アレクサンドラはのちに、まわりのすべてが薄絹のように見えたと語っている。

苦しむ妻を見ながら、ポール・アガターは落ち着いたようすで「助けを呼ぶ」と言った。ところが救急車ではなく、電話したのは近くの開業医で、たまたま町にいないことを彼は事前に確認していた。医師の不在はポールにとって朗報だった。家にやってきて妻の処置をされては困るからだ。自身のアリバイを強化するために、ポールは切迫した声で「一刻も早く来てください」と留守電にメッセージを残した。

だが、周到につくりあげた彼の計画がここで崩れはじめる。狙いは外れ、その晩に待機していた代診の医師がポールの残したメッセージを聞いて家にやってきたのだ。医師はすぐにアレクサンドラが重症だと判断した。何か食べたり飲んだりしたもので中毒を起こした可能性があった。病院に搬送するために医師は救急車を呼び、やってきた救急隊員が最後に口にしたものをアレクサンドラに尋ねた。すると彼女は、椅子の横にある小さなテーブルに置かれた飲みかけのジントニックを指さした。救急隊員はグラスだけでなく（毒が混入された）〈セーフウェイ〉のトニックウォーターのボトルも回収した。アガター夫人はグラスのジントニックを飲み干さなかったおかげで命拾いしたが、しばらくは重篤な状態が続いた。

その週の終わりまでに八人が病院に運ばれ、アトロピン中毒と診断された。一見無関係に見える被害者たちとアガター夫人とを結びつける共通項はなんだろうか？　結論を言えば、被害者全員が同じ〈セーフウェイ〉でトニックウォーターを購入していたことだ。警察が立てた仮説は、常軌を逸した何者かがその店を脅迫する目的でトニックウォーターに毒を入れたというものだった。ポール・アガターは無実を装ったまま取材陣のインタビューを受け、被害者の夫としての心境を語った。なぜこんなことができるのかわからない、彼は静かにそう述べると、「いまごろ妻は死んでいたかもしれないんです。妻（やほかの人たち）を殺そうとするなんて、私にはとうてい理解できない」と嘆いた。それから犯人に向かって――警察が追っているのは自分だと知りながら――一刻も早く名乗り出て自主してほしいと懇願した。

ポールにとって喜ばしいことに、ウェイン・スミスという二六歳の男が、自分が犯人だと自白する手紙を地元紙に送った。しかし安堵したのもつかの間、警察はスミスの居場所を突き止め連行して尋問したが、何本のボトルに毒が混入していたかなど事件の詳細を何も知らなかったことから、すぐにこの男が事件と無関係であることに気づいた。

回収されたすべてのボトルに含まれるアトロピンの量を科学捜査官が計測すると、事態はポール・アガターに不利に動きはじめた。大半のボトルはアトロピンの量が一一～七四ミリグラムであったのに対し、アガター家から回収されたものだけが三〇〇ミリグラムと桁外れに多かったからだ。救急隊員に持ち去られる前に妻のジントニックと死を招くトニックウォーターのボトルを片付けるか、他のボトルと同レベルのアトロピンが入ったものとすりかえておくべきだったとポールは気づくが、もう遅すぎた。彼がもし別のボトルと交換していたら、妻に対する殺人未遂を疑われることはなかっただろう。その後、苦味のせいで全部飲み尽くさなかったため、アレクサンドラが飲んだアトロピンはおそらく五〇ミリグラム程度であっただろうと断定された。

アガターへの包囲網が狭まるなか、〈セーフウェイ〉の監視カメラ映像から、人々が中毒症状を起こす数日前に彼が店にいたことが判明したが、残念ながら、実際にボトルを棚に戻す姿は映っていなかった。ところがなんと、ポールを知るネーピア大学の学生がちょうどその日に商品の補充係として働いていて、彼が数本のボトルを棚に戻すところを目撃していた。警察にこの証拠を突きつけられたポールは、あの店でトニックウォーターのボトルに触れたのは当然だ、あそこで妻のために買ったのだからと白《しら》を切った。しかし、アガター家のボトルに他のボトルよりもはるかに多いアトロピンが入っていた事実は彼に不利に働いた。

一九九五年、ポール・アガターはついに逮捕され、妻に対する殺人未遂で裁かれた。この裁判のあいだ断固として彼を擁護しつづけたのが、夫に人殺しなどできるはずがないと信じて疑わない妻アレクサンドラだった。それでもポールは殺人未遂で有罪となり、裁判官は判決を下すさい、「本件は狡猾に計画された邪悪な犯罪であり、被告人は妻の殺害を企てたのみならず、一般市民に深刻な脅威、危険、危害を与えた」と述べ、懲役一二年を言い渡した。

この殺人未遂事件には、事件そのものに劣らない、まさに「事実は小説より奇なり」と言うべき驚きの後日談がある。服役中、アガターにはある興味深い同房者がいた。あのウェイン・スミス――トニックウォーターに毒を入れたと嘘の自白をした男である。自白が嘘だと露見したのち、スミスは実際に試してみようと別の〈セーフウェイ〉でフルーツジュースのパックに除草剤を混入させ、有罪判決を受けたのだった。

アガターは刑務所の図書館で働き、他の囚人たちが読み書きを覚える手助けをした。アレクサンドラ・アガターはついに夫が自分を殺そうとした事実を受け止め、彼の服役中に離婚した。アガターが妻を殺してまで一緒になろうとした愛人キャロル・ボンサルは彼を見捨て、二度と関わろうとはしなかった。二〇〇二年、寂しく孤独な五八歳のアガターは、一二年の刑期のうち七年を務めて出所した。仮出所者となった彼はスコットランドを離れ、年老いた両親と暮らすために故郷ダービーシャーに戻り、意外にもマンチェスター大学に職を得て、しばらく夜間部で教鞭をとることになった。そこで彼が教えた科目とは――哲学、そして医療倫理学だった。

アトロピンはどう命を奪うのか

アトロピンは、神経系の一部である副交感神経系に作用する。副交感神経系とは、身体を「休ませ、消化を促す」神経系である。一方、より認知度の高い交感神経系は、闘争・逃走反応と関係している。これら二つの神経系では、当然ながらシナプス間を通る化学伝達物質が異なる。副交感神経の場合、そこにはアセチルコリンが含まれ、私たちが食事を始めると、副交感神経系は唾液の分泌を促す。いわゆる、おいしそうな料理の匂いがすると「よだれが出る」感覚だ。すると腸でも、同じく副交感神経系が、食べ物を分解する消化酵素の分泌量を増やすよう膵臓に指令を出す。また、リラックスしてくつろいだ状態のとき、アセチルコリンは心拍数を抑え、私たちは満ち足りた気分になる。

アセチルコリンが働くのは、ちょうど正しい鍵が錠にすんなり入るように、シナプスの向こう側にある受容体にぴったりはまる形をしているからだ。受容体を作動させることから、アセチルコリンは作動薬《アゴニスト》と呼ばれる。もっとも、鍵穴にぴったりとはまり開錠できるのは正しい鍵だけだが、よく似た形の鍵であれば錠を開けることはできなくとも鍵穴に入ってしまうことがある。そして困ったことに、間違った鍵が錠に刺さっているために正しい鍵が使えないこともよくある。そのような間違った鍵のひとつがアトロピンだ。アセチルコリンに似ていて受容体と結合するが作動させることはなく、そればかりかアセチルコリンが受容体に入り作動させるのを阻んでしまう。生理学的に言えば、アトロピンは阻害薬《アンタゴニスト》だ。アトロピンが存在するために、アセチルコリンが伝える正常な信号が伝わらず、アセチルコリンがもたらすはずの作用とは逆の作用が起きてしまう。

副交感神経系はアセチルコリンを通じて唾液の分泌を促すが、アトロピンによって阻害されると、口が「カラカラに渇いて」しまう。過度に口が渇くとひどい喉の渇きも起き、そのせいでものが飲み込みにくくなる。また、涙も渇いて目の痒みや充血が起きることもある。

アセチルコリンには瞳孔を収縮させる作用があるため、周辺視野を使って危険を察知するよりも、むしろ目の前にあるものに焦点を合わせやすくなる。一方でアトロピンは瞳孔の収縮を阻むため、イタリアの娼婦たちが好んだつぶらな瞳になるというわけだ。アトロピンは目の焦点を調節する筋肉も弛緩させることから、投与された被害者は大きく目を見開き「コウモリのように盲目」になる。

通常、私たちが食べ物を消化しているあいだ、栄養を吸収して全身に運ぶために血液が皮膚から内臓のほうに集まっていく。ところがアトロピンによってアセチルコリンの作用が阻害されると皮膚の血管が開いて血色が良くなるため、被害者の顔は「ビーツのように真っ赤」に見える。

また、アトロピンは脳神経にも作用することから、要領を得ない、話の辻褄が合わない、まっすぐに歩けないといった症状があらわれ、しまいには幻覚が見え、概して酔っ払いや「頭がいかれた人《マッド・ハッター》のような」状態となる。アトロピン中毒による幻覚は非常に視覚的でリアルなもので、チョウ、木、顔、ヘビ、さらにはシルクのカーテンなどがよく報告される。それらは、LSD（リゼルギン酸ジエチルアミド）などの麻薬が引き起こすサイケデリックな幻覚とは対照的だ。

もうひとつ、アトロピン中毒は身体の体温調節機能にも影響を及ぼし、被害者は「ウサギのように熱く」なる。

アセチルコリンは鼓動を遅くする（レーヴィの実験を思い出してほしい）が、アトロピンがアセチルコリンの働きを阻害すると心臓は鼓動を「遅くしろ」という信号を受け取らないため徐々に鼓動が速まり、最終的には毎分一二〇〜一六〇回と非常に速い心拍数に達する。鼓動は速くなるだけでなく不規則になり、完全に停止して心不全で死に至ることもある。また、アトロピンによる心拍数の上昇は血圧を著しく上昇させ、腎臓や脳に問題を起こす可能性もある。

アトロピンがどれだけ速く身体に作用するかは、どのような形で摂取されたかによる。血流にじかに注射された場合は数分で作用が感じられるが、食べ物や飲み物に混入していた場合は、作用に気づくのに一五分ないし一時間かかる。体内に入ったアトロピンの半減期は約二時間、つまり半分は二時間以内に消滅する。そのうち約五〇パーセントは腎臓で直接ろ過されて尿として排泄され、残りは肝臓の酵素で分解される。それでも、アトロピンが跡形もなくすべて除去されるまでには数日かかり、幻覚症状は何時間も続くことがある。

ベラドンナのほかに、アトロピンを含むナス科の植物としてヨウシュチョウセンアサガオ（洋種朝鮮アサガオ）がある。「悪魔のわな」や、ヴァージニア州ジェームズタウンにちなんで「ジムソン・

ウィード」(ジムソンはジェームズタウンが訛ったもの、ウィードは雑草)とも呼ばれる。一六七六年、ヴァージニアの植民地政府は反乱を鎮めるために軍隊を派遣した。補給品を待つあいだ、兵士たちはその土地に生えている植物の葉を取って茹で、食事に加えた。するとたちどころに幻覚作用があらわれ、兵士たちは街角に裸で座り込み、サルのように歯をむいてニヤニヤ笑いながら、通りかかる人々に馴れ馴れしく触れたりしたという。また、空中に羽毛を吹き飛ばす者もいれば、藁《わら》にやたらと関心をもつ者もいた。兵士たちは監禁され治療を受けたが、完全に回復するまで一一日間を要した。

ブキャナン医師と、マダムと、死んだ猫

本書にくり返し登場するのが、自身が受けた教育や身につけた専門的知識による比類なき見識をもってすれば、たとえ他者は失敗しても自分ならバレずに人を殺せると思い込んでいる医師や科学者の話だ。一八九三年五月八日、妻を殺害した罪で、医師のカーライル・ハリスはニューヨークのシンシン刑務所で電気椅子にかけられた。ハリスが選んだ毒はモルヒネだ。これを過剰に摂取すると脳の活動が弱まり、しまいには呼吸が停止する。モルヒネの過剰摂取による死は自然死と間違われやすい(それゆえに、多くの殺人者たちがこの方法を用いる)が、ひとつだけ歴然たる証拠が残る。モルヒネは瞳孔を著しく収縮させることから、過剰摂取を示す典型的な特徴があらわれる。それが〝針穴瞳孔〟だ。ハリスが逮捕され、モルヒネを使った殺人罪で裁かれたのは、ひとつには妻の遺体を調べた検死官が瞳孔の収縮に気づいたからだった。

ハリスが処刑されてまもなく、同じくニューヨークの医師であるロバート・ブキャナンは、ハリス

がつかまったのは彼のやりかたが下手だったからだと確信した。ブキャナンはしょっちゅうバーで酒をしこたま飲んでは、耳を傾けてくれる相手に（多くの場合、そうでない相手にも）誰彼かまわず、ハリスはへまをやらかした無能な男だと語っていた。そして彼は、モルヒネ中毒などいくらでもごまかせる、瞳孔を拡大する薬を使えばいいだけで、そうすればモルヒネ過剰摂取の明白な証拠は消せると豪語した。その薬とは、アトロピンだ。

ロバート・ブキャナンは、一八六二年にカナダ東部ノヴァスコシア州で生まれた。彼は一八八六年に妻と娘とともにニューヨークに移住し、医者としての新生活をスタートさせた。総人口三万一〇〇〇人ほどの地方都市から一五〇〇万人都市への転居はカルチャーショックであったに違いないが、ブキャナンは大都会の暮らしを大いに堪能していた。表向きは立派な医者でも、仕事以外の生活は立派とは程遠く、大酒飲みで、おまけに売春宿に目がない。そのひとつを経営していたのがアンナ・サザーランドで、ブキャナンは彼女と関係をもつようになる。ブキャナンにとって幸いだったのは、妻や友人、知人たちが――それ以上に、患者たちが――彼の課外活動について何も知らなかったことだ。

ところが、不倫の多くがそうであるように、そのうちに真実が明るみに出た。ブキャナンは当初、アンナ・サザーランドは患者のひとりにすぎず、仕事上の礼儀として会っていただけだと言い訳をしたが、妻はそんな話をこれっぽっちも真に受けず、一八九〇年の夏にふたりは離婚した。その後の事態を思えば、離婚によって難を逃れた妻は幸運だったと言えるだろう。

一八九〇年代のニューヨークは浮き沈みが激しく混沌としていたが、ブキャナンの患者は社会の上層部に属する人々であったため、かかりつけ医が売春宿の経営者として知られる女を新しい受付係に据えるのを快く思わなかった。ブキャナンより二〇歳ほど年上のアンナは新しい恋人となったブキャナンに夢中になり、遺言書を書き換えて彼を遺産の唯一の受取人にした。つねに先を見据えるブキャナンは、アンナを説得してさらに五〇万ドルの生命保険に加入させ、こちらも自身を唯一の受取人にさせた。

ブキャナンの患者たちを悩ませたのは、受付係が売春宿の女主人《マダム》であることばかりでなく、彼女が下品で粗野であったことだ。別の医師への鞍替えが始まり、残った患者たちも、まだ別の医師が見つかっていないだけだった。こうして収入が減っていき、ブキャナンの贅沢な暮らしぶりはすぐに彼の銀行口座をむしばんだ。次第にアンナが足手まといに思えてきたが、自身の知性に大いに自信をもつブキャナンには、この問題をどう解決すればいいかはわかっていた。

一八九二年四月二二日金曜日の朝、朝食をたっぷりとったあと、アンナはひどく具合が悪くなり、胃に我慢できないほどの激しい痛みを感じた。ベッドに行き、知り合いのマッキンタイア医師の往診を受ける。医師が来てみると、アンナは耐えがたいほどの痛みに苦しみ、頭痛を訴え、呼吸困難におちいっていた。ありったけの思いやりと同情心をかき集め、マッキンタイアはヒステリーと診断していた。少量の鎮静剤を処方した。しかし処置の甲斐なく、午後になってもアンナの具合は良くならなかった。このときブキャナンがティースプーン数杯分の薬を与えるのが目撃され、アンナは苦くてとても飲めないと文句を言っていたという。

その晩の七時にマッキンタイアが再びようすを見に来てみると、アンナはすでに深い昏睡におちいり、脈が速く、呼吸は非常に浅く、皮膚は熱く乾燥していた。まもなくアンナは死亡し、死因はおそらく「脳卒中」すなわち脳出血と思われた。

これでブキャナンの〝問題〟は解決したかに見え、彼はアンナの遺産を受け継ぎ、多額の生命保険金も受け取った。預金残高は一気に増え、粗野な受付係もいなくなり、ブキャナンの人生は上向きに転じた。そのせいか、最初の妻は（同じ状況に置かれた大多数の妻たちよりも明らかに寛大だ）彼との再婚に同意した。

しかし、事態は徐々に破綻へと向かいはじめる。ブキャナンが酔った勢いで放った、妻を殺害し処刑された医師カーライル・ハリスを侮辱する言葉が、やがて仇《あだ》となって彼に返ってくるのである。酒場のゴシップを探していたある記者がブキャナンの放言を聞きつけ、不審に思い調べはじめた。するとアンナ・サザーランドが早すぎる死を迎える前、ブキャナンが深刻な財政難におちいっていたこと、さらに彼が唯一の遺産相続人であったことが判明した。記者が警察に通報し、調べあげた内容をすべて伝えた結果、アンナの遺体の掘り起こしが許可されるのに十分な容疑が浮上した。そして肝臓と腸を調べた結果、致死量に相当するモルヒネの存在が確認されたのである。

ところで、アンナ・サザーランドの組織内にあるモルヒネの量はどのようにして測定されたのだろうか。ここで、インスリンの量を知るために、エリザベス・バーロウの臀部から抽出したインスリンをマウスに注射したことを思い出してほしい。モルヒネの量の特定にもそれと似た方法がとられたが、ただしこのケースでは、抽出液をマウスではなくカエルに注射し、カエルを殺すのに必要な量が測定された。こうしてアンナの体内に致死量のモルヒネが存在するとわかったが、モルヒネ中毒を示す決定的な要素が——針の穴のように小さく収縮した瞳孔が——欠けていた。彼女は本当に脳出血で死んだのか、それとも自慢げに豪語したように、ブキャナンはモルヒネ過剰摂取の兆候を隠す方法を見つけたのだろうか。

事の真相はどうであれ、ブキャナンは逮捕され、第一級殺人罪で告発された。裁判はセンセーションを巻き起こし、アメリカ史上初めて、検察側によって法医学的証拠が提示された。アンナの瞳孔が大きく拡大していたことから、弁護側は彼女がモルヒネの過剰摂取で死亡した証拠はないと主張した。これに対抗し、検察側は法廷に野良猫を持ち込み、陪審員の目の前で（陪審員は目を奪われ、すぐに嫌悪感を抱いた）かわいそうな猫に致死量のモルヒネを与えて殺した（猫がこの法廷劇をどう思ったかは記録されていない）。死んだ猫のまぶたが開かれると、モルヒネの過剰摂取に特徴的な針穴瞳孔が明らかに見て取れた。次に、猫の目にアトロピンがゆっくりと滴下された。すると陪審員が憂うつそうに見守るなか、猫の瞳孔がゆっくりと、だが確実に拡張しはじめ、完全に元の大きさに戻ったのだ。

こうして、ブキャナンが酒場で豪語したとおり、アトロピンを使えばモルヒネ中毒の影響をごまかせるという説が正しかったことが証明された。そして彼にとっては残念なことに、陪審員に対してもそれが証明されてしまったのだ。一八九三年四月二五日、陪審員は有罪の評決を下し、情状酌量を求める勧告はなされなかった。そして当然ながら、裁判官はブキャナンに死刑を宣告した。

ブキャナンはカーライルをへまで無能な男と呼んだが、ブキャナンの最期の日々はカーライルのそれと驚くほど似ていた。彼は厳重な警護のもとシンシン刑務所に移送され、刑の執行を待つ身となった。あらゆる申し立てをし尽くしたブキャナンは、結局は自分もカーライルより利口でなどなかったと徐々に悟るのだった。独房から電気椅子まで二〇ヤードの距離を移動するあいだ、彼は終始平然とし、無言のままだった。ブキャナンの身体に電極とストラップが取り付けられ、州の電気技師にスイッチを入れるよう合図が送られた。その二分後、ブキャナンはすでに息絶えていた。

ソールズベリーで起きた、ロシアの元スパイ暗殺未遂事件

ポール・アガターはアトロピンで妻を殺害しようとし、ブキャナン医師はアトロピンを使って愛人殺しの発覚を避けようとしたが、注目すべきは、じつはアトロピンは、それよりもはるかに致死性の高い神経毒の治療薬でもある点だ。そうした致死的な毒物は、液体の形でドアノブなどの表面に〝塗って〟皮膚から吸収させることも、ガスとして肺から吸入させることもできる。どのような形で取り込まれたとしても、いったん体内に入ってしまえば神経剤が与えるダメージは同じだ。受容体に到達するアセチルコリンの量が少なすぎる場合に発生する問題についてはすでに触れたが、逆にアセチルコリンが多すぎて過剰な刺激が生じた場合も同様に命取りになりうる。

神経の末端からアセチルコリンが放出され、シナプスを通って受容体と結合し作動させたなら、信号が過剰にならないよう、そのアセチルコリンはすぐに分解されなければならない。アセチルコリンを分解するのは、その名もアセチルコリンエステラーゼという酵素で、アセチルコリン分子をわずか八〇マイクロ秒で分解する。神経剤はそのアセチルコリンエステラーゼ酵素を攻撃し、作用を阻害してアセチルコリンを分解する能力を破壊する。その間も神経の末端からはアセチルコリンが放出されつづけるため、蓄積した大量のアセチルコリンが受容体をくり返し刺激し、ついには対応する臓器が誤作動を起こしてしまう。

このことは、神経剤に曝された被害者にどのような影響を及ぼすのだろうか。たとえば、少量のアセチルコリンが安静時に心拍数を低下させることはすでに述べたが、大量のアセチルコリンがたえず受容体を刺激しつづけると、心拍数が危険なレベルにまで低下する恐れがある。過剰なアセチルコリ

ンは汗や涙、唾液の分泌を過度に促し、被害者は口から泡を吹いているように見えることがある。大量の汗で衣服がびしょ濡れになることも多い。また、通常は肺や気道に潤いを与え清潔に保つために少量の体液が分泌されているが、その分泌量が、被害者が自身の体液で溺れそうになるほど過剰になる。それらすべてに加えて、頭痛、次いで痙攣、意識消失、昏睡、さらに吐き気や嘔吐などの症状もともなう。神経剤に曝された直後に治療を開始しない限り、被害者が生存できる可能性は低い。神経剤に対する唯一の治療法は、ある意外な薬物だ。それ自体は致死性の毒だが、神経剤に曝された被害者の治療には優れた効果を発揮する薬物――それはアトロピンである。

アトロピンのように有毒な化学物質が別の毒から身を守る解毒剤になりうるとは意外に思えるかもしれない。実際、アトロピンがある種の化学物質に対する解毒剤となったのは、ごく最近のことだ。その化学物質とは、一九四〇年代に開発された有機リン酸化合物である。もともと農薬として開発された有機リン酸化合物はさらなる開発を経て、神経ガスのVXガスやVRガス、さらにサリンやノビチョクといった、史上最も致死性の高い化学物質となった。

セルゲイ・スクリパリは、GRU（ロシア軍参謀本部情報総局）の大佐だったが、スペインのマドリッドに赴任中、イギリス情報局秘密情報部（MI6）にスカウトされて二重スパイとなった。糖尿病を発症したのち、彼はモスクワのGRU本部に再配属され、そこからロシアのスパイ三〇〇人分の身元をイギリス側に伝えた。だが不運にも、MI6内に潜入するロシアのスパイがスクリパリの諜報活動についてGRUの上層部に警告を発していた。こうして二〇〇四年一二月、スクリパリは自宅の外で逮捕され、非公開の軍事裁判にかけられて国家反逆罪に問われた。そして軍の階級と勲章を剥奪され、厳重警備勾留施設での禁固一三年を宣告された。

ロシアは二重スパイとしてイギリス政府に仕えるスクリパリを自国の刑務所に入れた。それと時を同じくして、アメリカ政府がロシアの潜伏スパイを特定し、彼らをアメリカの重警備刑務所に収容した。当然ながらロシアは自国のスパイの引き渡しを求め、イギリスはスクリパリの引き渡しを求めた。イギリス、ロシア、アメリカの政府間で外交的駆け引きが行なわれ、その結果、ジョン・ル・カレによる冷戦時代のスパイ小説さながらの出来事が起きる。

二〇一〇年七月九日、ロシアの潜伏スパイ一〇人を乗せたアメリカ機がウィーン国際空港に着陸し、地上に降り立ったスパイたちは再びロシアに迎え入れられた。それと緊密に連携する形で、アメリカのジェット機がウィーンに着陸するのと同時に、スクリパリを乗せたロシア機がイギリスのブライズ・ノートン空軍基地に着陸した。[*6] こうしてスクリパリの身柄は無事にイギリスの指示者《ハンドラー》のもとに戻された。MI6から入念な情報聴取を受けたのち、スクリパリはイングランド南部の都市ソールズベリーに居を構えた。スパイとしての過去を葬り去り、自分らしい生活を送りたいという願いもむなしく、やがて彼の過去が災いをもたらすことになる。

二〇一八年三月四日の昼下がり、セルゲイ・スクリパリと三三歳になる娘のユリアは、セルゲイの家の玄関を出てドアを閉めた。散歩がてらミルにあるパブに向かい、そこで一杯飲んだあと、遅い昼食をとりにイタリアンレストランに行った。レストランを出てまもなく、食べたものが合わなかったのか、ふたりとも気分が悪くなり目がかすんできた。そのため家に帰る前に少し休もうと近くのショッピングセンターで腰かけ、吐き気がおさまるのを待つことにした。

午後四時一五分、意識不明でベンチに倒れ込んでいる人がふたりいると警察に通報が入った。目撃者によると、ユリアは大きく見開いた目でぼんやりと空《くう》を見つめ、口から泡を吹いていた。セルゲイのほうは全身が硬直し、顎と服に吐瀉物が付着していた。どちらも外傷はなさそうだが、見るからに重体だった。救急車が呼ばれ、父娘はソールズベリー地方病院に搬送されたが意識は戻らず、依然として予断を許さない状態が続いた。

当初、医療スタッフはオピオイドの過剰摂取を疑い治療を始めたが、効果はほとんどなかった。そのうちに、父娘を苦しめているのがそれよりもはるかにたちの悪いものであることを示す最初の手がかりが得られた。意識を失ったスクリパリ父娘と最初に接触したベイリー巡査部長が、だいぶ軽症ではあるが、目のかゆみや発疹、息苦しさなど、同様の症状で救急治療室に運び込まれたのだ。集中治療室にいる意識不明の父娘は、これから続々と増えていく伝染病患者の最初のふたりなのではないかとの懸念が浮上した。解決の糸口が見つかったのは、セルゲイ・スクリパリがロシアの元スパイで、さらに二重スパイであったことを警察が突き止めたときだ。

医療チームは、スクリパリ父娘が示す症状が有機リン酸中毒に特有のものであることに気づいた。有機リン酸といえば、神経剤に使われる毒物だ。すぐにアトロピンを使った治療が行なわれた。アトロピンはポストシナプス（樹状突起側）のアセチルコリン受容体に結合してふさぎ、過剰なアセチルコリンが致命的な刺激を与えるのを阻止する。父娘は意識がなく、人工呼吸器で呼吸を維持し脳へのダメージを防いでいる状態だった。こうして身体が神経剤を分解し除去するのを待つ以外、なすすべはなかった。

スクリパリ父娘は意図的に毒を盛られたのだと確信した医師たちは、ソールズベリーからほど近いポートンダウンにある、化学兵器の調査を担うイギリス政府の研究所に連絡した。化学兵器の割り出しと治療も行なうその研究所でスクリパリ父娘から採取したサンプルを調べた結果、使われた毒物はノビチョク（ロシア語で「新参者」や「初心者」を意味する）という、一九七〇年代から八〇年代にかけたソ連で開発された一連の神経剤のひとつであることがわかった。ノビチョクが使われたことから、疑惑は一気にロシア政府に向けられた。だが、ロシア連邦大統領ウラジーミル・プーチンはいかなる関与も否定し、さらには「ロシアが二重スパイとその娘を暗殺しようとしたなら、いまごろ彼らは死んでいるはずだ！」と言い放った。しかし、このような大言壮語を真に受ける者はいなかった。

ユリア・スクリパリは若かったためか、曝された神経剤の量が少なかったためか、父親よりも早く回復し、退院して警察の保護下に置かれた。彼女はのちにインタビューで、「二〇日間に及ぶ昏睡状態から目覚めたあと、自分たちが毒を盛られたと聞いて驚いた」と語っている。父親のセルゲイのほうは意識不明の危篤状態がさらに一カ月続き、意識が戻ってからも三カ月間入院したのち、非公開の場所に移され警察の庇護下に置かれた。

ノビチョクに曝された被害者全員が退院したが、そもそもどのようにして毒に曝されたのかという疑問は残された。

そうこうするうちに犯人が判明した。二〇一八年三月二日、アレクサンドル・ペトロフとルスラン・ボシロフはGRUが用意したパスポートを使い、モスクワからロンドン・ガトウィック空港に到着した。ともにGRUの大佐の勲章をつけたペトロフとボシロフは、ロンドンのイーストエンドにあるシティ・ステイ・ホテルに宿泊した。二日後、ふたりは列車でソールズベリーに移動し、スクリパリ宅の玄関に液体の神経剤を噴射する姿が近くの監視カメラにとらえられた。セルゲイと娘は、家を出てドアを閉めたときにこの毒物に触れたのである。任務を終えたペトロフとボシロフは列車でロンドンに移動し、ヒースロー空港からモスクワに戻った。アレクサンドル・ペトロフとルスラン・ボシロフに逮捕状が出されたが、のちに偽名であることが判明する。本名はアレクサンドル・ミシュキン博士とアナトリー・チェピガ大佐、いずれもスクリパリがかつて所属していたGRUの軍事情報部隊のメンバーだった。イギリス政府は殺人の共謀罪で起訴できる証拠が十分にあると確信していたが、ロシア人ふたりは、自分たちは単なる旅行客で、大きな陰謀に巻きこまれただけだとの主張を変えなかった。身柄の引き渡し要求が検討されたが、プーチンが拒否する可能性が高いことから、要求する意味があるかどうかが議論された。現にプーチンは記者会見で、ペトロフとボシロフの無実を主張したばかりか、すでに真犯人が特定され、彼らが出頭するのを待っているところだと述べていた。

このノビチョク事件の最後の犠牲者となったのが、チャーリー・ローリーとドーン・スタージェスだった。ソールズベリー中心部の近くに設置されたチャリティーボックスに高価な香水の箱が入っているのを見つけ、チャーリーは色めきたった。これをパートナーのドーンにプレゼントすれば、きっと大喜びするに違いないと考えたのだ。箱にはニナ・リッチのプルミエ・ジュールが入っているかに見えたが、小さな香水瓶の本当の中身はノビチョクだった。その瓶はノビチョクを入れて運び、その後スクリパリ宅の玄関ドアに噴射するのに使われたものだった。ところが、ドーンは死を招く化学物質を手首にじかに吹き付けたため、スクリパリ父娘の一〇倍もの量に曝されてしまった。不運にも奇妙な暗殺計画の巻き添えとなった彼女は、八日後に死亡した。

古代の毒薬から現代の解毒剤へ

古代ローマ人は毒殺の達人だった。ベラドンナなどの毒物を用いた私的な、あるいは政治的な殺人があまりにも盛んに行なわれたため、紀元一世紀のローマでは、家庭内での毒殺を規制する法律が制定されたほどである。「我々が為政者に求めるものはパンとサーカス（見世物）のみ」というシニカルな言葉で有名なローマの風刺詩人ユウェナリスは、毒としてのベラドンナの効能について、その実からとれる汁は「不要な夫から解放されたい妻たちに非常に好まれた」と述べている。ポール・アガターが妻を殺害しようと決めたとき、殺人の道具としてのアトロピンの有用性は二〇〇〇年を超える経験に裏打ちされていた。アガターはそれを、自分もまたアトロピンを使って問題を解決できるしると受け取ったのだった。

おぞましい歴史をもつにもかかわらず、アトロピンは現代の医薬品として活路を見いだした。神経剤に曝されたスパイの治療は華々しい用途のひとつだが、アトロピンはまた、心拍数をコントロールする薬としても——特に心拍数の低い患者や心停止した患者に対し——使われている。さらに、手術中に唾液や気道の分泌物が肺に入って肺炎を引き起こすのを防ぐため、アトロピンは手術前にそれらの分泌を抑える薬としても用いられている。以前は完全に毒物であったものが、こうして治療薬に生まれ変わった。次章では、強壮剤から世にも恐ろしい猛毒への転身を遂げた驚くべき薬物について見ていこう。

第三章　ストリキニーネとランベスの毒殺魔

ストリキニーネはすごい薬だよ、ケンプ。人間の無気力《むきりょく》さをふっとばしてくれる。
H・G・ウェルズ『透明人間』（一八九七年）〔雨沢泰訳、偕成社、二〇〇三年〕

透明人間、サイコ、シャーロック・ホームズ

ストリキニーネのように猛毒のイメージが定着している薬物が、以前は気付け薬や強壮剤と見なされていたとしたら奇妙に思えるだろう。しかし二〇世紀初頭まで、ストリキニーネは実際に強壮剤として扱われていた。H・G・ウェルズの小説『透明人間』の主人公グリフィン博士は、「ストリキニーネは大いに役に立つ」と気づいた。ウェルズはさらに、「グリフィンは少し衰弱してしまった。悪夢を見るようになり、研究にも身が入らなくなった。だが少量のストリキニーネを飲むと、活力がみなぎるのを感じた」と書いている。

ストリキニーネの効用は無限にありそうだった。心理学者のカール・ラシュリーは、ストリキニーネがラットの迷路学習能力を高めることを発見した。マラソン選手のトーマス・ヒックスが一九〇四年のセントルイスオリンピックで金メダルを獲得したのもストリキニーネのおかげだった。また、医

学生たちはストリキニーネを強壮剤として用いながら試験勉強をし、[1] あのアドルフ・ヒトラーまでが、スターリングラードの戦いでドイツ兵を失ったあと、ストリキニーネの強壮剤を飲んだと伝えられている。

しかし、ストリキニーネの使用にはダークな側面もあり、それは大衆文化によってより不吉に描き出されていった。アーサー・コナン・ドイルの小説『四つの署名』で、シャーロック・ホームズの忠実な相棒ワトスン博士は、殺された男の顔に浮かぶ異様な笑みからストリキニーネを使った殺人と推理する。映画の世界でも、アルフレッド・ヒッチコックが『サイコ』でストリキニーネを毒物として使っている。ノーマン・ベイツはキッチンナイフでシャワーカーテンを切り裂いたが、それ以前にストリキニーネで母親を殺害していた。最近ではホラー作家のスティーヴン・キングが、二〇一四年に発表した小説『ミスター・メルセデス』でストリキニーネを使っている。

アガサ・クリスティーは、デビュー作『スタイルズ荘の怪事件』にお気に入りの毒物であるストリキニーネを登場させた。クリスティーが描くストリキニーネ中毒の作用があまりに正確であったため、《ザ・ファーマシューティカル・ジャーナル》誌に掲載された書評には、「この小説は、正確な記述といいうまれに見る長所をもつ――実際、あまりにも正確に描かれているため、著者には薬学の素養があると思いたくなるほどだ」[2] と書かれている。

多くの作家が作品にストリキニーネを取り入れたのはなぜなのか。それはおそらく、ストリキニーネを使った毒殺事件の多様な事例が数多く記録されているからだろう。実際、犯罪に使われた毒物ランキングにおいて、ストリキニーネはヒ素とシアン化合物に次ぐ第三位だ。

ストリキニーネの物語

アトロピン（第二章参照）やカフェイン、ニコチン、さらにはコカインもそうだが、ストリキニーネもまた植物性アルカロイドの一種だ。植物は概して食べられたくない部分に苦味をもつため、これらの化合物はすべて苦い味がする。だが皮肉にも、人間はそのアルカロイドをできるだけ多く手に入れようと、わざわざ植物を採取してきた。ストリキニーネは、ストリクノス属の植物に由来する。ストリクノスという名前は、学名の考案者であるスウェーデンの植物学者カール・フォン・リンネが一七五三年に命名したものだ。ストリキニーネはストリクノス属の植物すべてに含まれるが、特にマチン（ラテン語でStrychnos nux vomica）に多く含まれる。マチンの英語の通称である「the Asian vomit button tree（嘔吐を起こすアジアのスズカケノキ《ボタンツリー》）」よりは、ラテン語名のほうがいくらか学術的に聞こえる。このストリキニーネの木は、インド、スリランカ、チベット、中国南部、ベトナム原産の常緑樹である。アジアではごく当たり前に生育しているが、この木が非道な目的で使われたという話はほとんど伝えられていない。アジアの人々がストリキニーネを使って人を殺すことに消極的だったのか、単に記録が少ないだけなのかは不明だが、アジアではおもにネズミなどの駆除に用いられてきた。

ストリキニーネがヨーロッパの市場にもたらされたのは、海上交易が盛んになってからだ。船には必ずネズミがいて、水夫たちはネズミが自分たちの食料を食べたり病気を蔓延させたりするのを喜ばない。そのため、商船ではネズミ駆除にストリキニーネがよく使われた。一九世紀の終わりにはストリクノス属の植物の種子が年間五〇〇〇トン近くロンドンに輸入され、その大半がネズミなどを毒殺するのに使われていた。薬局でストリキニーネそのものを購入するのは難しかったが、ヴァーミン・キラー（害虫・害獣駆除剤）という名称で三ペンスと六ペンスのパッケージで売られており、誰でも容易に入手できた。

たとえば「バトラーズ・ヴァーミン・キラー」は小麦粉と煤《すす》、ストリキニーネの混合物で、パンやチーズの切れ端に塗って台所の床にひと晩置いておくとストリキニーネが即座に殺鼠剤としての効果を発揮し、毒のすぐそばでネズミの死骸が発見されることも多かった。毒物学者アルフレッド・スウェイン・テイラーは一八九七年に出版された *Manual of Medical Jurisprudence*（法医学マニュアル）のなかで、ヴァーミン・キラーについて「偶発的にせよ意図的にせよ毒殺を引き起こす可能性が非常に高いその粉は、無知な人々によってさらに無知な人々に公然と販売され、多くは自殺目的に用いられている」と語っている。ストリキニーネは「ヴァーミン・パウダー」としても市販され、いとも簡単に入手できたため、それを購入しても――たとえ購入者に人を殺す意図があったとしても――誰も驚きはしなかった。

ヴァーミン・パウダーはネズミの駆除にとどまらず、野良犬や野良猫を始末するのにも大量に用いられた。作家のヘンリー・F・ランドルフもまた、迷惑な猫を毒殺する目的で一八九二年五月にストリキニーネを購入した。分別のある一九世紀の作家がいかにもしそうなことだが、彼は毒を外に――たとえば「毒物」と表示した容器に入れて庭の物置などに――置くのではなく、ベッドサイドの引き出しにしまっておいた。ある晩、ランドルフは目を覚まし、キニーネ剤を服用しようとした。キニーネもまた苦味のあるアルカロイドだ。暗闇のなかでは無理もないことだが、そのとき彼はキニーネではなくストリキニーネの瓶を手に取って服用し、三時間半後に死亡した。この話から得られるのは、「ベッドサイドテーブルに毒を保管するのはあまり賢明な方法ではない」という教訓だと考えて間違いないだろう。

他のすべての植物性アルカロイドと同様、ストリキニーネは苦い味がする。実際、ストリキニーネは人類が知る限り最も苦い物質として知られ、他の苦味はみな、ストリキニーネの苦味との比較でランク付けされている。[*3] 苦いことで有名なもうひとつの植物性アルカロイドがキニーネだ。前章で触れたように、キニーネはマラリアの治療薬として使われたほか、脚がつったときにも用いられた。ナポレオン時代のフランスの医師たちは怪しげなロジックを使い、白く苦い粉であるキニーネが医学的に有用ならば、同じように白くて苦い味がする他の粉も有用なはずだと考えた。このロジックに従えば、マラリアを含めさまざまな病気の患者は、キニーネと同様にストリキニーネでも容易に治療できることになる。けれども、フランスの多くの患者にとって幸運なことに、この新薬発見方法は当初の予想に反して役に立たないことがじきに判明し、手当たり次第に白く苦い粉で万病を治そうとするやりかたは終焉を迎えた。

ランベスの毒殺魔

一八九一年、ヴィクトリア朝時代のロンドンは切り裂きジャックの恐怖から立ち直ろうとしていた。一八八九年に起きた切り裂きジャックによる最後の殺人事件から三年、ロンドンの娼婦たちもそれなりの日常生活を取り戻しつつあった。だがその平穏も、一九歳の娼婦エレン・ドンワースの遺体がランベス地区で発見されるまでのことだった。切り裂きジャックが戻ってきたのか、それとも夜の女たちを餌食にする新たな殺人鬼があらわれたのだろうか。

ロンドンの貧民街ランベスで暮らす娼婦の生活は過酷だった。使用人や工場労働者の一〇倍から一二倍の稼ぎが得られるとはいえ、彼女たちの人生は劣悪で厳しく、そして短かった。ランベスには娼館がほとんどなく娼婦たちは自宅や路上で商売をするため、客から暴力を受けやすい状況にあった。エレン・ドンワースは、ボトルのラベル貼りの仕事をやめて娼婦になった。一八九一年一〇月一三日、エレンはフレッドと名乗る男から近くのヨーク・ホテルで会いたいというメモを受け取った。会ってみると、フレッドはじつに魅力的な紳士で、絹の裏地がついたマントにシルクハットをかぶり、持ち手が金のステッキを持っていた。エレンは非常に好印象を抱き、この裕福そうな紳士が常連客になってくれればいいと思った。そして夜の七時ごろ、彼女はフレッドに別れを告げてホテルを出た。

ところがその数分後、エレンは歩くのも困難な状態になり、胃が激しく痛んだ。彼女を見つけた友人は、酔っぱらっているのだと思った。だがエレンは、アルコールよりもずっとたちの悪い何かの影響を受けていた。家に連れて帰ってもらいベッドに寝かされたエレンは猛烈な痙攣に襲われ、全身の筋肉が同時に収縮し、背中が恐ろしいほど弓なりに反った。苦悶の叫びを上げながら、エレンは下宿の女主人に、フレッドと名乗る「背が高く寄り目で、シルクハットをかぶりふさふさした頬髯を生やした紳士」に渡された瓶入りの青い液体を二度飲んだと語った。激痛に苦しむエレンは馬車で病院に運ばれる途中で息絶え、解剖の結果、胃から大量のストリキニーネが検出された。

一九世紀半ばのイギリスで人気のあった娯楽場といえばミュージックホールだ。演劇やアクロバット、コメディー、当時の（ときに下品な）流行歌など、そこへ行けばさまざまなパフォーマンスを楽しむことができた。なかでも規模の大きなミュージックホールが〈アルハンブラ〉と〈セント・ジェームズ〉だった。ヴィクトリア朝時代のミュージックホールがもつ怪しげな側面のひとつが、娼婦の客引きの場所として使われていたことだ。エレン・ドンワースの死の一週間後、フレッドが別の娼婦ルイーザ・ハーヴェイと〈アルハンブラ〉にいるところが目撃された。その晩、バラエティーショーが終わったあと、フレッドはルイーザを連れてソーホーのホテルに行き、そこでひと晩過ごした。朝になると、額にできたニキビを治す薬をあげると言って、夜の八時にまた会う約束をした。約束の時刻にふたりは地下鉄のチャリング・クロス駅の入口の向かい側で会い、近くのパブで少し飲んだあと、テムズ川沿いの遊歩道〝エンバンクメント〟に向かった。散歩しながら、フレッドはチョッキのポケットから薄紙に包まれた白い錠剤を二錠取り出し、それを飲むようルイーザに迫った。そしてルイーザが錠剤を飲んだのを確認すると、そそくさと踵《きびす》を返し、ロンドンの夜に消えていった。

数カ月のあいだ姿を消したかに見えたフレッドは、そのあと再びあらわれ、さらにふたりの犠牲者を生むことになる。一八九二年四月一一日、スタンフォード・ストリートで暮らす娼婦、二一歳のアリス・マーシュと一八歳のエマ・シュリーヴェルは、最近出会った男性と一緒に自宅で夕食にサーモンの缶詰を食べていた。その後、ひとりは口から泡を吹いた状態で発見され、同居するもうひとりはベッドで呻《うめ》いていた。何が起きたのかと尋ねられたふたりは、来訪者がくれた錠剤を飲んだと答えた。見ず知らずの相手からもらった錠剤をなぜ飲んだのかと問われると、見ず知らずの相手ではないと打ち明けた。男は医師だった。激痛にもだえ苦しんだ末、数時間後にふたりは死亡した。

こうして三人の娼婦が恐ろしい毒で殺され、もうひとりが跡形もなく姿を消した。殺人者はまだ自由の身で素性もわからなかったが、マスコミはすでに、彼に「ランベスの毒殺魔」という名を与えていた。

ロンドンのマスコミはまだ気づいていなかったが、その殺人者はすでに、大西洋を挟んだ対岸では毒殺犯、中絶医として知られていた。スコットランド移民のトーマス・ニール・クリームは、一八七六年にモントリオールのマギル大学医学部を優秀な成績で卒業した。人並み以上の知性をもち、見た目も良く魅力的なクリームは、つねに女性たちから大人気だった。マギル大学在学中、彼はフローラ・ブルックスと熱烈な恋に落ち、その結果フローラは妊娠した。未婚のまま妊娠を継続させるよりはと、クリームは自らの手で赤ん坊を堕《お》ろそうとし、その過程でフローラを危うく殺しかける。フローラの父ライマン・ヘンリー・ブルックスは裕福なホテル経営者だったが、娘に対するその扱いが気に入らず、クリームを脅しつけ、娘の名誉を守るために結婚するよう説き伏せた。クリームはおとなしく従い、一八七六年九月一一日にフローラと結婚するが、本気で夫婦になる気はさらさらなく、ロンドンのセント・トーマス病院医学校で卒後研修を受けるため、翌日にはさっさとカナダを離れ、イギリスに向けて出港した。

しかしロンドンでの生活はあまりうまくいかず、クリームはMRCS（英国王立外科学会）の会員資格が取れなかったことから、スコットランドのエディンバラ王立内科医外科医学会に移り、ようやく医師の資格を取得した。そこで一緒に学んだ仲間にアーサーという若き医学生がいた。のちにクリームは連続殺人犯として悪名をとどろかせるが、アーサーは（彼のフルネームは、アーサー・コナン・ドイル）自身が生み出した人物――シャーロック・ホームズ――の形で犯罪者を捕らえ、名を成すことになる。

エディンバラで学んでいたとき、妻の具合が悪いとの知らせを受けたクリームは、寛大にも彼女に薬を送っている。クリーム夫人はまもなく亡くなり、死因は肺結核による消耗だと伝えられているが、その後の出来事を思えば、彼女もまた夫に毒を飲まされて死んだのかもしれない。

クリームが新設されたエディンバラの医師免許を取ってまもなく、彼の患者のひとりが死亡した。一八七九年、若い妊婦がクリームの診療所に入っていくのが目撃された。そのあと何が起きたのかは不明だが、次に目撃されたとき、その患者はクロロホルムの過剰摂取により、診療所の裏の小屋で死んでいた。殺人罪こそ免れたが、クリームは医師としての能力不足を疑われ、さらに不正行為で悪い評判も立ったため、大西洋の向こうに戻るのが得策だと考えた。

一八七一年一〇月、シカゴは大火に見舞われ、約三〇〇人が死亡し、三平方マイルを超える範囲で建造物が破壊された。その八年後にクリームが到着したとき、シカゴの街は復興と再建が始まっていた。クリームは街の歓楽街のそばで開業し、地元の売春宿を相手に中絶手術を行ない、思いのほか早く金を稼ぎ出すことができた。こうして一八八〇年には、クリームの活動は歓楽街でよく知られるようになっていた。

クリームを擁護するなら、当時の中絶手術は医療行為というよりもむしろ屠殺に近い形で行なわれていた。多くの患者が、手術が失敗し出血多量で亡くなるか、汚れた手術器具による感染症で命を落とした。クリームの中絶手術では、ハッティー・マックというアフリカ系アメリカ人の助産婦が助手を務めていたことが知られている。ある日、彼女が謎の失踪をしたことで、疑いを抱いた友人たちが警察に通報した。ハッティー・マックの部屋を捜索すると、出血多量で死亡したと思われるメアリー・アン・フォークナーという若い娼婦の腐乱死体が発見された。ハッティー・マックは逃亡するが、警察はついに彼女を捕らえる。しかし本当の狙いはクリームであったため、警察は寛大な処分と引き換えにクリームに不利な証言をするようハッティーを説きつけた。自分の首を守りたい一心で、マックは警察がほしい情報をなんでも提供すると応じ、クリーム医師は一軒の売春宿につき一五回もの中絶手術を行ない、これまで行なった手術の数は合計で五〇〇〇回は下らないと自慢していたと語った。

さすがのクリームも今回は逮捕された。ところが、警察は彼に不利な証拠を挙げて容疑を固めようとしたが、クリームは検死官に対し、メアリー・アン・フォークナーの死に責任があるのはむしろハッティー・マックであるとの確証を与えた。なにしろ、フォークナーの死体が発見されたのはマックのアパートなのである。それに陪審員は、魅力的で礼儀正しいクリーム医師の言葉よりも、たかが助産婦の、しかも堕胎に手を染めていた者の言葉を信じるだろうか？　こうしてクリームは殺人罪を免れた。

皮肉なことに、彼をついに牢屋に送り込んだのは、多数の女たちを殺した罪ではなく、たったひとりの男を殺した罪だった。

一八八一年、六一歳になるダニエル・スコットは、シカゴの北西七〇マイルに位置する町ガーデン・プレイリーでシカゴ・アンド・ノース・ウェスタン鉄道の旅客係をしていた。彼は年若い三三歳の妻ジュリアと一〇歳の娘レヴェルと暮らし、普段は快適に過ごしていたが、たまに癲癇《てんかん》の発作を起こし、健康状態が徐々に悪化しつつあった。そんな彼に突如、シカゴから思わぬ朗報が舞い込んだ。トーマス・ニール・クリームという医師から〝絶対に安全な〟すばらしい癲癇治療薬を手に入れることができるという。スコットは列車でシカゴに行ってクリームを訪ね、新薬を処方された。その処方薬がいくらか効いたのかどうかは疑わしいが、スコットは効果を信じ、薬がなくなるたびに妻をシカゴへ買いに行かせていた。するとクリームは持ち前の魅力ですぐさまジュリアを誘惑し、熱烈な情事が始まった。

一八八一年六月一一日土曜日の朝、クリームを訪ねるためシカゴ行きの列車に乗り込む妻を、スコットはキスをして送り出した。翌日、ジュリアは貴重な薬を持ち帰り、夫のために一服分用意した。ちょうどジュリアが夫の薬を準備しているところへ、スコットの親友で鍛冶屋のジョン・エッジコムが尋ねてきた。彼はのちに、「ダニエル・スコットが痙攣を起こして死ぬのを自分は目撃したが、彼の妻は動揺もせず、医者を呼びたがらなかった」と証言することになる。しかし、しばらく前から健康状態が良くなかったスコットの死が周囲を驚かせることはほとんどなかった。葬儀は計画どおりに行なわれ、墓地では喪服姿の未亡人が、その場にふさわしくさめざめと泣いた。

こうして、クリームはまたもや殺人の罪を逃れたかに見えた。ところが驚くべき傲慢さを発揮し、彼はなんと地方検事に宛てて、スコットの死は自然死ではなくストリキニーネ中毒によるものだとほのめかす電報を打ったのだ。電報に続き、クリームは検死官に手紙を書いて、スコットの遺体を掘り起こして解剖するよう求めた。スコットが服用していた薬を試しに野良犬に飲ませると死んだことから、当局は本格的な捜査を開始した。検死審問により、ダニエル・スコットが実際に殺害されたことが判明し、彼の妻のみならずクリーム医師の関与も疑われた。

裁判で、ジュリア・スコットは問題の薬が毒だったとは知らなかったと無罪を主張した。彼女はさらに、「クリーム先生は、シカゴにあるいくつかの薬局を訴えるために人々を毒殺する計画を立てていると私に言いましたが、まさか(夫の)ダンに毒を飲ませるとは思いませんでした」と証言した。

クリームは平然と証言台に立って自己弁護し、すべての容疑を否認して完全な無実を主張した。「私はスコット夫人が自ら夫を殺害したと確信しております。スコット氏は亡くなる少し前に私のもとを訪れ、奥さんがほかの男と道ならぬ関係にあると言いました。彼は私に助けを求めたのです。次にスコット夫人がシカゴにやってきたとき、私はご主人が言っていたことを彼女に話しました。すると夫人は逆上し、『あん畜生、一服盛って殺してやる！』と叫んだのです」クリームはそう語ると、最終弁論のあいだ新聞を読み、時おり顔を上げては陪審員に笑顔を向けていた。

三時間の評議を経て、陪審員はクリームを殺人罪で有罪と評定し、ジュリア・スコットは検察側の証人となることに同意したのち無罪放免となった。裁判官はクリーム医師に対し、イリノイ州ジョリエット刑務所での終身刑を宣告した。その裁判の数カ月後、スコットの墓に突如新たな墓碑が加わった。スコットはフリーメイソンの支部のひとつベルヴィディア・メソニック・ロッジのメンバーであったことからすぐに噂が広まり、ロッジのメンバーたちが夜の闇にまぎれて墓碑を立てたのだ。そこには「ダニエル・スコット、一八八一年六月一二日没、享年六一歳。妻とクリーム医師に毒殺される」という言葉が刻まれていた。

クリームは終身刑を宣告されたが、生涯アメリカの牢獄で悩み暮らしたわけではなかった。わずか一〇年後の一八九一年、イリノイ州知事ジョーゼフ・W・ファイファーによって刑期は一七年に短縮された。それはつまり、模範囚としての減刑と合わせると、クリームはすぐにでも釈放される可能性があることを意味した。のちに、知事によるクリームの刑期短縮とそれに続く釈放には金銭の授受があったとの主張がなされた。クリームは父親の死亡時に一万六〇〇〇ドル、現在の金額にして約四〇万ドルを相続しており、イリノイ州やシカゴにおける政治の腐敗ぶりを考えれば（四人のイリノイ州知事に懲役刑が言い渡された）、この説もなまじ嘘とは言えなそうだ。

釈放されるとすぐ、クリームはイギリスへの帰国を決め、一八九一年一〇月一日にリヴァプールの港に到着した。そこから列車でロンドンに向かい、ウォータールー地区のランベス・パレス・ロード一三〇番地に居を構えた。こうしてクリームは再び自由の身となったが、一〇年間の刑務所暮らしの悪影響は大きく、彼は二つのことしか頭になかった。ひとつは、獄中で身についた薬物常習癖を満たすこと。もうひとつは、彼が言うところの「ストリートウォーカー」の問題を解決することだった。

クリームがロンドンに到着してまもなく、三人の娼婦がストリキニーネ中毒で無残な死を遂げ、ひとりが忽然と姿を消した。毒殺魔はまだ野放し状態だった。

「ランベスの毒殺魔」探しは新聞の第一面で大々的に報じられ、巷《ちまた》はその話題でもちきりだった。ロンドンじゅうの人々が、自分たちで事件を解決しようとしていた。当時ロンドンで暮らしていた元ニューヨークの刑事ジョン・ヘインズは、ランベスの毒殺魔の事件を解決してスコットランドヤードで職を得たいと躍起になっていた。彼は連続毒殺事件に興味を抱くトーマス・ニールという医師と親しくなり、パブで何時間も一緒に過ごしては、事件の証拠について語り合い、考えられる容疑者を挙げていった。そしてこうしたやりとりが、事件の謎を解く鍵となるのである。

ニール医師はやがて、事件に関してヘインズが知らないこと、それどころかスコットランドヤードすら把握していないことを語りはじめた。彼はさらに、殺人が起きた現場のいくつかにヘインズを案内した。そして驚いたことに、毒殺された三人の娼婦——ルイーザ・ハーヴェイ、マティルダ・クローヴァー、エレン・ドンワース——を実際に知っていたとヘインズに語った。それはおかしな話だった。というのも、その時点でマティルダ・クローヴァーは毒物ではなくアルコール依存症で死亡したとされており、またルイーザ・ハーヴェイは単に行方不明なだけで、彼女が死んでいる証拠は何もなかったからだ。ニール医師への疑念と出世欲からヘインズがスコットランドヤードに出向くと、刑事たちは彼の話に大いに興味を抱いた。

マティルダ・クローヴァーの家の近所をしらみつぶしに当たったところ、彼女の最期を見届けた目撃者が見つかった。その人物が語った断末魔の痙攣と弓なりに反った背中は、エレン・ドンワース、アリス・マーシュ、エマ・シュリーヴェルが経験した症状と酷似していた。さらにクローヴァーの友人たちから話を聞いた結果、亡くなる少し前に彼女がニール医師と一緒にいたことがわかった。こうして積み重なっていった証拠が、一八九二年五月六日のマティルダ・クローヴァーの遺体発掘につながった。解剖を担当した病理学者は、三週間以上かけてじつに入念な調査を行なった。摘出したクローヴァーの肝臓と胃をペースト状にすりつぶして試験用の液体をつくり、それを舐めてみた病理学者は、苦い味がするのに気づいた。アルカロイドが含まれている明らかな証拠だが、どのアルカロイドなのか？　抽出液をカエルに投与したところ、ほどなくストリキニーネ中毒特有の痙攣が起きてカエルは死んだ。ニール医師が言ったとおり、マティルダ・クローヴァーは間違いなくランベスの毒殺魔のもうひとりの犠牲者だった。だが、ニール医師はその事実をなぜ知っていたのか？

スコットランドヤードが究明したいのはそこだった。マティルダ・クローヴァーの検死審問が六月二二日に行なわれ、陪審員はマティルダ・クローヴァーの死因はストリキニーネ中毒であると断定、さらに彼女を違法に死に至らしめた人物はニール医師であると名指しした。ニール医師が警察に身柄を拘束されているあいだに、取り調べを受けているその男の正体に関し、カナダとイリノイ州から興味深い情報がもたらされた。トーマス・ニール医師は、じつはトーマス・ニール・クリーム医師だった。この情報により、〝中絶医〟で〝有罪判決を受けた殺人犯〟という、クリームの真の人物像が明らかになった。

そしていま、クリーム医師はマティルダ・クローヴァー殺害の罪で裁判にかけられていた。イギリスの司法制度では、殺人に直接関係する証拠しか提示できない。しかし、ロンドン中央刑事裁判所《オールド・ベイリー》の裁判長サー・ヘンリー・ホーキンズは、この訴追をより広い視野でとらえるため、クリームの過去の犯罪の証拠も加えることを認めた。クリームが訴追されているのはマティルダ・クローヴァー殺しの件のみだが、エレン・ドンワース、アリス・マーシュ、エマ・シュリーヴェル、ルイーザ・ハーヴェイも殺されていることから、検察側はクリームが組織的に娼婦をストリキニーネで毒殺したと主張した。

　そのあと起きたことは、イギリスの法制史上最も異例な出来事のひとつに数えられる。検察側の証人として予期せぬ人物が法廷に呼ばれた。爆弾のごとく投入されたその証人とは、誰あろう、殺されたと考えられていたルイーザ・ハーヴェイだった。この裁判との関連で自分の名前が新聞に載っているのを見たハーヴェイは、クリームに殺されかけたことを明確に説明しようと証言台に立ったのだ。これを飲むようにとクリームに錠剤を渡され、飲み下したふりをして土壇場で地面に捨てたと彼女は語った。陪審員もクリームも唖然としていた。クリームの目の前に、何カ月も前に殺したはずの女が立っているのだ。

　マティルダ・クローヴァーはストリキニーネ中毒で亡くなり、そのストリキニーネはクリームによって殺意をもって投与されたと陪審員が判断するのに要した時間は、わずか一〇分だった。クリームはさらに、ドンワース、マーシュ、シュリーヴェルに対する殺人、さらにルイーザ・ハーヴェイに対する殺人未遂についても有罪となった。イリノイ州の刑務所から釈放されて一年半足らずの一八九二年一一月一五日、トーマス・ニール・クリームはニューゲート監獄で絞首刑に処された。*4

《カナディアン・メディカル・アソシエーション・ジャーナル》誌に掲載されたある報告書には、クリームについて次のように書かれている。「彼は薬物常習者であり、そのことが殺人癖の一因であったのかもしれない。彼は医学の知識を使い不運な被害者たちを殺害した。情け深い者たちが、誤った判断によりジョリエット刑務所からの釈放を熱心に求めなければ、被害者が味わった苦しみは回避できただろう」

ストリキニーネはどう命を奪うのか

殺人に使われるあらゆる毒のなかで、ストリキニーネはおそらく最もたちが悪い。この毒は苦悶に満ちた死をもたらし、それは見ている者にとっても恐ろしい光景であり、しかもなんの助けも慰めも与えることができない。ストリキニーネは耐えがたい痙攣で責めさいなみ、死が訪れてようやく、被害者は生き地獄から救われる。注射、吸入、経口摂取のいずれの場合も、ストリキニーネに曝されて数分後には最初の症状があらわれ、全身の筋肉がぴくぴくと痙攣し手足がこわばりはじめる。やがて顎の筋肉が痙攣して硬直し、食いしばりが起き、他の顔面筋の痙攣により、〝痙笑《けいしょう》〟と呼ばれる不自然でグロテスクな笑みが浮かぶ。さらに数分後には全身の筋肉が痙攣してコントロール不能な収縮が起き、それが三、四分間続いたあと痙攣はいったん収まるが、数分後にはまた次の痙攣の波が押し寄せる。そしてストリキニーネに曝されてから数時間後、ついに死が訪れる。

人間の場合、通常は腹部よりも背中の筋肉のほうが強いため、ストリキニーネ中毒により背中と腹部の両方の筋肉が収縮すると、たいてい背中が弓なりに硬直する。そうなると後頭部とかかとだけで全身を支える形となり、この状態を「後弓反張」と呼ぶ。

クリームの裁判では、マティルダ・クローヴァーと同じ下宿の住人のひとりが彼女の死にまつわる状況を詳しく語った。「寝ついたあと、悲鳴が聞こえて目を覚ましました。私が寝ていたのは家の奥のほうの部屋で、クローヴァーが寝ていた部屋の真下でした」この証人は下宿の女主人を起こし、ふたりでクローヴァーの部屋に行った。「すると彼女はベッドを横切るような形で寝ていて、マットレスと壁のあいだに頭があり、痛さのあまり叫び声を上げていました。ときどき痛みが和らいだように見えるときがあっても、またすぐに発作が襲ってきて、全身が激しく痙攣するのです」[*5]警察や検察当局にとって、マティルダ・クローヴァーの死を目の当たりにした不運な目撃者が見た恐ろしい症状は明らかに、彼女の死とクリーム医師による毒殺事件を結びつけるものだった。

本章の冒頭で述べたように、激しい痙攣という ドラマチックな症状を引き起こすストリキニーネは、アガサ・クリスティーのお気に入りだった。デビュー作『スタイルズ荘の怪事件』で、クリスティーはエミリー・イングルソープ夫人の衝撃的な死の場面を「最後の痙攣で身体がベッドから持ち上がり、頭とかかとで体重を支える形で全身が異様なほど反り返った」[*6]と描写している。

ストリキニーネで殺害された人の顔が紅潮していることが多いのは、酷使された筋肉が酸欠状態となり、それに対応して血管が拡張するからだ。中毒が進行すると心拍が不規則になり、血圧が上昇し呼吸が速くなる。やがて横隔膜の筋肉が疲弊して収縮をやめると、窒息して死に至る。完全に意識はあり、どうにか呼吸して生命維持に必要な酸素を取り込もうとするが、消耗しきった筋肉は言うことをきかない。ストリキニーネ中毒の最も残酷なところは、感覚が鋭くなるため、自分が死のスパイラルに落ちていくのを、よりはっきりと認識できる点だ。

ストリキニーネは中枢神経系、すなわち脳から身体にメッセージを送り、身体全体からの信号を受け取って脳に返す神経網に作用する。中枢神経系には運動ニューロンという特殊な神経があり、その名が示唆するとおり、筋肉に信号を送り、たとえばこの本のページをめくる、椅子から立って紅茶をいれるといった動作をさせる機能に関与している。運動ニューロンを伝わる信号の強度は一定ではなく、増減させて筋肉の収縮の強さを変えることができる。たとえばラジオや携帯電話から流れる音楽は、ダイヤルを回して音量を大きくも小さくもできる。それと同じように、中枢神経系では神経化学物質が信号を強めたり弱めたりする役目を果たしている。そのため、手や腕の筋肉は同じでも、赤ん坊をそっと抱いたり大きなハンマーを強く握りしめたりできるのである。

信号の強度を最小化するには、グリシンという小さい化学物質を介する方法がある。グリシンはアミノ酸のなかでも最小のもので、運動ニューロンを伝わる信号の強度を弱めるブレーキのような役割を果たす。神経膜のなかにグリシン受容体という特殊なタンパク質があり、それがグリシン分子を認識してしっかりとつかまえる。グリシンと結合すると神経は末端まで強い信号を伝えることが非常に困難になるため、信号が弱まり、結果的に筋肉の収縮も弱くなる。つまり、わずかな刺激で神経が信号を発することはなくなり、筋肉を収縮させるには明確なメッセージを要するということで、これは良好な状態だ。

一方、ストリキニーネはグリシンの三倍の強度でグリシン受容体と結合し、グリシンが信号を抑制するのに対しストリキニーネはメッセージの増幅を引き起こし、ほんのわずかな信号でも長く激しい収縮を起こすよう筋肉に指令が発せられる。そのため、それが顎の筋肉ならば食いしばりが起き、口が開かなくなる。単なる脳の活動が、背中や腹部の筋肉を収縮させ、ストリキニーネ中毒特有の後弓反張が引き起こされるのだ。筋肉の痙攣は概して断続的に起き、波が押し寄せるたびに激しさを増し、ついには横隔膜の筋肉が疲弊して呼吸が止まり、死に至る。さらに、容赦ない筋肉の痙攣に追い打ちをかけるかのように、増強された信号が耳や目からも伝えられ、苦しむ当人は周囲のようすから、自分の身に起きていることをまざまざと認識させられる。ストリキニーネ中毒の影響はあまりにも速く劇的にあらわれるため、摂取後すぐに治療しなければ生存の可能性は限りなく低い。

　ストリキニーネ中毒の影響がそれほど恐ろしいものであるならば、なぜ強壮剤と考えられていたのだろうか。腱が断裂するほど筋肉を痙攣させる薬物が運動能力を増強させる薬になるとは思えない。しかし第一章で見た「毒になるかどうかは量次第」というパラケルススの言葉が示すとおり、少量ならば筋肉の収縮を高めることで運動能力を向上させる可能性がある。少量のストリキニーネがヤツメウナギやオタマジャクシの遊泳力を向上させるのは確かだが、人間の能力にも効果が及ぶのかどうかはわからない。トーマス・ヒックス選手は、一九〇四年のオリンピックマラソンでフィニッシュラインを越えたあと崩れるように倒れ込んだ。その時点では、彼の勝利がマネージャーから与えられた二ミリグラムのストリキニーネのおかげなのか、それともレース中に消費した大量のブランデーの効果なのかはわからなかった。

　意外にも、ヒックスはストリキニーネを運動能力増強剤《パフォーマンス・エンハンサー》として用いた最後のオリンピック選手ではなかった。一九九二年のバルセロナオリンピックで、バレーボールの中国代表選手フ・タン（巫丹）はドーピング検査でストリキニーネが陽性となり出場資格を失った。二〇一六年のリオデジャネイロオリンピックでも、キルギスタンの重量挙げの選手イッザト・アルティコフが、体内からストリキニーネが検出され銅メダルを剥奪された。はたしてストリキニーネは実際に強壮剤になりうるのか、それはサイエンスというよりも〝ガマの油〟的な話になるのだろう。

ストリキニーネ中毒の治療法

ストリキニーネ中毒に効く解毒剤は残念ながら存在せず、治療はもっぱら症状の緩和に絞られる。運動ニューロンが過敏になっているため、患者を薄暗い部屋で安静にさせておけば不適切な神経の興奮を避けるのに役立つ場合がある。また、筋弛緩剤を使うと痙攣が止まり、身体はゆっくりと毒を排除することができる。しかし弛緩剤は横隔膜も弛緩させるため、患者は数時間、人工呼吸器を装着しなければならない。ジアゼパム（通称バリウム）を用いて中枢神経系の神経を鎮め、筋肉をリラックスさせてひどい痙攣を抑制することもできる。また、ストリキニーネ中毒に特化した治療法ではないが、患者に活性炭を飲ませると胃や腸に残るストリキニーネを吸着し、身体に吸収されるのを防いでくれる。活性炭はもともと大きな炭のかたまりで穴がたくさんあいているため、ストリキニーネに限らずほぼあらゆる毒薬や化学物質をその穴に閉じ込めることができる。

こんにち、患者に使用する新薬の評価を行なう臨床試験には非常に厳しい規制が課され、新たな治療法の安全性と効果を試すボランティアの健康を守るためにあらゆる策を講じなければならない。けれども一九世紀のフランスでモンペリエの薬学教授ピエール・トゥーレーがストリキニーネに対する活性炭の効果を試験したときは、それほど規制が厳しくなかった。一八三一年、トゥーレーはフランス医学アカデミー会員の前で、ある公開実験《デモンストレーション》を行なった。致死量の一〇倍のストリキニーネを一五グラムの活性炭と混ぜたものを飲み込んだのだ。よほど自信があったのか、それとも単に無鉄砲だったのか、いずれにしろトゥーレーは自ら課したストリキニーネ中毒を乗り切った。こうしてストリキニーネ中毒の治療法を実証してみせたことで彼はヒーローと賞賛されたと思うかもしれない。ところが実際は、納得のいかない会員たちからのブーイングを浴びて降壇することになった。

トゥーレーはきっと、もうひとりのフランス人、約一八年前に同じくフランス医学アカデミー会員の前に登場したミシェル・ベルトランの研究をもとに実験したに違いない。ベルトランが絶賛したのは、ヒ素中毒に対する木炭の有効性だった。彼は五グラム（致死量の四〇倍）の三酸化ヒ素を木炭と一緒に飲み込んだが、ヒ素中毒に特有の症状は何もあらわれず、このデモンストレーションを難なくやり遂げた。一九世紀フランスの医師たちが木炭に対抗できるどのような手段を持ち合わせていたかは不明だが、初期のこうしたデモンストレーションが、木炭が中毒の治療に役立つ証明となったのは確かであり、こんにちでもなお、毒物や過剰摂取された薬物を除去するのに使われている。

本章では、強壮剤として認識されていたものをクリーム医師が毒物として用い、殺人の罪でロンドン中央刑事裁判所《オールド・ベイリー》で裁かれるに至った経緯を見てきた。次章では、同じくオールド・ベイリーで開かれた二つの裁判について見ていこう。いずれの事件でも同じ毒が用いられ、どちらの裁判もマスコミに煽られて国じゅうの関心を集めた。唯一の大きな違いは、この二つの裁判が開かれた時期に一三〇年の開きがある点だ。

第四章　トリカブトとシン夫人のカレー

ポッター、モンクスフードとウルフスベーンとの違いはなんだね？

J・K・ローリング『ハリー・ポッターと賢者の石』（一九九七年）〔松岡佑子訳、静山社、一九九九年〕

トリカブトの歴史

〈ベター・ホームズ・アンド・ガーデンズ〉のウェブサイトには、モンクスフード（トリカブトの英語名）について「青い尖塔をもつ多年草――その高貴な姿には、誰もが心を奪われずにいられない」とある。実際、トリカブトはじつに魅力的な植物で、頭巾《ずきん》をかぶったような紫や青の花をもつ細長い花穂《かすい》は、夏の終わりから秋にかけて盛りを迎える。中世の修道士《モンク》が身につけていた頭巾《フード》付きの外套のように見えるところからその名がついた。しかしこの植物の呼び名はモンクスフードだけではなく、長い歴史のなかでウルフスベイン、レオパーズベイン、デビルズヘルメットといった数々の不吉な呼称を得た。「ベイン」とは「毒」であり、この植物がウルフ（オオカミ）など危険な動物を仕留める毒矢に使われたことを意味する。トリカブト（オオカミにとって危険なウルフスベイン）は人間にとっても猛毒であることから、「毒の女王」の異名をもつ。

トリカブトのラテン名「アコニートゥム（aconitum）」は、先端に毒を塗った「鋭い投げ矢」または「投げ槍《やり》」を意味するギリシャ語の「Ακόντιο」、もしくはこの植物が育つとされる岩の多い土地を意味する「akonae」に由来すると考えられる。ホメロスは紀元前七六二年に書かれた『イーリアス』のなかで、ヘラクレスが三つの頭をもつ犬の怪物ケルベロスを捕らえ、地下の冥界から生者の世界へ連れてくるよう試される場面を描いている。ヘラクレスが恐ろしい獣を制圧すると、唸りを上げる三つの口から毒を含む涎《よだれ》が地面に落ち、またたく間に有毒なトリカブトが生えてきた。

トリカブト属には二〇〇種類以上の顕花植物があり、ヨーロッパ、アジア、北アメリカのあまり日の当たらないじめじめした場所に自生する。トリカブト属の植物はすべて、アルカロイドの一種であるアコニチンを含む。他の植物性アルカロイドと同様、アコニチンは植物の生育に必要なものではなく、トリカブトが食べられるのを防ぐ役割を果たす。アコニチンの大部分は根に含まれるが、どの部分でも食べれば死ぬ可能性がある。事実、誤ってトリカブトの根を食べてしまう事故は予想よりもはるかに多い。トリカブトはセイヨウワサビとよく間違えられるからだ。一八五六年、スコットランド北部、有名なネス湖の北三〇マイルにあるディングウォールという村で晩餐会が開かれた。そのときローストビーフのソースに入れるセイヨウワサビを裏庭から掘ってくるよう指示された使用人が、誤ってトリカブトを掘ってきてしまった。料理人は違いに気づかず、当たり前のようにトリカブトの根をすりおろしてソースに入れた。この毒入りディナーを食べ、パーティーに招かれた司祭がふたり即死し、食べた量が少なかった他の客たちも具合が悪くなったが死には至らなかった。一八八二年一〇月号の《ブリティッシュ・メディカル・ジャーナル》に、通り過ぎるバンから何かが落下するのを見た男に関する奇妙な記事が掲載された。彼はそれをセイヨウワサビだと思い、自分で食べたほか、別の男三人と妹にもひとつずつ分け与えた。すると口の痺れや四肢の部分的な麻痺を訴え、短時間のうちに五人全員が病院に運ばれた。人工呼吸を続けること四時間、症状は徐々に和らぎ、患者たちは回復した。セイヨウワサビだと思われたものは、じつはトリカブトの根だった。

トリカブト属の植物は古くから痛風を治す薬草として用いられてきたが、それは抽出液に痛みを和らげる局所麻酔的な作用があるからだろう。一九世紀には、トリカブトからつくられた軟膏や塗布薬が、リューマチや神経痛、坐骨神経痛、片頭痛、さらには歯痛まで、あらゆる種類の不快な症状に用いられた。局所麻酔薬のノボカインやリドカインが登場する前は、虫歯の痛みを麻痺させるのに、歯科医は粉末にしたトリカブトを用いていた。だがありがたいことに、いまは歯医者に行ってもそのような昔の鎮痛剤に頼らずにすむ。

たしかにトリカブト属アルカロイドには麻酔作用があるが、痛みを麻痺させようとして一歩間違えば患者を殺してしまう危険性があった。一八八〇年にある医師が少年にトリカブトの滴薬を処方した。ところがそれを飲んでまもなく悪寒と痙攣が起き、少年は重体におちいった。そこで母親はすぐに引き返し、息子の具合が悪くなったのは処方のせいだと医師を非難した。自身の力量を、それもよりによって女に疑われて激怒した医師は、処方した薬にはなんの問題もないことを証明しようと少年に渡した薬瓶からその場で一服飲み、その五時間後、トリカブト中毒で死亡した。

たいていの医師はトリカブトを鎮痛剤として処方するだけで満足していたのに対し、ある医学部教授はそれを毒として用いることに関心を抱くようになった。彼の興味は純粋に学術的なものだったが、学生のひとりがその理論を実践に移した。

完全殺人

サー・ロバート・クリスティソンは五〇年以上にわたりエディンバラ大学医学部で教鞭をとり、最終的にはエディンバラ王立医科大学の学長を務めた人物だ。その間、彼は中毒と毒物学に魅了され、執筆した教科書*A Treatise on Poisoning*（中毒論）は大きな反響を呼び、第四版まで刊行された。毒物に関心を抱く彼は法医学の分野にも通じるようになり、検察側の鑑定証人として殺人事件の裁判に呼ばれることも度々あった。ある裁判で、死体から毒物を発見する難易度について反対尋問を受けたクリスティソンは、裁判官に向かってこう言った。「この手の致命的な毒物のなかにひとつだけ、遺体から十分な痕跡がたどれないものがあります。それは――」

裁判官はとっさにクリスティソンの言葉をさえぎり、「もう結構、結構です！　それ以上は言わないでください」と大声で制止した。「世間はそれを知らずにいたほうがずっといい！」

その後、エディンバラの医学生への講義で、クリスティソンは裁判官に止められる前に言いかけていた「検出されない完璧な毒」がトリカブトであることを明かした。この高名な教授の教え子の何人かが、クリスティソンがトリカブトについて語っているときにことさら熱心にノートをとっていた学生がいたことをのちに報告している。その学生は、このあとまもなく登場する。

ドクター・ラムソンのダンディーケーキ

「〝トンティーン〟を辞書で調べました」ルーシーは言った。（…）

「きっとそうなさると思いましたよ」ミス・マープルは落ち着いて言った。ルーシーはゆっくりと辞書の定義を引用した。「イタリアの銀行家ロレンゾ・トンティが一六五三年に始めた年金組合の一種で、加入者が死ぬとその出資分からの配当は生存する組合員の利益となる」（…）「ああいう遺言じゃあ。生存者が一人しかいなければ、その人がぜんぶもらうことになるなんて（…）」

アガサ・クリスティー『パディントン発4時50分』（一九五七年）
〔松下祥子訳、早川書房、二〇〇三年〕

一九世紀、クリスティーのミステリ小説さながら妻の家族を殺しまくり、遺産を我が物にしようとした男がいた。一八五二年、ジョージ・ラムソンは牧師のウィリアム・ラムソンとその妻ジュリアのもとにニューヨークで誕生した。ジョージがまだ幼いころに一家は大西洋を渡りイギリスに移り住んだ。ジョージは小さいころから頭が良く、一八歳で名門エディンバラ大学の医学部に進学した。卒業後、若きドクター・ラムソンは軍医となり、一九世紀の終わりに東欧とバルカン諸国を襲った数々の戦争に従軍した。ラムソンは八年のあいだ立派に奉仕したらしく、普仏戦争ではその活躍に対し、数々の勲章の最初のひとつとなるレジオン・ドヌール勲章を与えられた。しかし、ラムソンがイギリスに帰国するさいに持ち帰ったものは胸にずらりと並ぶ勲章ばかりではなかった。勲章とともに、彼は人知れずアヘン中毒をも持ち帰ったのである。

一八七八年、イギリス南岸沖に浮かぶ小さな島、ヴィクトリア女王が愛したワイト島で、ラムソンはウェールズ出身のケイト・ジョージ・ジョンという娘と結婚した。二五歳のケイトは裕福な麻商人の娘だが、すでに両親は他界しており、結婚と同時に親の遺産の取り分を請求できる権利を有していた。ヴィクトリア法のもとでは、その遺産の所有権は自動的に夫にも発生する。ケイトは四人きょうだいで、両親からの相続財産は均等に分割された。ケイトの姉は前年に結婚し、すでに取り分を手にしていた。ほかにヒューバートとパーシーという弟がいたが、いずれも未成年であったため、ふたりの取り分は信託管理人に委ねられていた。昔ながらのトンティーン方式では、きょうだいの誰かが未婚のままもしくは成年である二一歳に達する前に亡くなると、その取り分は他のきょうだいに均等に分配される。

一八八〇年、ケイトの相続財産の一部を使い、ラムソンは海辺の町ボーンマスに診療所を開いた。ボーンマス大学で行なわれた最近の調査によると、この町は上流階級の麻薬中毒者が静かな環境で薬物を楽しめる場所として人気を得ていた。ラムソンの自宅からわずか数ヤードの距離にあった薬局〈パーズ・ファーマシー〉の記録を見ると、ホテルの宿泊客に定期的にモルヒネを販売していたことがわかる。最初のうち、ラムソンは自身の麻薬中毒をうまく隠して地域の中心的人物となり、軍医としての輝かしい経歴により、〈第一ボーンマス・アンド・ハンプシャー砲兵義勇軍〉での仕事も依頼された。医師として順調に見えたラムソンだが、そのうちに麻薬中毒が資産を蝕みはじめ、贅沢な暮らしを続けるうちに、またたくまに莫大な借金を背負うようになった。家賃の未払いで四〇ポンド（現在の価値にして約五〇〇〇ポンド）が大家の持ち出しとなっていたが、同じように回収できずにいる者はおおぜいいた。麻薬への欲求をどうにか満たそうと、ラムソンは時計や医療器具を質入れして現金を手に入れた。さらに知人からの借金を試み、小切手で現金を引き出したが、降りだした小切手はつねに不渡りとなった。やがてボーンマス銀行は彼の小切手の引き受けを停止し、あとにはポーターや会計士、ワイン商、さらには赤の他人への借金が残った。金に困窮し、モルヒネ中毒で頭が混乱したラムソンは、義理の弟たちが相続する財産に目をつけた。弟たちにはどうしても死んでもらわなければならなかった。

一八七九年六月、ラムソンに誰かしら協力者があらわれたのか、ヒューバートが急死し、彼の相続分である約三〇〇〇ポンド（現在の約三七万ポンド）を残るきょうだいで均等に分けることになった。生き残ったほうの弟パーシー・マルコム・ジョンは一九歳で、重度の脊椎側弯症を患い車椅子を使うか抱きかかえて運んでもらわなければならなかったが、脚は役に立たなくとも上半身は問題なく、概して健康だった。両親が遺言で残したお金のおかげで、パーシーはロンドンのウィンブルドンに建つ貴族の大邸宅ブレナム・ハウスにある学校で学ぶことができた。パーシーは危なっかしい状態で二一歳に近づいていった。二一歳になれば永遠にトンティーン方式を回避できるが、もし成人を迎えずに不慮の死を遂げれば、彼の三〇〇〇ポンドは姉妹に均等に分配される。それはつまり、ラムソンはすぐに一五〇〇ポンド（現在の約一八万八〇〇〇ポンド）を手に入れられるということだ。彼が抱える金銭問題を解決するのに大いに役立つ金額だ。それにラムソンが気づいたことでパーシーの運命が決まった。

ラムソンは義理の弟のお金と自分とのあいだに残る唯一の障害を取り除くことにした。それにはまず、しかるべき毒を手に入れる必要があった。そこで彼はロンドンの薬剤師から二グレーン（約一三〇ミリグラム）のトリカブトを約一二・五ポンド（現在の一五〇〇ポンド）で購入した。ラムソンにとって幸運だったのは、彼が医師だと気付いた薬剤師が、きっと鎮痛剤として患者に与えるのだろうと判断し、何に使うのかといった気まずい質問をせずにいてくれたことだ。次に、ラムソンはパーシーに手紙を書き、自分は近々外国に行くことになったから、発つ前にいちど会いたいと伝えた。

一八八一年一二月三日の晩、ラムソンはパーシーがいる寄宿学校を訪れた。パーシーが階段の上まで運ばれてくるのを食堂で待つあいだに、ラムソンはダンディーケーキを取り出した。ダンディーケーキとはスコットランドの伝統的なフルーツケーキで、持参したそのケーキを彼は切り分けはじめた。校長のベッドブルック氏もパーシーとその客と同席し、ケーキと一緒にどうかと紅茶とシェリー酒を勧めた。ラムソンは喜んで一杯のシェリー酒を受け取り、アルコールの作用を消すために自分はいつも砂糖を少し入れるのだと言った。校長はおかしな話だと思ったに違いないが、優れたホストである彼は寮母を呼び、ラムソンの飲み物を甘くするための砂糖を厨房から持ってこさせた。

会話の途中、ラムソンは入手した新式のゼラチンカプセルの話を持ち出した。どんな薬でも入れることができ、学校の生徒たちに苦い薬を飲ませるのにうってつけだと彼は語った。それを証明しようと、ラムソンはカプセルに砂糖を入れて閉じ、「ほらパーシー、きみは薬を飲むのがうまいから、これを飲んでごらん。どれだけ楽に飲み込めるか校長先生に見せてさしあげなさい」と手渡した。[*1] そしてパーシーが薬を飲み込むとすぐに、そろそろ列車に乗らなければならないので失礼しますと暇乞《いとまご》いをした。

ベッドブルック校長に付き添われて玄関に向かうあいだ、ラムソンは医師である自分から見て、パーシーはもうあまり長くは生きられないと思うと告げた。校長にとってはじつに驚くべき言葉だった。パーシーはいたって健康に見えたからだ。ところがラムソンが去ってまもなく、パーシーは胸焼けを訴えはじめた。彼はベッドに運ばれたが、容体はどんどん悪化した。一時間後、ベッドの横の床に倒れているところを発見されたパーシーはひどく苦しみ、黒い液体を吐き出していた。全身が痙攣し、無理やり押さえつけておかなければならないほどだった。医師がふたり呼ばれたが、いずれもパーシーの症状を説明できずに困惑し、のちに彼らは、トリカブトが人体にどのような作用を及ぼすかを知らなかったと告白した。ほとんどなすすべがないまま、医師たちは痛みを緩和しようとモルヒネ注射を打ったが、午後一一時三〇分、何時間も苦悶したのち、パーシーはついに意識を失い亡くなった。

治療に当たった医師たちはトリカブトについてよく知らなかったが、それでもパーシーは毒殺されたのだと確信していた。これほど急激な死を引き起こすものは、毒以外にいくらもないからだ。すぐさまラムソンに疑いの目が向けられたが、彼は強硬に無実を主張した。パーシーの遺体の解剖が命じられたが、何が若者の死の原因となったのか、それを示す明らかな兆候は見つからなかった。植物性アルカロイドが使われたに違いないと踏んだ警察は、アルカロイド系毒物の権威でロンドン大学で教鞭をとるトーマス・スティーヴンソン博士に協力を要請した。当時はまだアルカロイドを検出する化学試験法は十分に確立されておらず精度が低かったが、スティーヴンソン博士はまるで手品のように自分の舌でアルカロイドを検出し、その種類を言い当てた。その職業生活を通じ、スティーヴンソンは研究室に八〇種類余りのアルカロイドを収集し、自分が味覚で見抜くよりも早く化学試験法で識別してみろと同僚たちに嬉々として挑み、勝負に勝つのはいつもスティーヴンソンだった。

味覚だけで植物性アルカロイドを検出するのは、奇異ではあってもすばらしい特技だ。だがそればかりか、スティーヴンソンはさまざまな体液に混じった状態でもアルカロイドの〝味を感じ取る〟ことができた。そのためパーシーの吐瀉物、胃の内容物、尿の抽出液が順に一九世紀における最新鋭の化学分析器――すなわちスティーヴンソンの舌にのせられることとなった。未知のワインについてブドウの収穫年《ヴィンテージ》のみならず生育した畑の場所まで言い当てる熟練ソムリエのごとく、スティーヴンソンは〝テイスティング〟を開始した。パーシーの胃の内容物の抽出液を舌にのせると、「焼けるような感覚が胃まで広がっていき……それはトリカブトに特有のもの」[*2]だった。それでもスティーヴンソンはこの試験方法にこだわり、約七時間のあいだ焼けるような感覚に耐えたのち、それは徐々に薄らいでいった。スティーヴンソンが出した結論を確認するためパーシーの尿のサンプルをマウスに皮下注射すると、三〇分以内にマウスは死んだ。対照実験として、調合されたトリカブト溶液を複数のマウスに注射すると、パーシーの尿を注射されたマウスと同じ症状を示して死んだ。これでパーシーの死はトリカブト中毒によるものと結論づけざるを得ない。

ラムソンはパーシー殺害の容疑で逮捕され、一八八二年二月にオールド・ベイリーで裁きを受けた。無実を主張するラムソンの弁護に当たったモンタギュー・ウィリアムズは、関与する医師や化学者の誰ひとりとして過去にトリカブト中毒の事件に関わった経験がない点を即座に突いた。それゆえに、彼らはパーシーがトリカブトで死亡したと断定できる立場にはないという論法だ。さらに、死因がトリカブトかどうかは別として、ラムソンが義理の弟に致死量の毒を投与するところを実際に見た者はいなかった。弁護側はまた、スティーヴンソン博士によるパーシーの臓器から抽出したトリカブトの〝テイスティング〟にも疑問を投げかけようとした。たとえばボローニャ大学の法医学教授フランチェスコ・セルミは、自然死した人の胃のなかでは腐敗の過程で有毒なアルカロイドが自然に生成されるため（セルミはそれを、ギリシャ語で「死体」を意味する「プトマイン」と呼んだ）、スティーヴンソンが感知したのは死体で発生したこのアルカロイドである可能性が高いと主張した。

ポーランド法務次官を筆頭とする検察側は再びスティーヴンソン教授に証言を求め、彼はその専門性の高さで、陪審員に明らかに感銘を与えた。パーシーのサンプルから検出されたのは死体で発生したアルカロイドの可能性があるかと問われると、死体で発生するアルカロイドの問題はまだ専門家のあいだで論争があり、植物性アルカロイドに似た作用をもつものもあるかもしれないが、トリカブトに類似するものについては承知していないと教授は答えた。加えてポーランドが、サンプルが採取され保管された時点でパーシーの遺体はまだ腐敗が始まっていなかった点を指摘し、腐敗によりアルカロイドが発生したという被告人側の見解は根底から覆された。

ラムソンにトリカブトを販売した薬剤師から、さらなる不利な証拠がもたらされた。薬剤師はそのときのことをはっきりと記憶してした。裁判最終日の六時、わずか三〇分の評議の結果、陪審員は有罪の評決を下した。この評決に対して何か言いたいことはないかと問われたラムソンは、「神の前でわが無実を訴えるのみです」と答えた。すると裁判官は「ここで私があなたの残忍かつ卑劣な、そして不誠実な犯行の痛ましい詳細をくり返し述べても、なんの役にも立たないでしょう……どうぞ全能の神にまみえる準備をなさってください」と述べた。

絞首刑が行われる日が四月四日に決まったが、その日を迎える前にアメリカから横槍が入った。なんでも、ラムソンの一族には精神異常の血が流れており（祖母を含む何人かの親族が、さまざまな時期にニューヨークのブルーミングデール精神病院に入院していた）、ゆえにラムソンには自身が犯した罪に対する完全な責任能力がないかもしれないというのだ。しかしこの新情報も、避けがたい事態を少し先延ばしにしたにすぎなかった。裁判では心神喪失の申立てはなされず、判決は変わらなかった。一八八二年四月二八日金曜日の朝、ワンズワース刑務所はどんよりと重たい曇り空に覆われていた。ラムソンはいつもどおりの時刻に起き、コーヒーと卵、トーストの朝食をとった。そして午前八時四五分、小雨が降り出すなか、ラムソンは絞首台へと連行された。

彼が殺人や絞首刑の縄よりも借金とモルヒネ中毒に立ち向かうことを恐れたのはじつに不可解だ。なぜなら父親はロンドンの新聞各紙に宛てた書簡で、息子が自分に頼ってくれていたなら、喜んで借金を全額肩代わりしただろうと述べているからだ。刑務所内ではモルヒネを断たざるを得ず、ラムソンは処刑の四日前、意識が冴えたわずかな時間にパーシーの殺害を自白した。そしてようやく、ラムソンがトリカブトを凶器に選んだ理由が明らかになった。ラムソンの裁判で重要な証拠となったのが、彼がトリカブト中毒の症状を細かく書き留めた一冊のノートで、そこにはトリカブトが検出不能な毒であると書かれていた。検出不能というのは一八七〇年代初頭にエディンバラのロバート・クリスティソン教授が語った内容であり、そのとき若き医学生ジョージ・ヘンリー・ラムソンは、教授によるトリカブトの説明を熱心に記録していた。しかし、トリカブトが検出不能であった期間はさほど長くは続かなかった。ラムソンがもし最新の科学文献に目を通していたなら、別の毒を選ぶか、殺人そのものを思いとどまったかもしれない。

アルカロイドの問題

アルカロイドは自然に存在する有機化合物で、炭素、水素とわずかな窒素から成り、それらが結合し、人間や動物に深刻な生理作用を及ぼす分子を形成している。植物由来の化学物質の解明に大きな第一歩を踏み出したのは、ドイツの薬剤師フリードリヒ・ゼルチュルナーだった。一八〇四年、彼はアヘンケシを採取し、そこから「催眠効果をもつ要素」を精製し、ギリシャ神話の眠りの神モルフェウスにちなんで「モルフィウム」と名付けた。「アルカロイド」という語が使われるようになったのは一八一九年で、ある種の植物エキスを水に溶かすとアルカリ性溶液ができたという観察結果に基づく。一八一八年から一八六〇年にかけて、ストリキニーネ（一八一八年）、キニーネとカフェイン（一八二〇年）、ニコチン（一八二八年）、アトロピン（一八二九年）、コカイン（一八六〇年）など、いくつかのアルカロイドが植物から精製された。

植物からアルカロイドを抽出し精製する方法はより洗練されていったが、死体からそれら化合物を検出する方法はまだ誰も知らなかった。スティーヴンソンの味覚テストは存在したが、それには熟練の技が必要であり、しかもかなり主観的な方法で、もちろん体内にある毒の量は特定できなかった。あるフランスの検察官が、モルヒネを使った殺人の訴追がうまくいかず、法廷でこう毒づいた。「毒殺を企てる人たちに言っておくが、今後はぜひ植物性の毒を使うといい。何も恐れることはない、お咎めなしだ。罪体（犯罪の物的証拠）が存在しない、なにしろ見つけようがないのだから」

また、スペインの高名な化学者で〝毒物学の父〟と呼ばれ、毒とその検出方法に関する最初の本の著者であるマチュー・オルフィラは、死体からアルカロイドを検出するのはとうてい不可能かもしれないと嘆いた。毒殺魔にとってはゴーサインが出たようなもので、一九世紀のイギリスで起きた毒殺事件の訴追に関するのちの分析からも、植物性アルカロイドが断トツの人気であったことがわかる。

一八五一年、アルカロイドは検出不能であるという常識に初めて突破口が開かれた。ベルギーで行なわれた、義理のきょうだいをニコチンで毒殺したイポリット・ヴィサール・ド・ボカルメの裁判でのことだった。ベルギーの化学者ジャン・セルヴェ・スタースが検察側の要請を受け、殺された被害者の体内にニコチンが存在することを証明した。スタースは人体組織からニコチンを分離する方法を三カ月かけて模索し、組織の抽出液をエーテルとクロロホルムで処理してニコチンを検出する方法をついに突き止めた。その毒性を証明するためにスタースが死体から分離した少量のニコチンをハトやツバメに投与すると、鳥たちは痙攣を起こし、数分で息絶えた。

こうしてニコチン殺人の訴追が成功すると、三つの結果がもたらされた。まず、有罪判決を受けたイポリット伯爵がギロチンで処刑された（このとき何千人もの見物人が出た）。次に、毒は思ったほど検出不能ではないことが毒殺犯予備軍に伝わった。そしてもうひとつ、死体からのニコチン分離法の発見にスタースが果たした役割を称え、その手法が「スタース・プロセス」と命名された。このようにニコチンの検出には成功したが、ニコチンの分子とトリカブトやストリキニーネなど他のアルカロイドの分子には構造的に大きな違いがあり、ひとつの分離方法があらゆる組織のあらゆるアルカロイドに通用するわけではない。実際、死体からどのようにして植物性アルカロイドを分離・特定できるかという問題は、その後も長年にわたり論争の的となった。被害者がアルカロイド系毒物で死亡したと判断するには、死に至るまでの症状を知ることに加えて化学的な研究も重要だが、さまざまなアルカロイドの検出方法や分析方法が確立するのは、二〇世紀の半ばを迎えてからである。

一八五三年にニューヨークで妻を殺害したとして起訴されたジョン・ヘンドリクソンの裁判では、殺人被害者の体内からトリカブトを検出できるかが争点となった。ヘンドリクソンは、父親なら誰しも、娘をこういう男とは結婚させたくないと思うような男だった。職はなく、しょっちゅう飲んだくれ、妻が妊娠するとよその女たちに慰めを求めた。妻マリアは彼の行ないに不満を抱き、離婚して実家に戻り、最近未亡人になった母と一緒に暮らすと宣告した。ところがこの計画を実行に移さないうちに、マリアは夫のベッドで遺体となって発見された。

これは自然死ではないという疑惑がすぐに浮上した。マリアの遺体は棺に納められ、母親の家に運ばれた。居間で検死が行なわれ、所見では毒殺と判断された。マリアの内臓の一部が分析用に切り取られ、その後遺体は埋葬されたが、化学分析のためにもっと組織が必要だとの判断から、検死官は葬儀の五日後にマリアの遺体を掘り起こし、内臓をすべて摘出した。

最初にヒ素、シアン化合物、その他二、三の毒物試験が行なわれたが、いずれも結果は陰性で、毒の正体がつかめず警察は途方に暮れた。何冊もの医学書を徹底的に調べたところ、謎の毒がトリカブトである可能性が浮上した。しかし、トリカブトの試験法はあっただろうか？　スタース・プロセスを使えばトリカブトと化学構造が近いニコチンは検出できるだろうが、その方法がトリカブトにも応用できるという根拠はなかった。現にパリ薬科大学では、トリカブトの試験法を考案した者に与える多額の賞金が用意されたが、それを手にした者はまだいなかった。

たとえ試験法はなくとも、検察側の重要証人であるジェームズ・H・ソールズベリー博士はあきらめなかった。医化学の専門家で数々の毒殺事件で医師の立場から鑑定証人を務めてきた博士は、被害者の胃の内容物を一匹の猫に与え、トリカブト中毒を示す決定的証拠が得られたと結論づけた。被告人側が独自に試験を行なうためのサンプルを求めると、もう何も残っていないと博士は答えた。猫が「味わい、さらに味わって、トリカブトが見つかって満足した」のだと。

その猫はどうなったのかと被告人側に問われたソールズベリーは、死なずに無事に生きていると認めた。公判記録には、被告人側弁護士による一九世紀の見事な弁舌が記されている。

見てください——ソールズベリー博士のこの思い上がりを。彼はトリカブトを発見したと言っています。自分は最大の難問を解決したと。ところがその発見したものを誰にも見せてはくれず、確認もさせてくれない。彼は非常に急いでいて、待ちきれず、すべてを猫に与えました。一刻も早く自分の名を世界に広めたいと思うあまり、一瞬も立ち止まることなく、その一部を法廷に持ち込んで我々に見せようとも舐めさせてみようともせず、すべて猫に与えてしまったのです！

（中略）

猫はそれを吐き出しもせずすべて胃におさめ、三時間後もぴんぴんしていました。なんという猫でしょう！　なんという医師でしょう！　そのような事実にもとづく見解とは、いったいどのようなものなのか！　博士の見解を尊重し、猫は死ぬべきでした。もしくは博士が、生きている猫を尊重して見解を取り下げるべきでした。[*3]

鑑定証人が本当にトリカブトを発見したのかどうかについては疑問が呈されたが、ヘンドリクソンは一八五四年五月五日にオールバニー郡刑務所の中庭で絞首刑に処された。そのときもまだ、彼は必死に無実を訴えていた。

トリカブトはどう命を奪うのか

トリカブトを摂取した直後から胃や腸の具合が悪くなるのは、身体がこの猛毒を取り除こうとするためだ。たちまち吐き気、嘔吐、胃痙攣、下痢が起き、トリカブトを物理的に排除しようとする。だが通常、こうした試みが無駄に終わるのは、すでに毒の一部が血液内に吸収されているからだ。血流に乗って全身に運ばれると、恐ろしいトリカブト中毒の最初の症状があらわれる。まず口のまわりをピンや針で刺したような感覚が起き、徐々に顔全体に痺れが広がっていく。舌が焼けるような感覚もよく生じ、まるで真っ赤に焼けた火かき棒で舌をゆっくりなぞられているようだという。目は焦点を失い、視界がぼやけ、完全に視力を失うこともある。腕や脚の正常な感覚が失われ、身体から切り離されたかのように感じられる。*4

トリカブトが全身に作用すると、皮膚が冷たく湿ってくる。呼吸が苦しくなり、強い不安感に襲われる。心臓に戻る血液が毒を運んできて、最初は動悸が起きるが、やがて鼓動がどんどん速くなって心拍が乱れ、最後は心拍停止におちいる。トリカブト中毒はすぐに影響があらわれ、通常は経口摂取して数分以内、一時間以上かかることはまれだ。致死量のトリカブトを摂取してしまったなら、あとは心臓麻痺で死ぬか横隔膜の麻痺による窒息で死ぬかだけの問題だ。わずか一〜二ミリグラム（二〇〇〜二〇〇粒の塩に相当する）でも致死量となる。病院で治療を受けたとしても、九五パーセントの患者が重体となり死亡する。非常に危険な毒であることから、トリカブトには「毒の女王」の名がついた。

トリカブトは神経や心臓の細胞膜にある特定のタンパク質と結合する。それらの細胞が正常に機能するには微弱な電流が必要だが、トリカブトはこの生体電気を阻害することで大混乱を引き起こす。電気がワイヤを連続的に流れるのとは異なり、神経はその末端まで断続的に信号を送ることで機能する。いちど信号が流れたら、次の信号を伝える前に神経はいったんリセットされなければならない。心臓も同様に、拍動したら一瞬休んでリセットし、そのあとまた収縮して血液を身体に送り出す。この神経または心臓のリセットがうまく行なわれないと、すぐに問題が生じる。トリカブトは、このリセットのプロセスを阻むのだ。

神経が興奮するとナトリウムイオンとカリウムイオンが入れ替わり、通常は神経細胞内に少ししかないナトリウムイオンが細胞内になだれ込み、カリウムイオンが排出される。ナトリウムが入りカリウムが出ていくこの交代現象を脱分極といい、これが神経の信号伝達をコントロールしている。ナトリウムは細胞内にただ漏入するのではなく、ナトリウムチャネルという特殊な膜タンパク質によって入念に調節されている。新たな信号が発せられるよう神経をリセットするには脱分極が起きる必要があり、そのときナトリウムチャネルは閉じ、細胞内へのナトリウムの流入が止まり、すでに細胞内に入ったナトリウムは排出される。心筋細胞内ではナトリウムの流入がトリガーとなって筋肉の収縮が起き、すべての筋細胞がいっせいに収縮すると拍動が起きる。そして収縮が起きたあとは、その都度細胞の脱分極とナトリウムチャネルの閉鎖が必要になる。

このとき何かの影響でナトリウムチャネルが閉じなくなったらどうなるだろうか。トリカブトが引き起こすのはそれだ。トリカブトはナトリウムチャネルと強く結合し、神経細胞や心筋細胞の脱分極とリセットを阻む。それはちょうど、ドアストッパーがドアを閉まらなくするのに似ている。最初はナトリウムチャネルが開いてナトリウムが細胞内になだれ込み、神経信号の興奮や心臓細胞の収縮が起きる。これはいつも通りだが、数ミリ秒後にはナトリウムチャネルを閉じてシステムをリセットしなければならない。ところがトリカブトは、チャネルが開いたままロックしてしまう。そうなると、神経細胞や筋細胞はナトリウムポンプを使ってナトリウムを細胞の外に出そうとするが（ナトリウムポンプについては、のちほどまた触れる）、チャネルが大きく開いているため、蛇口から水を入れながらバスタブを空にしようとしているような状態になる。

それほど致命的な毒ならば、トリカブトはなぜ薬としても使われるのか？　すべての神経が脳からの情報を身体に送っているわけではなく、感覚器からの情報を脳に送り返す感覚神経もある。そのひとつが痛覚神経だ。身体へのダメージを防ぐ点で痛覚神経は非常に役立つが、痛みがずっと続くのは不快だ。感覚神経もやはりナトリウムの流れと脱分極に依存しているため、感覚神経のナトリウムチャネルが閉じないようにすれば痛みの信号が伝わらなくなる。これがトリカブトを使った鎮痛剤の根拠となっている。だが残念なことに、痛みを抑えるのに必要なほんのわずかなトリカブトの量と致死量との差は、危なっかしいほど小さい。そのため、品質管理や純度評価がなされていない薬草剤の使用が原因でトリカブト中毒を起こしたケースもある。

トリカブトとシン夫人のカレー

ジョージ・ラムソンが処刑されたあと、トリカブトとその毒性は人々の脳裏から徐々に消えていったが、それから約一三〇年後、「殺人」や「トリカブト」という言葉が、再びオールド・ベイリーの法廷に響き渡ることになった。

ラクビル・カウル・シンはインドのアムリッツァルで生まれ、のちにロンドンのサウソール地区に移り住んだ。親が決めた相手と愛のない結婚をし三人の子どもを抱える生活に、彼女は閉塞感を覚えていた。自分の人生に足りないものは刺激だ、シン夫人はそう感じていた。それはまもなく、〝ラッキー〟ことラクビンダー・チーマという形でやってきた。彼はシン家の姻戚で、下宿人として同居するうちに夫人の愛人となった。少し考えれば、〝ラッキー〟という呼び名は幸運を招くおまじないのようなものにすぎないとわかるだろう。シン一家とともに数年暮らしたあと、ラッキーはついにそこを出て自分の家を買い、下宿人を置いて支払いの足しにすることにした。けれども、彼が出ていくことは夫人にほとんど影響を与えなかった。彼女はラッキーの家に毎日通って掃除に料理、洗濯をし、それまでと変わらず献身的な愛人の役目を果たしていたからだ。

この関係が破綻しはじめたのは、二〇〇八年のことだった。その年、ラッキー・チーマは移民としてイギリスにやってきた二一歳のグルジート・カウル・チュウフを紹介された。チュウフは花嫁候補として引き合わされ、そのときからラッキーの運《ラック》が尽きはじめた。出会ってわずか一カ月後、ラッキーとチュウフは婚約を発表した。シン夫人がインドの親戚を訪ねているタイミングを見計らっての発表だった。

ところが、何千マイルも離れているにもかかわらず、婚約のニュースはシン夫人の耳に伝わった。激怒し取り乱した夫人は、攻めたてるようにラッキーにメールを送りつけ、自分のもとに帰ってほしいと懇願した。あるメールには、「私の心をずたずたに引き裂く前に、私の心はもうほかの誰かじゃだめだって考えなかったの？」と書かれている。彼女はまた、年若い婚約者は合法的にイギリスに滞在するために彼と結婚したいだけなのだとラッキーを説き伏せようとした。あの手この手を使ってもだめだとわかると、ラッキーが自分のものにならないのなら、ほかの誰のものにもならないようにしようと決意する。そのあと薬草を扱う店を訪れた彼女は〝アコニートゥム・フェロックス〟すなわちインド産トリカブト〔別名ビッシュ〕の粉末をひと包み入手し、鞄にひそませてイギリスに帰国した。

帰宅したシン夫人はラッキーの家を注意深く見張り、彼が何時に出かけて何時に帰ってくるかを把握した。そしてその情報をもとに、二〇〇九年一月二七日、ラッキーが家を出て車で走り去るのを辛抱強く待った。そのあと、以前ラッキーに渡された合い鍵を使って家に入ると、下宿人のひとりに軽く手を振って、まっすぐキッチンに入っていった。冷蔵庫のなかに、チキンカレーが入った大型のタッパーウェアがあった。冷蔵庫の奥に手を突っ込んでプラスチックの蓋を開けると、夫人は丁寧にトリカブトの粉を振りかけた。

ラッキーが帰宅すると、下宿人は彼の留守中にシン夫人が訪ねてきたと伝えた。ラッキーは礼を言い、夫人が何か仕返しを企てていると悪いから玄関の鍵を交換しておかなければならないと考えた。「馬が脱走してから馬小屋の戸に錠をおろす（あとの祭り）」というフレーズに合う画像を探すなら、ラッキー・チーマとカレー入りタッパーウェアの写真も悪くないだろう。その日の夜一〇時、ラッキーと婚約者は遅い夕食のテーブルにつき、冷蔵庫のカレーを温めてたっぷり食べた。近々行なわれる結婚式について話し合いながら――式は二週間後のバレンタインデーに予定されていた――ラッキーはカレーをおかわりして食べた。少したつと、ラッキーもグルジートも気分が悪くなり、激しい胃痙攣を訴えた。ラッキーが救急サービスに電話をかけ、食事に毒を入れられたと思うと震える声でオペレーターに伝えた。救急車が到着するまでは時間がかかりすぎると判断したラッキーは、ふたりの甥に頼んで自分とグルジートを病院に連れていってもらうことにした。

身体が半ば麻痺し目も見えない状態で、ラッキーは婚約者とともに甥の手を借りて車に乗り込み、救急治療室に運ばれた。医師が記録した初期症状には、口のまわりをピンや針で刺したような感覚、視力低下、筋力低下、発汗、腹部痛、そして大量の嘔吐が含まれていた。制吐剤を与えられても、ふたりはさらに吐きつづけた。入院して一時間後、ラッキーは激しい興奮状態におちいり、心臓が早鐘を打ちはじめた。心臓モニターは電気的活動の大きな変化を示し、心臓の収縮は不規則で――ここが重要なのだが――非効率的だった。血圧が急激に低下し、ラッキーは激しく震えだし、入院から二時間後に死亡した。

ラッキーがなんの毒を盛られたのか皆目見当がつかないまま、医師たちはグルジートの胃から薬物を取り除く処置を始めた。治療のために、彼女は三日のあいだ昏睡状態に置かれた。一命をとりとめたのは単に、食べたカレーの量が亡き婚約者よりも少なかったからだろう。[*5] 中毒発症の速さと致死性の高さは病院のスタッフと警察を不安にさせ、毒物の浮遊や化学作用の恐れがあることから、警察はラッキー・チーマとシン夫人の家を封鎖した。夫人のコートからは茶色の粉末の入ったビニール袋が発見されたが、ただの薬草剤だと彼女は言い張った。

当初、粉末の正体は法化学者にもわからなかったが、それがなんであれ、同じ物質がカレーからもラッキーの吐瀉物からも検出された。ヒマラヤ地方原産のアコニートゥム・フェロックスに含まれるアルカロイドが疑われたが、その読みが当たったかどうか確かめるためにヒマラヤに飛んでサンプルを採取してくるわけにもいかなかった。だが幸い、意外にも身近な場所にサンプルがあった。ロンドン南西部キューにある王立植物園、通称キューガーデンだ。そこから取り寄せたサンプルとシン夫人の茶色い粉末とを比較した結果、同一物質であることが判明した。ラッキーの死因は、アコニートゥム・フェロックス由来のトリカブト中毒だった。

ラッキー・チーマの毒殺及びグルジート・チョウフに対する殺人未遂の罪で、ラクビル・シンはオールド・ベイリーで裁判にかけられた。イギリスでトリカブト殺人の裁判が行われるのは、一八八二年にジョージ・ラムソンが有罪判決を受けて以来一三〇年ぶりであったため、人々はこの裁判に大きな関心を寄せた。陪審員はラッキー・チーマ殺害についても、チュウフに対し意図的に深刻な傷害を加えた件でもシン夫人を有罪と評定した。判決を言い渡すさい、裁判官は「あなたは非情かつ利己的な復讐を企てた。トリカブトがいかに致命的で、どれほどの苦痛を与えるかをあなたは知っていた」と述べた。シンは最低二三年の無期懲役刑を宣告された。約一三〇年の時を隔て、いずれもトリカブトを使ったふたりの殺人者が同じ裁判所で裁きを受け、有罪となった。シン夫人にとっては幸いなことに、彼女が有罪判決を受けた時点ですでに絞首刑の選択肢はなかった。

人の命をかけた毒殺魔と毒物学者とのいたちごっこは、一九世紀初頭には毒殺魔のほうが間違いなく優位だった。植物由来のものも含めて毒は容易に手に入り、たとえ毒殺が疑われたとしても、訴追に役立つ法医学的証拠はまだ十分に確立されていなかった。しかし二〇世紀が目前に迫るころには、化学者や毒物学者の能力が向上し、数年前ならば罪を逃れていたかもしれない殺人者も、使った毒を特定されるようになった。こんにちの毒物学研究室には最新鋭の検出機器がずらりと並び、最終的にはどのような物質でも検出が可能だ。次章では、致死性の高さではトリカブトと互角だが、まったく異なる形で人の命を奪う植物由来の毒物を見ていこう。その毒は、私たちの体にある三〇兆個の細胞ひとつひとつがもつ、ある重要な働きを阻害する。

第五章　リシンとゲオルギー暗殺事件

毒薬には、たしかに魅力がありますね……ピストルや鉄棒のような兇器にくらべたら、ずっと洗練されていますからね。

アガサ・クリスティー『魔術の殺人』（一九五二年）

第一研究所

映画の世界で――そして現実世界でも――諜報機関はつねに、敵対する相手を人知れず排除するための新たな方法を考案している。そうした機関のなかでも最も悪名高い組織が、現ロシア連邦保安庁（ＦＳＢ）の前身に当たる、旧ソ連国家保安委員会（ＫＧＢ）である。両組織はともに、保安上の脅威と見なされる人物は誰でも消し去るという断固たるポリシーを掲げていた。暗殺における重要な要素のひとつが、その死を自然死に見せかけることであり、そのために検出、特定、追跡が極めて難しい特殊な毒物の開発と製造がモスクワの極秘研究所で行なわれていた。「第一研究所」と呼ばれるこの研究所は、ＫＧＢのルビャンカ本部にほど近いヴァルソノフェフスキー通りにあった。かつてこの第一研究所の所長が、動物で実験をした毒が必ずしも人間に効果があるとは限らないと愚痴をこぼした。

するとスターリンの秘密警察長官ラヴレンチー・ベリヤはにやりと笑い、ジェームズ・ボンド映画の悪役さながらの不吉な気迫を込めて言った。「人体実験をしてはならないと、誰が言った？」

第一研究所の売りは、既存の毒物を検出が困難な方法、もしくは追跡してもロシアにたどりつけない方法で用いることだった。この研究所で開発された毒物でどれだけの暗殺が人知れず行なわれたのかは知る由もないが、なかには世に知れ渡ったケースもある。一九五七年にドイツのミュンヘンで、反ソ活動家レフ・レベトは何者かによって顔にシアン化合物を噴射された。丸めた新聞紙に隠したスプレーガンを使った犯行だった。この暗殺は非常にうまくいき、レベトの死は心臓発作による自然死と断定された。だが四年後、暗殺者が西側に亡命し暗殺計画を暴露し、レベトの死も殺人と判断された。KGBの離反者ニコライ・ホフロフは、一九五七年にドイツで開かれたレセプションで毒が混入したコーヒーを飲み、その後まもなく重体におちいった。血液検査の結果、殺鼠剤に使用される金属毒タリウムの存在が確認された。懸命な治療が行なわれたが効果はほとんど見られず、ホフロフはフランクフルトのアメリカ陸軍病院に移送された。そこの医師たちは、タリウムに放射能が当てられ、体内でゆっくり分解されて患者が重度の胃腸炎で徐々に死んでいくように見せかけるための細工がなされているのを発見した。また、ソ連から亡命したゲオルギー・オコロビッチは毒薬を塗った弾丸で撃ち抜かれそうになるが、タバコの箱に隠したミニチュアピストルから発射された弾が的を外れ、間一髪で暗殺を免れた。小型スプレーガン、死を招くコーヒーカップ、タバコの箱に入ったミニチュアピストル——それらは第一研究所の科学者たちが生み出した突飛な毒物投与装置の、ほんの一部にすぎない。暗殺の道具として考案された装置のなかで最もよく知られているのは、傘だろう。それは反体制派の作家ゲオルギー・マルコフを〝消す〟目的で、ブルガリア政府諜報部のために考案されたものだった。

ヒマの種の話

スプーン一杯のヒマシ油は、幼少期にかかる多くの一般的な病気の万能薬と考えられ、いまなお家庭の常備薬として重宝されている。ところが、多数の子どもたちがいやいやながらも安全に飲んでいるこの油がとれる植物は、一方で世にも危険な毒を生み出している。

ヒマシ油は味のまずさで有名だが、作用が比較的おだやかで安全な下剤として、処方箋のいらない市販薬の形で売られている。じつは油そのものに不快な味があるのではなく、油と空気が反応していやな味になるらしい。ベニート・ムッソリーニ率いるファシスト党政権下のイタリアでは、処罰用としてのヒマシ油の使用法が確立され、敵に屈辱を与える道具として好んで使われた。ムッソリーニの黒シャツ党は、反体制派に大量のヒマシ油を強制摂取させていた。この治療のせいで脱水症になり命を落とした者もたしかにいたが、ヒマシ油の摂取に加え、頻繁に警棒で殴られていたことも死の原因となった可能性が高い。ヒマシ油の作用は腸の内壁を刺激し炎症を起こすことで得られると以前は考えられていたが、いまはヒマシ油が特定の受容体と結合し、腸の平滑筋細胞の収縮を増進させるからだとわかっている。

化学的に言うと、ヒマシ油はリシノール酸からつくられ、木材や皮革の保護剤からブレーキ液やペンキ、インクの原料、さらに重機の潤滑油まで用途は多岐にわたり、商業的価値は極めて高い。同じく植物のヒマからつくられるもうひとつの製品がリシンで、こちらはヒマシ油のような商業的価値も医学的価値もないばかりか、少量でも命にかかわる危険な物質だ。

ヒマは大きく強健な低木で、一シーズンで六〜一五フィート（約一・八〜四・五メートル）ほども成長する。ヒマの種子はビーンズ（豆）と呼ばれ、光沢があり、非常に美しい複雑な模様をもつ。猛毒のリシンは木全体に少量含まれるが、大半はビーンズの部分にある。具体的に言うと、リシンもヒマシ油も、発芽する種子の栄養源となる胚乳に含まれている。植物性アルカロイド全般がそうであるように、リシンもやはり動物に種子や若芽を食べられるのを防ぐ役目を果たすのだろう（ただし、カモやニワトリ、ハトなどの鳥類は、比較的リシン中毒になりにくい）。ヒマシ油の抽出は、種子を一四〇度で約二〇分間加熱して行なわれる。熱でリシンのタンパク質を分解し不活性化したのち、種子を砕いて圧搾すると油が出てくる。残った殻は肥料として使えるが、微量ながらリシンがまだ含まれているため家畜の飼料にはできない。

ヒマの種の収穫にも危険がつきものだ。リシンの存在ばかりでなく、ヒマが生産する大量の花粉に喘息を引き起こすアレルゲンが含まれるからだ。樹液、花、葉に触れると、痛みをともなう皮膚発疹が生じることがある。また、長期的にそれらのアレルゲンに曝されることで、永続的な神経障害を発症することもある。このような理由から、多くの企業はリシノール酸の原料となるヒマの代替物を探す一方で、ヒマを遺伝子操作して、貴重な油の原料にはなるがリシンやアレルゲンは含まない新たな植物を生み出そうと取り組んでいる。

死を招いた真実

ゲオルギー・イヴァノフ・マルコフは、一九二九年三月一日にブルガリアの首都ソフィアで生まれた。一〇代のころ、彼の祖国は一党独裁の社会主義国になり、一九六〇年代半ばになると、ブルガリア共産党書記長トドル・ジフコフによって、ブルガリアはソ連の最も忠実な同盟国、そしてワルシャワ条約機構加盟国で最も弾圧的な政権のひとつとなった。マルコフは長じて小説家、脚本家として高く評価され、初の小説 *Men*（メン）は、一九六二年に権威あるブルガリア作家連盟賞に輝いた。彼の作品は共産党政権に気に入られ、そのためマルコフは社会的エリートの上層部や共産党指導部の大物政治家たちと自由に交流していた。

ブルガリアで特権的な生活を送っていたマルコフだが、国の目に余る腐敗と自由の抑圧に徐々に幻滅し、一九六九年、密かに新作の芝居の上演準備を始めた。それは共産党にとって好ましくないたぐいの芝居だった。初演のあと、マルコフは文化委員会に出頭し、反共産主義的プロパガンダについて釈明するよう求められた。だが賢明にもマルコフは出頭を拒み、西側に逃げた。そして彼が不在のまま裁判が行なわれ、マルコフはブルガリア国家に対する反逆者として有罪になった。

マルコフはまずイタリアに逃れ、少しのあいだ兄のもとに滞在したのち、最終的にロンドンに落ち着きジャーナリスト兼作家としての新生活をスタートさせた。そして一九七五年には、CIA（アメリカ中央情報局）が後援する「ラジオ・フリー・ヨーロッパ」という番組のアナウンサーとなった。毎週放送されるこの番組で、マルコフは反共産主義的見解を強く表明し、持ち前の文才を生かしてブルガリア政府上層部の腐敗を暴き、祖国でも多数の視聴者を得た。当然ながら、ブルガリアにおける人権の欠如や民主主義への抑圧に対する糾弾をジフコフ政権が快く思うはずがなかった。さらに、危篤状態にある父を見舞うための帰国をブルガリア当局が許可しなかったことで、マルコフの放送はトドル・ジフコフに対する個人攻撃へと変わっていった。当然、当局はマルコフの主張に強く反発し、一九七八年六月、ブルガリア政府は映画『ゴッドファーザー』の有名な台詞にならい、マルコフに「彼が決して断れないオファー」をすることにした。

オファーはシンプルだった。ラジオ・フリー・ヨーロッパの放送をやめるか、処刑されるか。しかしマルコフがそれに応じなかったため、彼を消すしかないとの決定がなされた。そこでブルガリア国家保安局（The Darzhavna Sigurnost）は、この問題をどう片付ければいいか、〝兄貴分〟であるソ連の第一研究所に助言を求めた。その結果、冷戦時代で最も奇妙な殺人が行なわれた。マルコフの死後、彼のラジオ番組の台本がまとめられ、*The Truth That Killed*（死を招いた真実）と題して出版された。[*1]

ゲオルギー・マルコフの暗殺

一九七八年八月の下旬、マルコフは不穏な電話を受けた。電話の主は彼に、おまえはまもなく、一見自然死に見えて、じつは尋常ならざる形で死を迎えるだろうと告げた。二週間後の九月七日木曜日はトドル・ジフコフの誕生日で、ブルガリア国家保安局は自分たちのリーダーに、ゲオルギー・マルコフの死という特別なバースデープレゼントを用意していた。

その日、マルコフはいつもどおり、正午ごろにテムズ川南岸のウォータールー駅のそばに車を止めた。それから駐車場を出てバス停まで少し歩き、毎週放送しているラジオの仕事に向かうためバスを待っていた。そのとき右の太ももの裏側に鋭い痛みを感じ、何が起きたのかと振り向いた。どうやら誰かの傘の先が当たったらしい。というのも、近くにいた男が地面に転がった傘を拾おうと身をかがめていたからだ。男は外国人風のアクセントでマルコフにすみませんと謝り、タクシーを止めて去っていった。

マルコフはバスに乗ってBBCワールドサービスのオフィスに行き、放送を終えた。午後が過ぎ夕方になるころ、少し気分が悪くなってきた。ちょうど風邪をひいたような感じだった。夜になって帰宅しても具合は良くならず、妻を心配させないためか、風邪をうつすといけないと思ったのか、マルコフは書斎に寝床をこしらえた。午前二時、マルコフの妻アナベルは、夫が激しく嘔吐する音で目覚めた。彼は四〇度もの高熱を出しており、夫の体を案じた妻は医師に電話をかけて助けを求めた。症状から、マルコフはインフルエンザにかかったのだと判断した医師は、ベッドで安静にして水分をたくさん摂るようにと助言した。マルコフが国際的な暗殺計画の渦中にあり、猛毒の影響で彼の体が徐々に機能を停止しつつあることなど知る由もなかった。

翌日もマルコフの容体は悪化の一途をたどり、午後には話すのにも苦労する状態になった。そして一九七八年九月八日の晩、マルコフはロンドン南部バラム地区にあるセント・ジェームズ病院に入院した。救急治療室では、いつものように事故や切傷、心臓発作、胃痛などで運び込まれた患者たちに囲まれて、男がひとり、KGBに何かを撃ち込まれたと主張していた。

突飛な主張に驚きながらも、その病院の居住医であるバーナード・ライリー医師は患者の話に耳を傾けた。自分は祖国ブルガリアから敵の手を逃れてきた亡命者で、「きみはKGBに狙われている」と仲間たちから警告を受けていたとマルコフは語った。ライリーには、この男の被害妄想のように思えた。たしかに熱っぽく体温が上がっていたが、インフルエンザや胃腸炎など、よくある感染症の影響かもしれない。マルコフは吐き気と嘔吐の症状も訴えていた。前日の出来事を振り返り、脚に毒矢を放たれたのだと彼は確信していた。しかし彼の大腿部を丁寧に調べても、たしかに小さな刺し傷がありまわりが炎症を起こしているが、レントゲンでも異物は何も見つからなかった。*2

九月九日土曜日の夜には容体の悪化が着実に進み、マルコフは集中治療室に移されていた。血圧は七〇／四〇、正常値（一二〇／八〇）と比べて危険なほど低く、心拍数は一六〇まで上昇していた。マルコムは大量の汗をかいていたが、それでも寒気を訴えていた。血液検査をしたところ、感染と闘う血液細胞である白血球の数が二万七〇〇〇と極めて高かった（正常な範囲は五〇〇〇〜一万）。これらすべての症状が敗血症性ショックと広範囲に及ぶ感染症を示していたが、抗生物質をいくら投与しても効果が出ない。嘔吐が続き、やがて吐いたものに血が混じるようになった。胃や腸の内壁が徐々に剥がれ落ち、内出血が起きている兆候だ。さらに時間がたつうちに、尿が出なくなった。腎臓の機能が低下しはじめているサインだ。

腎臓が機能を停止すると、肺のまわりに体液がたまりはじめ、息が苦しくなり十分に呼吸ができなくなった。次の日に心電図をとると、心臓の機能も低下しつつあり、不整脈が確認された。月曜日の早朝、マルコフの意識は混濁し譫妄《せんもう》が見られ、点滴の管を引き抜いてしまうようになった。そして午前九時四五分には心停止状態におちいり、懸命な蘇生処置の甲斐なく、ウォータールー橋でのあの出来事からわずか四日後の九月一一日午前一〇時四〇分、ゲオルギー・マルコフの死亡が宣告された。彼はまだ四九歳だった。

死のペレット

マルコフは反体制派として有名であり、最近も殺害の脅迫を受けていたことから、警察とスコットランドヤードは彼が主張した暗殺説を医師たちよりもずっと重く受け止めた。マルコフが本当に毒殺されたのかどうかを調べるため、解剖が命じられた。イギリス政府の職員である内務省の病理学者ルーファス・クロンプトン博士は、マルコフの心臓、肺、肝臓、腸、膵臓がひどく損傷し、ほかの臓器もかなり出血しているのを発見した。リンパ腺、特に右の鼠径部《そけい》――マルコフが刺されたと訴えていたのも右側だ――のリンパ腺が腫れ、太ももの後ろから何かが入り、リンパ腺に到達し、そのあと全身に巡ったことがうかがえた。大きく腫れ上がったリンパ腺は、マルコフの体が何らかの毒素と闘っていたことを示していた。

スコットランドヤードは、さらなる調査には専門家が必要だと判断し、冷戦時代に国防省の最高研究拠点として生物兵器の研究を行なっていたポートンダウンの研究所から科学者たちを迎え入れた。マルコフの身体を丹念に調べていた軍医のロバート・ゴール博士は、ボールベアリングのような形をした小さい何かがマルコフの大腿部に埋まっているのに気づいた。それは小さな金属の球で、真ん中に穴が二つ穿《うが》たれているように見えた。この小さい球《ペレット》はイリジウムとプラチナの合金でできており、おそらく身体の免疫システムに感知されないようその素材が選ばれたのだろう。二つの穴があいていることで、このペレットは毒物の貯蔵庫のような役目を果たし、毒物をなかに閉じ込めておくためにゼラチンでコーティングされていた可能性が高かった。ざっと計算すると、ペレットには約四〇〇ナノリットルの液体または五〇〇マイクログラムの物質が入るとわかったが、ペレットは空っぽで、破壊的な中身を示す手がかりはなかった。

マルコフの血液から細菌は検出されなかった。つまりペレットの中身は細菌ではないということだ。ではウイルスはどうか？　たしかに、ペレットに多数のウイルス粒子を詰め込むことは可能だが、ウイルスが原因にしては、マルコフの死はあまりにも急で、様々な症状の発現もめまぐるしすぎた。ならば細菌毒素だろうか？　可能性として考えられるのはジフテリア毒素か破傷風毒素だが、それらが引き起こす症状はマルコフが示したものとは異なり、また、たいていの人はジフテリアと破傷風の予防接種を受けていた。ヒ素やシアン化合物などの化学的毒物も検討されたが、極めて危険性が高い物質ではあっても、ペレットに入るくらいの量となると、シアン化合物なら致死量の一〇分の一以下だろう。かの偉大なるシャーロック・ホームズが言うように、「不可能なものを除外したら、いかにあり得ないように思えても、残ったものが真実に違いない」のであり、いま残っているのは植物由来の毒だ。なかでも、ヒマシ油と同じ植物からとれるリシンが最も可能性が高そうだ。しかし、問題のペレットに人をひとり殺せるだけのリシンが入っていたのだろうか？

科学者たちは、ヒマの種による偶発的な中毒の影響についてはいくらか知識があったが、精製した濃縮リシンを意図的に注入されたケースは初めてだった。マルコフがリシンで毒殺された可能性の有無を判断するため、少量の純粋なリシンを動物に投与し、その作用を調べることにした。ブタは人間と体重がほぼ同じで循環器系も驚くほどよく似ている。マルコフに投与されたと思われる量のリシンをブタに注射すると、最初の六時間は何も起きなかったが、そのあと急変し、マルコフと同じように熱が出て白血球の値が上がった。明らかに深刻な状態で、これもマルコフと同様、心電図は極めて異常な心拍リズムを示した。そして二四時間を少し過ぎたころ、ブタは死んだ。解剖の結果、内臓にマルコフと同じ損傷が確認された。ペレットに入っていた猛毒はリシンだったとはっきり証明することはできないが、証拠の優越性にもとづき、検死局はマルコフが四五〇マイクログラムのリシンによって殺害されたと判断した。

起きたと思われる一連の出来事をつなぎ合わせると、ペレットは中身が漏れないように蝋でコーティングされていたと考えられる。それがマルコフの体内に入り、体温でコーティングがゆっくりと溶け、リシンが少しずつ放出されて血流に入り込んだ。だが、ペレットはどうやってマルコフの脚に挿入されたのだろうか？　ペレットには弾丸が体内に進入するときのような変形は見られず、マルコフのジーンズにも火薬で焼けた跡がないことから、ペレットの挿入に使われた武器は通常の銃器ではなさそうだ。結論としては、圧縮空気またはバネで動く何らかの装置が使われたのだろうが、そんなものをどこに隠し持っていたのか？

よく言われるように、何かを隠すとしたら、ありふれた風景にまぎれこませるのがいちばんいい。そしてロンドンの至る所で目にするものといえば、傘である。入院前のマルコフ自身の話からも、バス停で彼を突いた傘は圧縮空気銃で、暗殺者はその先端をマルコフの脚に押し当てて引き金を引き、ズボンを通して大腿部にペレットが撃ち込まれたと考えられる。猛毒が使われ、それが非常に珍しい装置で撃ち込まれたことから、疑惑の目は第一研究所に向けられた。*3

リシンはどう命を奪うのか

粉末のリシンは、わずか食塩数粒ほどの量で人を殺せる威力をもつ。これまでの章で取り上げた毒は細胞膜の一部である特定のタンパク質分子に作用し神経細胞の外側から影響を及ぼすのに対し、リシンは体内のあらゆる細胞を攻撃する。しかし破壊力を発揮するには、まず細胞内に侵入しなければならない。

リシンは私たちを細胞の心臓部、すなわち生命に不可欠なタンパク質の製造工場へといざなう。たとえば髪や爪を成長させる、腸で消化酵素をつくるといった私たちの身体の働きにはタンパク質が必要だ。全身にメッセージを伝達するのに不可欠な神経細胞も、身体や脳に酸素を運ぶ心臓の筋肉もタンパク質でできている。さらに、異物である病原体から身体を守る抗体もやはりタンパク質だ。

一連の文字を特定の順番でつなぐと文になるように、タンパク質はアミノ酸を一定の配列でつないでできている。文の場合、どの位置《ポジション》にどの文字がきてもかまわないが、タンパク質の場合は二〇種類あるアミノ酸のうち、特定のポジションに配置されるのは一種類に限定される。すべての文字配列が意味の通る文として成立するわけではないように、可能なすべてのアミノ酸配列がタンパク質を生み出すわけではない。人体には約一〇万種類のタンパク質があると推定され、それらは一〇万種類のアミノ酸配列から生み出される。DNAには個々の人間をつくりあげる設計図が組み込まれているのはよく知られているが、個性が生まれるのは、DNAがアミノ酸の配列を決め、それがすべてのタンパク質に反映されるからだ。

細胞があるタンパク質を必要とすると、核のなかでDNAの設計図の特定の部分がコピーされる。このプロセスは「転写」と呼ばれ、できたコピー、すなわちメッセンジャーRNAが、今度は「翻訳」と呼ばれるプロセスによってタンパク質に変換される。この翻訳プロセスにとって重要なのが、細胞内にあるリボゾームという特殊な複合体だ。リボゾームはタンパク質と核酸から成る大型の複合体で、遺伝子コードを読み取り、それを用いてアミノ酸を正しい順番で配列させる。機械と同じように、細胞内で製造されるタンパク質もやがて消耗し、新たにつくられたタンパク質と交換される。ほんの数時間しかもたないタンパク質もあれば何日ももつタンパク質もあるが、いずれは消耗し、交換が必要になる。ここでもし、タンパク質を交換する機構が働かなくなると、細胞は徐々に疲弊し、破損状態となり、ついには死滅する。

リシンはリボゾームを破壊し、新しいタンパク質をつくりだせなくすることから、RIP（リボゾーム阻害タンパク質）に分類される。リシンは二本のタンパク質鎖から成り（科学特有のスタイルにより、A鎖とB鎖と名付けられた）、二本の鎖は二つの硫黄原子どうしの化学結合で連結している。リシン分子を構成する二本の鎖は手紙《レター》爆弾のような役目を果たす。一方は爆弾を目的地に届ける住所、もう一方は到着したら起動する爆弾だ。リシンのB鎖はあらゆる細胞膜がもつタンパク質と強固に結合し、そのあとA鎖（爆弾）がダメージを加える。細胞の正常なプロセスを乗っ取って細胞内に侵入したリシンは、タンパク質の翻訳が行なわれる場所を探し出し、そこで二本の鎖がほどけてA鎖が解き放たれる。こうして一本になったA鎖はリボゾームを見つけ出し、破壊のターゲットにする。一度しか使えない銃弾と違い、リシンのA鎖はひとつのリボゾーム分子内を化学的に壊滅させたら、細胞内をうろつき、また別のリボゾームを見つけて破壊を続ける。このような方法で、A鎖分子一個で一分間に一五〇〇〜二〇〇〇個ものリボゾームを破壊できるのだ。

このペースなら、細胞内のリボゾームをすべて死滅させるのにそう時間はかからない。機能を失ったリボゾームはもはや新しいタンパク質をつくれず、全身の細胞がたちまち機能を停止する。リシンは次々にリボゾームを破壊できるため、ひとつの細胞を死滅させるにはリシン分子が一個あれば足りる。ある程度の細胞が死滅すると損傷や出血が起きて組織は崩壊し、腸や尿に血液が流れ込む。細胞の死滅がもっと進行すると、肝臓、心臓、腎臓などの臓器、さらには脳の機能を維持するための生きた細胞が足りなくなってしまう。

しかし、身体のほうも戦わずして敗れ去るわけではない。異物の侵入を感知すると、免疫システムは抗体をつくりだして侵入したリシンを破壊しようとする。その一方で、リシン分子を攻撃し殺すために白血球を集結させる。血液中を循環する白血球の数が顕著に増えるのはこのためだ。しかし、たった一個のリシンA鎖分子でも絶大なダメージを与えうるということは、ごく微量でも極めて高い致死性をもつということだ。理論上は、三マイクログラムのリシンに、全身の細胞を死滅させるのに十分なリシン分子が含まれている。

リシンがもたらす症状は投与方法によって異なる。吸入した場合、気道と肺に炎症や出血が生じる。さらにダメージが続くと、今度は倦怠感や発熱が起きる。血液や体液が肺に浸透するとどんどん呼吸が苦しくなり、最終的には呼吸器不全で死に至る。リシンを注射した場合はその部分に局所的なダメージを受け、やがて毒素が全身に運ばれていくにつれて熱や吐き気、出血などが起き、臓器不全により死に至る。経口摂取した場合は嘔吐と吐き気に加えて胃や腸の出血とショック症状が起き、おおむね暴露から三日ないし五日後に死に至る。経口摂取では死に至る危険性がわずかに低くなるのだが、これは消化によってリシンのタンパク質の多くが分解され不活性化するからだ。経口摂取で殺そうとするなら、暗殺者は注射で殺害するときの一〇〇倍のリシンを食べ物に混入させなければならないだろう。不思議なことに、大麦や小麦など多くの植物には猛毒リシンのA鎖が含まれるが、タンパク質受容体と結合するB鎖と一緒でないとA鎖は細胞内に侵入できず、大破壊を引き起こすことができない。だから小麦や大麦は食べても安全なのだ。

暗殺者にとってリシンが魅力的なのは、ごく少量で死に追いやれるからばかりではなく、解毒剤や治療法が解明されていないからだ。対症療法と苦痛の緩和以外、死んでいく被害者に対してできることは何もない。だいぶ精度の高いリシン検出法が開発され、ワクチンの臨床試験も行なわれているが、そもそもワクチンとは予防のためのもので、すでにリシンが体内に入ってからでは意味がない。

誰がゲオルギー・マルコフを殺したのか？

マルコフの暗殺はブルガリア政府がKGBの協力を得て行なった――証拠はそう物語っていた。たしかに状況証拠ではあるが、総合的に見て非常に有力なものに思われた。足りないのは決定的な証拠だが、それは鉄のカーテンの陰に隠され、一九七九年の終わりには、マルコフ殺害事件の捜査は行き詰っていた。

新たな情報が何も出てこないまま一〇年が過ぎ、やがて東欧圏とベルリンの壁が崩壊した。ブルガリア国家保安局が保管していた資料の多くが火災で焼失した。元局員たちが共産主義政権下での行状を隠蔽しようとした可能性が高いが、結局のところ資料は発掘され、マルコフ暗殺へのブルガリア政府の関与のみならず、殺害の実行犯として選ばれた人物も特定された。「ピカデリー」というコードネームをもつそのスパイはデンマークを拠点とし、ブルガリア国家保安局からマルコフを抹殺するための「特別な訓練」を受けていた。ミッションを完了すると、ピカデリーは二つの勲章を授与され、加えて数度にわたる無料の休暇旅行と三万ドルを手にした。

ところで、ピカデリーとは何者だったのか？　マルコフ暗殺の二七年後、フランチェスコ・グリーノというデンマーク人だと判明した。彼は骨董品を扱う商売を隠れ蓑《みの》にスパイ活動をしていた。グリーノは一九七八年にデンマークとイギリスのあいだを何度か往復しており、ブルガリア国家保安局の資料によると、マルコフが〝抹殺〟されたときにロンドンにいた唯一のスパイだった。グリーノはマルコフを襲った翌日にロンドンからローマに飛び、ブルガリアの指示者《ハンドラー》にミッションの完了を伝える合図として、サンピエトロ広場の特定の場所に立ったとされている。

その後グリーノは逮捕され、デンマーク、イギリスに加えブルガリアの警察からも取り調べを受けるが、具体的な証拠がなく釈放された。彼に不利な状況証拠は十分にあるが、グリーノはマルコフ事件へのいっさいの関与を否定し、マルコフの死を暗殺と断定するのはブルガリアに対する冷戦時代の巧妙な陰謀であり、反共産主義のプロパガンダであるとの主張を最後まで変えなかった。

死のリタイアメント・プラン

シャンプレーン湖にほど近い、バーモント州シェルバーンののどかな田園地帯にある老人ホーム――冷戦真っただ中のスパイ活動や政治的暗殺からこれほどかけ離れた場所はほかにないだろう。関与した人々や動機はまるで異なるが、ここで選ばれたのも同じ毒、リシンだった。

高級老人ホーム〈ウェイク・ロビン・リタイアメント・ホーム〉の宣伝には、入居者たちはみな「元気で活動的に日々を過ごし、自分らしく自由に共同生活を送っている」と書かれていた。入居者のほとんどは、雑談や訪ねてくる家族との面会で時間を過ごすのに満足していたが、七〇歳になる白髪のベティ・ミラーは、新たな趣味を始めようと思い立った。彼女は老後の日々を、キッチンで自家製の毒の実験をして過ごしたのである。

彼女の狭い部屋のガスレンジの上にはガラス瓶がいくつも並べられ、丁寧にラベルを貼って中身が書いてあった。「サクランボの種」、「リンゴの種」、「イチイの種」、「ヒマの種」、そして「リシン」――隠居生活者にしては極めて珍しいコレクションだ。それ以上に不穏なのが、キッチンの籐《とう》かごに隠してある薬瓶の存在だった。そのうちのひとつには「リシン」と書かれたラベルが貼られ黄白色の粉末が入っていたが、すでに中身は半分に減っていた。ベティ・ミラーはじつに勤勉な性格で、リシンの製法をインターネットで徹底的に調べていた。警察はのちに「リシンのつくり方」というラベルがついた説明書を発見することになるが、それは入居者のひとりが所有するノートパソコンを使って印刷したインターネット情報のようだった。

ベティはホームの敷地に生えているヒマの種を三、四〇粒ほど収穫し、それを使って自分のキッチンでテーブルスプーン（大さじ）二、三杯分ほどのリシンをつくった。二〇一七年一一月、彼女は手づくりのリシンで数人の入居者仲間の毒殺をはかったと、ホームの医療スタッフに打ち明けた。そして過去数週間のあいだに、他の入居者たちの食事や飲み物に何度かリシンを入れたことを認めた。ホームのスタッフはすぐに警察に通報し、使われたのが猛毒であることから、警察はＦＢＩに報告した。

その数時間後、警察、ＦＢＩ、バーモント州の危険物対応チーム、さらに州軍の第一五民間支援チームがベティ・ミラーの部屋に乗り込んできた。驚いたことに、このとき彼女は鑑定を受け所見を得るために自分で運転してバーモント大学医療センターに行くことを許された。翌日、ＦＢＩの取調べを受けたベティは、前年の夏に植物由来の毒に興味をもつようになったと捜査官に語った。なぜリシンをつくり入居者たちに与えたのかと問われると、リシンで自殺を図るのが目的だったが、まず誰かで効果を試したかったのだと説明した。

巻き込まれた入居者たちにとって幸運だったのは、経口摂取はリシンの投与ルートのなかで最も非効率的だったことだ。現にリシン中毒の兆候を示した入居者はいなかったが、ひとりはリシンの暴露試験で陽性だった。インターネットで製法を調べたものの、ベティはリシンの精製に必要な器具を使えなかった。それに加え、リシンが胃や腸で分解されたことで、ホームの入居者たちは深刻な症状を免れたと思われる。実験の結果、誰ひとり具合が悪くならなかったと知ったベティは、より強力な調合物をこしらえ、ある「友人」の紅茶にそれを入れた。その友人は少しのあいだ胃の調子が悪くなったが、幸い、永続的なダメージはなかったようだ。

ベティは逮捕され、政府の許可を得ずに既知の生物毒素を所持していた罪で告発されたが、毒殺未遂については不起訴となった。裁判官は判決を下すさい、リシン中毒は「大量破壊兵器と言われるほど深刻なもの」であると指摘し、「無情にも人の命を危険にさらした」とベティ・ミラーを強く戒めた。一方で裁判官は、ベティが精神治療を受けようと方策を講じたことについても言及した。最終的にベティは危険物の除去清掃費用としてホームに九万ドルを支払い、裁判官はさらに一万ドルの罰金を科した。ベティは執行猶予五年の実刑判決を受け、加えて精神治療が義務づけられた。〈ウェイク・ロビン・リタイアメント・ホーム〉はその後、施設内にリシン汚染はなく当局により安全が宣言されたとの声明を出し、今後も入居者の快適な生活とプライバシーの保護に努めていくと発表した。入居者を守る措置のひとつとして、庭に生えているヒマがすべて除去された。

治療薬としてのリシン

いまから一〇〇年余り前、ノーベル賞に輝いたドイツの医科学者パウル・エールリヒが「魔法の弾丸」という概念を生み出した。がん細胞や病原体に感染した細胞などにまっすぐ到達し、周囲の正常な細胞には影響を与えずターゲットとなる細胞のみを殺す薬剤のことだ。細胞を殺すなら、たしかにリシンが非常に効果的なのだが、リシンには特定の細胞をターゲットとして選ぶ力はない。この問題を克服するために、科学者たちはリシンをターゲットである〝悪い〟細胞に運ぶ方法を模索していた。輸送方法として最も広く用いられたのが抗体だ。抗体は細胞表面にある特定のタンパク質を探し出し、それに付着する驚異的な能力をもつ。一九七六年にボストン大学医学部のある研究グループが、有毒なリシンのA鎖と抗体をそれぞれの効力を損なわずに結合させる方法を発見した。二〇一六年には、膀胱内のがん細胞に引き寄せられるように設計された抗体を用いた臨床研究が行なわれた。特定のがん細胞と結びつくさい、抗体は一緒にリシンのA鎖を連れていく。すると抗体とリシンの複合体がトロイの木馬のようにがん細胞に取り込まれ、リシンが腫瘍を殺すという仕組みだ。いまやエールリヒの魔法の弾丸の実現が現実味を帯びてきた。治療に役立つリシンの画期的な活用法が実現すれば、最も危険な猛毒の汚名さえ返上されそうだ。

いまのところリシン中毒の治療法はないが、フランスで行なわれた最近の研究で有力な手がかりが得られた。一万六四八〇種類もの化合物について徹底的に調べた結果、そのうちの二つが致死量のリシンからマウスを守ることがわかった。そこから人間用の薬をつくるにはさらなる研究が必要だが、そうした薬ができれば、リシンと同じように細胞に入り込む猛毒、たとえば志賀毒素などに対しても効果があるかもしれない。志賀毒素という名前はなじみがないかもしれないが、それを生み出す病原菌と毒素の作用はよく知られている。志賀毒素は大腸菌の変種によってつくられる毒素で、多くは血の混じった激しい下痢を引き起こし、大腸菌に関連する数多くの食品リコールの原因となっている。

次章では、長年にわたり入念に秘密にされてきた薬物を紹介しよう。これもまたパラケルススが言うように、少量ならば強壮剤になっても量が多いと毒になるもののひとつだ。心臓《ハート》が鼓動し全身に血液を巡らせる仕組みを探ることで、これから私たちはものごとの核心《ハート》に迫っていく。

第六章　ジゴキシンと死の天使

多量のジギトキシンを静脈注射によって急激に投入すると、すぐ心臓が麻痺して急死してしまいます。

アガサ・クリスティー『死との約束』（一九三八年）〔高橋豊訳、早川書房、二〇〇四年〕

ジゴキシンとジギタリスの物語

ジギタリスは西ヨーロッパ、西アジア及び中央アジア、オーストラレーシア、アフリカ北西部のいたるところに見られる。この植物は自然に生えてもくるが、さまざまな色合いの華やかな穂状の花が咲くことから、庭で栽培されている場合が多い。ジギタリスはキツネノテブクロ（foxglove）とも呼ばれ、なぜそのような名がついたのかは謎で、起源については諸説あるが、いまから一〇〇〇年近く前の一一二〇年に書かれた写本に、すでに植物名としてその名が登場することが知られている。[*1] その魅力とは裏腹に、ジギタリスは邪悪な秘密を隠している。花は美しくても葉には猛毒があるのだ。だが、ここ二〇〇年で毒の評判はいくらか改善されてきている。心不全の治療に使えるとわかったからだ。しかし残念ながら、ジギタリスを医学的に有用なものにしている性質は、一方で人の命を奪うために使われている。

ジギタリス属の植物には配糖体（グリコシド）と呼ばれる化学物質が含まれるが、それは植物性アルカロイドと同様、動物に食べられるのを防ぐためのものだ。ジギタリス属の植物から抽出される配糖体は心臓にある劇的な作用をもたらすことから「強心配糖体」として知られる。アトロピンの名がアトローパ・ベラドンナに由来するように、植物のジギタリスから名を取って、葉からとれる毒もまたジギタリスと呼ばれる。ジギタリスは実際には種類の異なる配糖体の混合物であり、なかでも重要なのが、名前がまぎらわしい「ジギトキシン」と「ジゴキシン」だ。もっとも、いまではジギトキシンが薬として用いられることはめったにない。ジギトキシンはジゴキシンよりも効果が弱いうえ、副作用が強く、体内から排泄されるのにより長い時間を要するからだ（それに、名前に毒を意味する「トキシン」がつくものを、患者は注射されたくないものだ）。そういうわけで、現在ジギトキシンは使われていないが、ジゴキシンのほうは病院で普通に使われている。

ジゴキシンを現在のように薬として用いたのは、一八世紀の医師でイギリスのシュロップシャー州に住んでいたウィリアム・ウィザリングが最初だった。ウィザリングは浮腫に苦しむ患者のための治療法を探していた。浮腫が起きる原因はいくつかあり、なかでも重大なのは心臓の機能不全、つまり心不全だ。いかにも恐ろしげに聞こえるが、心臓の機能が停止するわけではなく、機能けしても効率が悪くなる病気だ。心臓が弱くなる、すなわち効率よく働かなくなると、酸素を含む血液を全身に運ぶ機能が不十分になるだけでなく、心筋が肥厚《ひこう》し硬くなる。また、血液循環が悪くなることで腎臓も正常に機能しなくなる。腎臓の役割のひとつは余分な水分を体内から排出することだ。そのため腎臓が正常に働かなくなると軟組織のまわりに体液がたまり、その結果、下腿や足首、足が膨張し、手足の疼きや痛みにつながる。これが浮腫だ。体液は肺のまわりの空間にもたまることがあり、そうなると肺がうまく膨らまず、息切れや疲労が起きる。それらの症状を一括して、古くから「鬱血性心不全」と呼ばれてきた。

ウィザリングは、森で暮らし心臓病に効く薬草剤を調合しているという女性の噂を耳にしていた。現にその女性の薬草療法を受けたあと、浮腫に苦しむ彼の患者たちの多くが目覚ましい回復を見せた。興味を引かれたウィザリングは女性を説き伏せ、その薬草剤について少し教えてもらったところ、主成分がジギタリスの抽出物であることがわかった。ウィザリングはその後、ジギタリスを使った治療法の実験を開始し、最初は慎重に少ない量から始め、患者の症状が改善するまで徐々に量を増やしていった。現在、ウィザリングが行なったこの研究は薬の臨床試験の第一号、そして彼は新薬発見の先駆者と見なされている。

ジギタリスは少量ならば薬効がありそうだが、量が多いと毒性作用が出てくることにウィザリングは気づいた。いまでもジギタリス（むしろ、そこから派生したジゴキシン）を服用する患者は注意深くモニターされるが、それは治療に役立つジゴキシンの量と有害な副作用を引き起こす量のあいだにほとんど差がないからだ。

死の天使

二〇〇六年三月二日、チャールズ・カレンはニュージャージー州サマセット郡裁判所の法廷に連行され、裁判長に判決を言い渡された。カレンは席に着いたまま身動きもせず、被害者の遺族たちが彼の行為がもたらしたすさまじい犠牲について語るあいだ、かたくなに口を閉ざし床を見つめていた。その態度に憤慨した裁判長は、ついにカレンからなんの反応も引き出せないまま、三九七年間は仮釈放の可能性がない、州刑務所での計一一回の終身刑を宣告した。

警察の取調べで、カレンは一六年のあいだに七つの病院で最大四〇人の患者を殺したと自白していた。だが捜査関係者の多くは、実際は四〇〇人近いだろうと確信している。被害者は全員、カレンが重症患者専門のクリティカルケア・ナースとして働いていた病棟に入院中に亡くなっている。被害者は二一歳から九一歳までの、ほとんど共通点のない男女である。重体の患者もいれば、退院間近の患者もいた。無情な殺人者であったにもかかわらず、カレンの裁判を報じた新聞は彼に「死の天使」というあだ名をつけた。

一九六〇年、チャールズ・カレンはニュージャージー州ウェスト・オレンジで八人きょうだいの末っ子として生まれた。カレンの人生はけっして平穏なものではなく、幼少期に父親を亡くし、母親も彼が一七歳のときに交通事故で亡くなった。実際、チャーリー（彼はそう呼ばれるのを好んだ）はよく、惨めな子ども時代だったと嘆いていた。母親が亡くなるとチャーリーは学校を中退してアメリカ海軍に入隊し、やがて潜水艦に乗り込み弾道ミサイル「ポセイドン」を操作するチームの一員となった。そしてこの時期、彼の不安定な精神状態が周囲に露呈しはじめる。あるとき、チャーリーは勤務時間にいつもの潜水艦乗組員の制服ではなく、医療用キャビネットから盗んだ手術着にマスク、手袋というでたちであらわれた。指揮官たちは当然ながら、こういう人間を弾道ミサイルのそばにいさせるのはまずいと判断し、チャーリーは水上補給艦に転属され、一九八四年にはとうとう医療除隊となった。こうしてまた民間人に戻ったチャーリーは、ニュージャージー州のマウンテンサイド病院看護学校に入学した。

　卒業後、カレンは八カ所の病院で働き、そのうち六カ所で患者に危害を加えたとの疑惑がもたれたが、そうした疑惑が次の雇い主に伝わることはなかった。多くの場合、病院は警察沙汰にはせず不備のあるおざなりな内部調査を実施するにとどめ、決定的な結論は出さずにうやむやにした。病院の経営陣は、人殺しの看護師を雇っていたことが明るみに出てあらゆる訴訟の対象になるのを懸念したのだ。そのため問題を深追いせず、疑惑が浮上するたびにカレンが職場を去り、今度は別の誰かのお荷物になるのを許したのだった。一九九〇年代の深刻な看護師不足もあり、次の勤め先はすぐに見つかった。彼が探したのは人気のない深夜勤務であったため、いくらでも仕事はあった。

　一九九三年、カレンはニュージャージー州フィリップスバーグにあるウォーレン病院で働いていた。他の多くの病院でも、彼は希望するポジションで採用された。誰にも気づかれず容易に人を殺せるポジション──人が死ぬのが珍しくない心臓病棟や集中治療病棟だ。そしてここが重要なのだが、それらの病棟で、カレンはジゴキシンを容易に手に入れることができた。

　ヘレン・ディーン夫人はウォーレン病院に入院している高齢患者で、乳がんの手術を受けて順調に回復し、翌日には退院する予定だった。忠実な息子ラリーは入院中の母親を見舞い、ベッドのそばを片時も離れなかったという。

　カレンが病室に入ってきたときも、ラリーは母親のそばに座っていた。おかしいな、と彼は思った。母親が入院した日から病院には毎日来ていて、同じフロアにいる看護師とはひととおり顔見知りになったが、カレンとは一度も会ったことがなかったからだ。それでも、病室を出るようカレンに求められると、ラリーは言われたとおり部屋を出て、コーヒーを飲みにカフェテリアに向かった。そのとき、カレンの手には巧妙に隠し持った注射器が握られていた。中身は三アンプルのジゴキシン――合わせて一・五ミリグラム、推奨投与量の三倍の量だ。自分はもう退院できる状態だと知っていたヘレンには、まだ薬が必要な理由がわからなかったが、看護スタッフのことは信頼していたため、カレンの注射を受けた。

ラリーが戻ってきたときには、カレンはもういなかった。「ブスッとやられたわ！」とヘレンは文句を言い、ガウンの裾をまくりあげ、カレンに注射された場所を見せた。ヘレンの内ももには、針で刺したような跡が残っていた。ラリーに呼ばれてやってきた医師はろくに傷を見もせず、「虫刺されでしょう」と言った。

翌朝、ヘレンは退院する予定だったが、それは実現しなかった。急激に体調が悪化し、大量の汗をかいて消耗していた。心拍が乱れに乱れ、ついに鼓動が止まると、もう蘇生させることはできなかった。すっかり動揺したラリーが母の主治医の腫瘍専門医を問いただすと、ヘレンには注射の予定などなかったという。ラリーは他の看護師たちに苦情を言い、そのとき謎の男性看護師の名前を知った。ラリー・ディーンはいま、母親の身に何かが起き、その責任はチャールズ・カレンにあると確信していた。彼はウォーレン郡検察局に通報し、母親が殺害され、その犯人を自分は知っていると告げた。

カレンはヘレン・ディーンの主治医、病院の経営陣、看護部門の上司、さらにウォーレン郡検察局の重大犯罪課の捜査官から事情を聴かれた。彼らはみな、カレンがヘレンの死に至るまでの経緯を丁寧に説明すると期待していた。ところが、ヘレンには何も注射していないと否認し、ポリグラフ検査もクリアした。そのころ、監察医務局はヘレンの脚に残る注射痕のまわりの組織を採取し、一連の試験を実施していた。致命的となりうる約一〇〇種類もの化学物質の存在が調べられたが、なぜかジゴキシンは見落とされた。結果、なんの化学物質も発見されず、自然死と判断された。それでも母は殺されたのだというラリーの確信は変わらず、彼は人生最後の七年間を費やし、カレンの有罪を証明しようとしていた。二〇〇一年に亡くなったとき、ラリー・ディーンはまだ母親が殺されたことを証明しようとしており、彼の自宅の冷凍庫からは亡き母の血液と組織のサンプルが見つかった。カレンがヘレン・ディーン殺害の罪で有罪判決を受けるまでには、さらに五年の月日を要することになる。

一九九八年一二月、カレンが看護師としてフィラデルフィアのイーストン病院に勤務していたころ、七八歳になる製鋼会社ベスレヘム・スチールの元作業員オットマー・シュラムは脳卒中の発作を起こし、介護施設からイーストン病院に搬送された。シュラムの娘クリスティーナは、父親のようすを見にやってきた男性看護師をなんとも思わなかったが、「いくつか検査をする」ためにシュラムを病室の外に連れていかなければならないと言われ、少し不安になった。手に持っている注射器は「万が一、(彼女の父親の)心臓が止まったときのため」のものだと看護師は言った。集中治療病棟の患者はたいてい、水分補給用の点滴につながっているため薬の投与も容易だ。カレンはすでにあるものを利用して、生理的食塩水の入った点滴バッグにジゴキシンを注入すればよく、あとはゆっくりと容赦なく、薬剤が一滴ずつシュラムの血流に送り込まれた。

次にクリスティーナが父親に会ったとき、彼はひどく具合が悪そうで、入院したときよりもはるかに悪い状態に見えた。心拍は不規則で明確なパターンもなく乱高下し、血圧は急激に低下し、容赦ない悪循環におちいっていった。そんなとき、クリスティーナは父親の主治医から奇妙な電話を受けた。院内の誰かが、許可なくシュラムの血液検査を依頼し、その結果、ジゴキシンが検出されたというのだ。オットマー・シュラムにジゴキシンは処方されておらず、それどころか、彼はペースメーカーを装着しているためジゴキシンは禁物だった。ところが、シュラムの血液中にはジゴキシンが存在するばかりか、その濃度はとてつもなく高かった。午前一時二五分、クリスティーナは再び電話を受けた。血液内のジゴキシンは陽性のままで、父親は息を引き取っていた。

調剤マシンの悪用

カレンは、インスリンやリドカインといった他の薬剤を用いて患者を殺すこともあったが、好んで使ったのは強力な心臓治療薬のジゴキシンだった。ジゴキシンは集中治療病棟ならば容易に調達できるうえ、それを入手したことを隠蔽する方法を彼は見いだしていた。

薬剤は単なる鍵のかかる戸棚ではなく、〈ピクシス・メドステーション〉という、コンピュータで制御された可動式キャビネットに保管されていた。上部にモニターとキーボードがついた金属性の大型レジのようなものだが、レジとの違いは、出てくるのが現金ではなく薬である点だ。このマシンを使うと看護師ごとに薬剤の使用状況を能率よく追跡できるほか、取り出した薬剤はすべて患者のアカウントとリンクしているため請求が簡素化でき、さらに薬剤の残量が減って補充が必要になると薬局に自動的に通知が行くことから、病院の経営陣はこのマシンが気に入っていた。しかし、どのような装置にも言えることだが、導入するとまもなく、その弱点を見つけて出し抜こうとする者があらわれる。チャールズ・カレンは原子力潜水艦に乗務していただけあって、テクニカルな装置の扱いは得意だった。

だが不思議なことに、カレンが〈ピクシス〉を使ってジゴキシンを入手した記録はなかった。自分が担当する患者用にジゴキシンをオーダーすれば、そのあとすぐにキャンセルしても薬剤が入った引き出しが前に飛び出すことに彼は気づいた。そのため、取り出した記録をシステムに残さずにジゴキシンを入手することができたのである。のちの捜査で、カレンが〈ピクシス〉からジゴキシンを取り出した記録は一件もないが、異様に多い数のオーダーをキャンセルしていることが判明した。調査でハッキングの事実が露見しつつあるとカレンが察した時点でオーダーのキャンセルはぴたりと止まったが、残念ながら殺人のほうは止まらなかった。ジゴキシンの代わりに、カレンは解熱鎮痛剤のタイレノールを大量にオーダーするようになったようだ。しかし彼はなぜ、一度にたった一錠のタイレノールを入手するために、わざわざ〈ピクシス〉にログインしていたのか？　別の看護師が〈ピクシス〉でアセトアミノフェンをオーダーして初めて、カレンの企みが明らかになった。看護師が「ENTER」を押すと薬剤の入った引き出しがぱっと飛び出し、アセトアミノフェン（タイレノールの成分である薬物の化学名）のそばにはジゴキシンがあった。アセトアミノフェンとジゴキシン（digoxin）は「A〜D」の引き出しに入っており、カレンはアセトアミノフェンをオーダーし、実際にはジゴキシンを取り出していたのである。

カレンの逮捕

二〇〇二年九月、カレンはクリティカルケア・ナースとしてニュージャージー州のサマセット病院に採用された。驚くべきことに、この病院の人事部はカレンの忌まわしい過去を知らず、彼が他の六つの病院から解雇や退職勧奨を受けていたことも、患者に危害を加えたとして調査が行なわれていることも知らなかった。カレンの新たな雇い主たちは、彼がすでに何十件もの殺人経験を積み、サマセット病院で働きはじめた暁《あかつき》にはさらに何十件もの殺人を犯すであろうなどとは思いもしなかったのだ。

フロリアン・ゴール神父は、サマセット病院の集中治療室に入院した。リンパ腺の腫れと三八度近い発熱は、いずれも重篤な細菌感染症の症状だ。肺に細菌が侵入して肺炎を起こしていたため、ゴールは人工呼吸器につながれた。また、心臓にも心房細動の兆候が見られた。心房が血液で満たされる前に小刻みに収縮し、肺や身体に十分な血液が送り込めなくなる症状だ。心臓の動きを緩やかにするために、心臓専門医がジゴキシンを処方した。だが、その効果が得られるのはもちろん、ジゴキシンの量が適正である場合に限られる。

最初のうちは薬の効果で状態が改善したかに見えたが、夜が更けるころには息苦しそうにあえぐようになっていた。いつもの一定したリズムとは対照的に、ゴールの心拍は乱れ、心臓が痙攣したようになりうまく拍動できなかった。心臓の無秩序な収縮により酸素が全身に行き渡らず、そのため息苦しさが生じていたのだ。六月二八日の午前九時三二分、神父の心臓は不意に停止した。救急蘇生チームがすぐに出動し、それから三〇分のあいだ蘇生を試みたが、懸命の努力もむなしくゴールの心臓は反応せず、午前一〇時一〇分に死亡が確認された。

ゴールの死亡時に行なわれた血液検査ではジゴキシンの血中濃度が並外れて高く、彼の検査報告書からは不穏な物語が浮かび上がった。六月二〇日のジゴキシン濃度は一・二、二二日は一・〇八、二三日は一・三三だった。ところが二八日の早朝に採った血液では九・六一に跳ね上がっていた。この数値が二・五を超えると有害とされる。

ニュージャージー州毒物管理センターの所長を務めるスティーヴン・マーカス博士は、サマセット病院の薬剤師からの電話でジゴキシン濃度が短期間で急激に跳ね上がる要因を問われ、ジゴキシンの過剰投与に気づいた。あまりにも異常な数値であったため、マーカスはすぐに犯罪を疑った。彼はサマセット病院の経営陣と電話で話し、警察に通報する必要があると主張した。しかし病院側は、警察沙汰にして「病院全体を大混乱におとしいれてしまう」[*2]のを懸念し、性急に何らかの判断を下す前に内部調査を実施したいと望んだ。最終的には病院側も警察への通報に同意したが、それまでに三カ月を要した。

サマセット郡の捜査官が病院の経営陣と会い、集中治療室で起きた死亡事故について話し合った。〈ピクシス〉の記録を見せてほしいという捜査側の求めに対し、記録は三〇日分しか保存されないため見ても無駄だと病院側は答えた。ところが〈ピクシス〉の製造元であるカーディナル・ヘルス社から捜査陣に伝えられた情報によると、病院側の主張とは異なり、実際は三〇日以上経過しても記録は消えていなかった。カレンが〈ピクシス〉から薬剤の異常な引き出しをしていた決定的な証拠を手に入れた捜査陣は、カレンが第一容疑者である旨をサマセット病院に伝えた。これに対し病院側は、カレンを解雇することで事件から遠ざかろうとした。

カレンは解雇され、病院側も協力的ではなかったため、捜査陣はサマセット病院の集中治療室で働く看護師に接触した。その女性看護師はカレンの友人で、よく一緒に夜勤をしていた。結果的に彼女が非常に貴重な情報源となり、警察は十分な証拠を得て、ついに一二月一二日にカレンを逮捕するに至ったのである。取り調べ中、カレンは長きにわたる殺人三昧《ざんまい》を告白し、それが二〇〇六年の判決につながった。

カレンの周囲で起きた死に疑惑が生じると、どの病院もみな彼を排除することばかりを考えた。そのため、退職するたびにカレンは当り障りのない推薦状を与えられ、また別の病院で看護師の職を得ることができた。そしてまた死者が出て、疑惑が持ち上がり、退職し、推薦状が与えられるというパターンが何度もくり返されたのである。病院の経営陣が訴訟のリスクよりも患者の身の安全に配慮していたなら、どれだけの命が救われたかわからない。二〇〇五年、ニュージャージー州知事は「医療従事者の責任及び報告に関する州法（the State Health Care Professional Responsibility and Reporting Act）」に署名した。これは病院に対し、医療従事者による疑わしい行為は取締機関に報告すること、また医療関係の免許保持者について犯罪歴調査を行なうことを義務付けたものだ。この新たな法律は「カレン法」とも呼ばれている。

傷ついた心臓《ブロークン・ハート》の問題

心臓は、一時間に約四八〇〇回も収縮して全身に血液を循環させる驚くべき臓器だ。一年に四二〇〇万回鼓動し、八〇歳まで生きればその数は三〇億回を超える。一日に心臓を通過する血液は約二〇〇〇ガロン（約七五七〇リットル）。一般的なドライバーが一年間に使うガソリンが六〇〇ガロン程度（約二二七〇リットル）だから、これと比べるとどれだけ多いかがわかるだろう。

心臓は全身に血液を送り込む単純なポンプだと思われがちだが、じつは二つのポンプで構成されている。心臓の右側は全身から戻ってくる酸素を失った血液を肺に送り込み、そこで赤血球が酸素を取り込む。肺を通った血液は心臓の左側に戻り、酸素を取り込んだ血液が全身に送り出される。心臓の右側と左側はさらに、小さな「心房（atria）」（ラテン語で「入口の間」を意味する）と大きな「心室（venticles）」（ラテン語で「部屋」を意味する）とに分かれている。血液はまず心房に入り、そのあと心室に押し込まれて右心室からは肺へ、左心室からは全身に送られる。

心房の収縮が効率的に行なわれるためには、心室の収縮とのタイミングがぴったり合わなければならない。そうすれば心房からの血液が心室を完全に満たしたところで今度は心室が収縮を始め、そこでリセットされてまた新たな収縮のサイクルが開始される。このような調和のとれた収縮をつかさどるのが心臓を伝わる電気信号であり、それが正しく発信されなくなると心房と心室の収縮がたちまち乱れ、大混乱におちいるのは想像に難くない。調和のとれた収縮が一巡するのにかかる時間は一秒以下だ。心室の収縮は驚くほど強く、たとえば刃物で刺されるなどして大動脈（心臓の左側から出ている太い動脈）が切断された場合、傷口から三メートルも血が噴き出すことがある。

ジゴキシンの薬効と命を奪う仕組み

ジゴキシンは二つの方法で心不全に効果をもたらす。各サイクルの収縮を強める方法と、心臓を電気信号が伝わる速度を遅くする方法だ。心臓の大部分は心筋細胞という特殊な細胞でできており、実際に収縮し心臓から血液を絞り出しているのがこの細胞である。心臓を含め、すべての筋細胞は正常に働くためにカルシウムを必要とする。カルシウムといえば単に歯や骨に必要なものと思われがちだが、実際は体内でさまざまな役割を果たしており、そのひとつが筋肉の収縮だ。

心臓の鼓動におけるカルシウムの重要性は、イギリスの生理学者シドニー・リンガーによって一八八〇年代に発見された。カエルの心臓をより詳しく研究するために、体内から取り出したあとも鼓動を維持させる方法を探っていたリンガーは、心臓を浸す溶液にカルシウムが含まれていないと心臓が正常に鼓動しないことに気づいた。一方、カルシウムが含まれる場合は、正常な鼓動が最大五時間も続いたのである。心臓の動きを維持するためにリンガーが行なった初期の実験は、数年後にオットー・レーヴィが行ない〝スープとスパーク〟の論争（第二章参照）に終止符を打つことになる研究にとって不可欠なものだった。

ジゴキシンのような強心配糖体は、心筋内のカルシウム量を増やし収縮を助ける役目をもつ。カルシウムの量が多いほど心筋の収縮は強くなる。ジゴキシンはその役目を、細胞膜に組み込まれた二つのタンパク質の働きを阻害するという、やや遠回りな方法で果たす。その二つとは、ナトリウムポンプとナトリウム・カルシウム交換系だ。

ナトリウム・カルシウム交換系はその名のとおり、ナトリウムとカルシウムを交換する働きをする。ナトリウムが細胞内に入ったら、それと引き換えにカルシウムを追い出さなければならない。そのためナトリウムが入ってくればくるほど、心筋の収縮を助けるカルシウムの量は少なくなる。では、入ってくるナトリウムの量を減らす方法があるとしたらどうだろう？

そこで登場するのがジゴキシンだ。ジゴキシンはナトリウムポンプと呼ばれるタンパク質の働きを止める。ナトリウムポンプの仕事のひとつは、ナトリウム・カルシウム交換系にナトリウムを供給することだ。ナトリウムポンプが働かなければ、ナトリウム・カルシウム交換系も働かない。心筋内のカルシウムが多いほど心拍は強く効率的になるため、心不全の患者にとっては非常に有効だ。しかしこれから見ていくように、ジゴキシンは有害な副作用を起こす可能性がある。というのも、ナトリウムポンプは全身のほぼすべての細胞に存在するからだ。そのためジゴキシン中毒の症状は、めまい、精神錯乱、吐き気、嘔吐、そして後述するように目のかすみなど、多岐にわたる。そうした副作用を防ぐにはもちろん、ナトリウムポンプの働きを完全に停止させるのではなく、必要最低限に抑えることが重要だ。

カルシウム濃度への作用だけが、ジゴキシンが心臓を助ける方法ではない。すでに述べたように、心臓には電気的な信号伝達によって心房と心室を協調的に収縮させるシステムが備わっている。この電気信号に混乱が生じ不適切なメッセージが伝わると、心拍が乱れ効率の悪いものになる。よくあるのが心房細動で、心房が急速かつ不規則に収縮したときに起き、その結果、心房と心室が連動せずばらばらに収縮することもある。

ジゴキシンは電気信号の伝達を遅らせて心臓を落ち着かせ、協調的な収縮を回復させる。心筋細胞内のカルシウム濃度を高め、心臓の信号伝達を緩やかにすることで、ジゴキシンなどの強心配糖体は心臓の収縮を強めることができる。収縮が強くなればそれだけ一回の拍動がより効率的になり、鬱血性心不全の症状は徐々に改善される。

しかし、ジゴキシンはいわゆる〝治療域〟が狭い。ジゴキシンが患者に治療効果をもたらす量と深刻な問題を引き起こしかねない量の差が非常に小さいのだ。適量のジゴキシンは心筋の収縮を強めるのにちょうどいい量だけカルシウムを増加させるが、ジゴキシンの量が多いとカルシウム濃度が高くなりすぎ、異常値に達すると心臓内の電気信号に問題が生じはじめる。ジゴキシンは心臓の動きを速める信号を著しく強めてしまう可能性があるのだ。その結果、心拍がどんどん速くなって一貫性を失い、やがて収縮が不規則になり、最終的には心臓が停止してしまう。ジゴキシンが心臓に入る信号を変化させると、心臓内の信号にも影響が及ぶ。心房が心室よりも先に収縮する必要があるのはこれまで見てきたとおりで、それを部分的に担っているのが心臓内にあり心房から心室に伝わる信号の中継基地の役割を果たす房室結節という特殊な組織だが、有害なレベルのジゴキシンによってその機能が失われてしまう。医師はこれを「房室ブロック」と呼ぶ。房室ブロックが起きると、めまいや息切れ、胸痛、脈が飛ぶといった不快な症状があらわれる。これを治療せずに放置すると不整脈が恒常化し、いずれ収縮が完全に止まり「心停止」状態となる。

心臓が衰弱し麻痺すると、酸素を含んだ血液が全身に運ばれなくなり、息切れが起きる。脳は一時的な意識障害《ブラックアウト》を起こし、ついには完全に意識を失ってしまう。こうして脳が死に、心臓も止まり、ジゴキシン中毒者は死亡を宣告される。

ジゴキシンと一億ドルの絵画

前述のとおり、ナトリウムポンプは身体のすべての細胞に存在するが、特に多いのが目の網膜細胞で、多いときにはひとつの細胞にナトリウムポンプ分子が三〇〇〇万個も存在する。

網膜細胞には桿体《かんたい》細胞（棒細胞）と錐体《すいたい》細胞の二種類がある。桿体細胞は光の少ない場所での視覚をつかさどり、ごくわずかな光にも反応する驚きの感度をもち、たった一個の光子でも検出できる。そのかわり桿体細胞は光の波長の違いを検出できないため、濃淡の異なる灰色でしか世界をとらえることができない。一方の錐体細胞は光に対する感度ははるかに低いが、色を判別できるという大きな長所をもつ。錐体細胞は赤、緑、青の光を感じ取り、各錐体がどれだけの刺激を受けたかによって、私たちはあらゆる色を見ることができるのである。脳は桿体細胞と錐体細胞からのすべての信号をみごとに統合し、カラフルな世界の像をつくりあげる。

錐体細胞はジゴキシンに対して桿体細胞の五〇倍の感度をもつため、ジゴキシンは夜間視力よりも色を見分ける能力に多大な影響を及ぼす。鬱血性心不全の治療でジゴキシンを服用する患者が訴える副作用のなかで最も多いのが、目のかすみ、斑点のちらつき、黄視（ものの周囲に黄緑色の光輪が見える）などの視覚障害だ。

フィンセント・ファン・ゴッホの有名な〈星月夜〉——一億ドルの価値をもつと言われるこの絵のきわだつ特徴は、夜空の星を囲む黄色い輪だ。〈夜のカフェ〉や〈黄色い家〉など、この独創的なオランダ人画家の絵の多くは、黄色の多用が非常に特徴的だ。ゴッホは単に黄色が好きだったのか、それとも何らかの疾患の影響を受けていたのだろうか？

この問いに対する答えのひとつとして、ゴッホはジギタリス中毒だったという指摘がある。ゴッホがうつ病と癲癇《てんかん》を患っていたのは有名な話で、当時の医師のあいだでは、ある種の症状に非常に効果がある薬は別の症状にも効くだろうという考えが一般的だった。ゴッホにジギタリスが処方されたことを示す記録はないが、〈医師ガシェの肖像〉を含む主治医を描いた二枚の肖像画には、植物のジギタリスを握る医師の姿が描かれている。

ジゴキシン中毒の解毒剤

偶発的なジゴキシンの過剰摂取や意図的な中毒が起きた場合は、すでに私たちが出会ったある驚きの薬剤が役に立つ。それはアトロピンである。ジゴキシンの過剰摂取は心停止につながることを思い出してほしい。一方のアトロピンは心臓の動きを速めるため、ジゴキシンの毒性作用を相殺できるのだ。もうひとつ、現在ジゴキシンの過剰摂取に対してより一般的に用いられているのがヒツジから分離された抗体で、こちらは血液内のジゴキシンを探し出して不活性化させる働きをもつ。このフェニトインは広く使われている抗癲癇《てんかん》薬だが、体内のジゴキシンの代謝を促進することから、意外にもジゴキシンの過剰摂取の治療としても用いられるようになった。

本章では、ジゴキシンが細胞のナトリウムポンプの機能を停止させ、細胞内のナトリウムとカルシウムの濃度に影響を及ぼす仕組みを見てきた。ナトリウムポンプは「ナトリウム・カリウムATPアーゼ」とも呼ばれるが、それはナトリウムだけではなく、細胞内のカリウムの濃度も変化させるからだ。ジゴキシンがナトリウムポンプ（ナトリウム・カリウムATPアーゼ）を阻害するとカリウムが細胞から漏れ出し、カリウムの血中濃度が高まる。次章で説明するように、血中カリウムの増加は致命的な結果を招きかねない。

第七章　シアン化合物とピッツバーグの大学教授

いえ、違います、お酒、お酒に！　ああ、ハムレット！　お酒、お酒に毒が。
ウィリアム・シェイクスピア『ハムレット』〔松岡和子訳、筑摩書房、一九九六年〕

最も有名な毒

青酸カリをはじめとするシアン化合物はこの世で最も有名な毒物のひとつであり、数々のスパイ小説や殺人ミステリに登場し、ほぼ瞬時に死をもたらすものとして知られている。ミステリの女王アガサ・クリスティーはシアン化合物の作用を熟知し、この毒を使って一八人もの登場人物を殺したほか、七五ある作品のひとつに *Sparkling Cyanide*〔邦題は『忘られぬ死』〕というタイトルさえつけた。また、探偵小説家レイモンド・チャンドラーの代表作『大いなる眠り』では、ある情報屋が青酸カリ入りのウイスキーで殺される。ネヴィル・シュートの『渚にて』は破壊的な核戦争後のオーストラリアの生活を描いた小説だが、そのなかでオーストラリア政府は、国土上空に迫りくる放射線塵の雲によって苦しみながらじわじわと死を迎えるよりも素早く容易に命を断てるよう、国民にシアン化合物入りカプセルを配る。同じくスパイ小説に出てくる諜報員も、万が一捕らえられたときに飲むためのシアン化合物を渡されていることが多い。イアン・フレミングのジェームズ・ボンドも他の諜報員と同様にカプセルを支給されたが、案の定、ボンドはそれをぽいと投げ捨ててしまった。

現実の世界でも、シアン化合物を使った殺人や自殺は人々の好奇心をかきたて、同時に戦慄を与える。殺人の道具としてのシアン化合物は、史上最悪の犯罪のいくつかに関わっている。第二次世界大戦中、シアン化水素はアウシュヴィッツ＝ビルケナウとマイダネクの強制収容所に入れられた何千人もの人々をガスで殺すために使われた。これは、いわゆる〝最終的解決〟の一環として行なわれたものだった。

ドイツの敗色が濃厚になると、シアン化カリウム（青酸カリ）入りのガラス製カプセルが、恐るべきナチス親衛隊（SS）の指導者ハインリッヒ・ヒムラーやドイツ空軍総司令官ヘルマン・ゲーリングらナチス幹部が好む自殺方法となった。また、妻エヴァ・ブラウンが青酸カリで自殺するのを目撃したあと、アドルフ・ヒトラーは自らも青酸カリを飲み込んでピストル自殺し、ついに第三帝国の夢に終止符が打たれた。

近年では、一九七〇年代初頭のサンフランシスコで、カリスマ的なカルト指導者ジム・ジョーンズが多くの信者を集めた。彼はカリフォルニア州レッドウッド・ヴァレーに寺院を設立し、自分はガンジー、イエス・キリスト、ブッダ、そしてレーニンの生まれ変わりだと説きはじめた。一九七〇年代半ばになると、一家そろって入信した者も含めて数百人の信者を得たジョーンズは、南米ガイアナの新たなユートピア、〝ジョーンズタウン〟と名付けた地に創設した人民寺院に人々を移住させた。そして一九七八年、ジョーンズタウンの寺院をめぐる人権侵害や厳しい処罰の問題が浮上する。告発の調査のため、その年の一一月、レオ・ライアン下院議員は他の政府当局者やジャーナリストとともにガイアナに赴いた。

当初、ジョーンズは調査団を歓迎し、ジョーンズタウンの中央パビリオンでレセプションを開いたが、ライアン議員がナイフを持った信者にいきなり切りつけられ、数カ所に傷を負った。負傷しながらも、ライアンは調査団の他のメンバーたちと一緒に逃げ、ジョーンズタウンの近くの小空港で二機のセスナ機に乗り込んだ。ところが搭乗して数分後、武装グループがあらわれ、ライアンほか四人を殺害した。ジョーンズはその日のうちに、三〇四人の子どもを含むジョーンズタウンの居住者九一三人を集め、「革命的行為」を実行するよう指示を出した。青酸カリを入れたグレープ味の粉ジュース〈クールエイド〉が注がれたコップが配られ、子どもたちには親の手でその飲み物が与えられ、看護師たちが注射器を使って赤ん坊の口に死の混合物を垂らした。こうして合計九〇九人が殺され、そのうちの三分の一が子どもだった。「クールエイドを飲む」という表現は、ある思想や人物への盲目的な服従や忠誠を示すことを指す慣用句として、アメリカではいまも一般的に使われている。

シアン化合物と顔料

「cyanide」（シアン化合物）という名称は、ギリシャ語で「濃い青色」を意味する「kyanos」に由来するが、そこには少々回りくどい経緯があった。ルネッサンス期、青い顔料はすべて半貴石の鉱物であるラピスラズリが原料だった。そこから得られる顔料は非常に高価で、同じ重量の金の五倍以上の価値をもつと言われ、そのため美術品において青は非常に慎重に用いられた。

この〝青の問題〟の解決策は、プロイセン王国で顔料職人をしていた画家のハインリッヒ・ディースバッハによって一七〇四年に偶然発見された。そのころ、ディースバッハは赤色顔料「Florentine lake（フィレンツェの湖）」の製造を急いでいた。この顔料はコチニールカイガラムシ、ミョウバン、硫酸鉄、そしてカリ（炭酸カリウム）を煮たててつくる。最後のカリ以外、必要なものはすべて揃っていたが、少々金欠であったことから、彼は安いカリを買うことにした。このごまかしに喜んで協力したのが錬金術師のヨハン・コンラート・ディッペル[*1]、一五〇年後に偉大なる興行師P・T・バーナムが唱える「カモになる人間はいつだっている」という概念をすでに熟知していた人物である。現にディッペルの在庫にはカリがあったが、動物油（生き物の血とさまざまな部位の不快な混合物）で汚染されており、捨てるつもりでいた。これで無駄にならずにすむとディッペルは汚染されたカリをディースバッハに売り、この取引で得をしたと双方が信じていた。

　ディースバッハが家に帰ってさっそくほかの材料に硫酸鉄と汚染された安物のカリを加えて煮込んでみると、鮮やかな赤になるはずが、くすんだ鉄さびのような不気味な色になった。そこで彼は、もっと長く加熱して濃縮すれば希望どおりの赤になるだろうと考えた。すると実際に紫がかった色に変わったが、そのあと赤にはならず濃い青になった。いったい何を売りつけられたのか確かめようと、ディースバッハは急いでディッペルのところに戻った。

　この新たな合成顔料にビジネスチャンスを見いだしたディースバッハとディッペルはすぐさま手を結び、プロイセンの宮廷画家に売るための青い顔料を大量につくった。ディースバッハは新たな顔料を「ベルリンブルー」と名付けたが、その後イギリスの化学者たちが、よりなじみの深い「プルシアンブルー」（プロイセンの青）に名称を改めた。そのころすでに、この新たな青色は広く普及し、プロイセン軍の軍服を染めるのに使われていたからだ。

のちの化学的分析で、青色顔料の分子の中心にシアン化合物があることがわかった。では、プロイセン軍はなぜシアン化合物中毒で全滅しなかったのだろうか。たしかにシアン化合物は単独では非常に危険だが、より大きな分子に組み込まれると致死性を失うため、青色顔料は安全な分子だったのである。新たに誕生した青い顔料はまたたくまに大評判となり、画家たちは斬新な青を作品に使いたがった。ヴェネツィアの画家カナレットはこれをいち早く採用し、一七四七年に描いた〈ウェストミンスター橋〉のドラマチックな空に用いた。また、誕生から二〇〇年後を見ても、この顔料なしにパブロ・ピカソの〈青の時代〉は存在しえなかったであろうし、ゴッホはジゴキシンの章でも取り上げた〈星月夜〉を描けなかっただろう。皮肉なことに、いまや値踏みできないほどの価値をもつ〈星月夜〉だが、ディースバッハとディッペルがいなかったなら、貧しかったゴッホにはこれほど青を多用した絵は描けなかっただろう。

プルシアンブルーの発見から八〇年後、フランスの化学者ピエール＝ジョセフ・マケールとスウェーデンの化学者カール・ヴィルヘルム・シェーレは、ある日の午後、よほど暇を持て余していたのか、プルシアンブルーに酸を混ぜて熱してみたら面白いだろうと考え、どうなるか試してみることにした。その結果彼らが得たものは酸化鉄（いわゆる鉄さび）と、色がない謎の湯気だった。ほとんど目には見えないが、湯気はかすかにアーモンドの匂いがした。彼らが生み出したこの気体はシアン化水素で、冷却して水に溶かすと非常に強い酸が発生した。この酸は初め「プルシアン酸」と呼ばれたが、のちの化学者たちはより正式な化学名である「シアン化水素酸」という呼び名を好んだ。

シアン化合物は炭素原子一個と窒素原子一個が結合しただけの単純な分子で、鉄、コバルト、金を含む多くの金属と結合する。じつはシアン化合物は金と反応する数少ない化学物質のひとつであり、鉱石から金を抽出するのに用いられるのはそのためだ。毒性をもつシアン化合物は固体、液体、気体の形で存在する。固体のシアン化合物は白い結晶で、しばしばナトリウムやカリウムと結合し、シアン化ナトリウムやシアン化カリウムとなる。また、水素と結合してシアン化水素をつくることもできる。シアン化水素は冷やすと淡い青色の液体になるが、非常に揮発性が高く、室温でもほぼ気体として存在し、かすかにビターアーモンドの匂いがする。シアン化合物はいずれの形態でも猛毒で、たとえばシアン化カリウム（青酸カリ）なら、五〇～一〇〇ミリグラム（ティースプーン一杯の一〇〇分の一程度）というわずかな量でも大人ひとりを死に至らしめることができる。[*2]

だが意外にも、シアン化合物は単体ではなくより大きな分子の一部である場合、形態によっては完全に無害になる。たとえば顔料のプルシアンブルーに含まれるシアン化合物はいたって安全で、イギリスの画家ゲインズバラはその顔料を使って『青衣の少年』を描いたが、卒倒して即死するようなことはなかった。ある種の大型分子に組み込まれたシアン化合物は安全であり、つまり毎日マルチビタミンを飲んでいる人はビタミンB12（シアノコバラミン）と強固に（そして安全に）結合したシアン化合物を飲み込んでいることになる。同様に、世界中で何百万人もの人々が服用しているうつ病や胃酸逆流の治療薬にも、安全に結合したシアン化合物が含まれている。

食品に含まれるシアン化合物

シアン化合物はいかにも致死性が高そうだが、じつはアーモンドやライマメ、大豆、ほうれん草、タケノコなど、驚くほど多くの食品に含まれている。また、桃、サクランボ、リンゴ、ビターアーモンドといったサクラ属の植物の種や核はすべてシアン化合物を含んでいる。少量ならば食べても健康に害はなく、現に、たいていの人はたまにリンゴの種を飲み込むことがあるが、なんの悪影響もない。人間には食品に含まれる少量のシアン化合物を処理するメカニズムがあるからだ。体内のほぼすべての細胞にはロダネーゼという酵素があり、これがシアン化合物をチオシアン酸塩という無害な化学物質に変換して無毒化し、チオシアン酸塩は腎臓で安全にろ過されて尿のなかに放出される。人間は二四時間で約一グラムのシアン化合物を処理することができる。問題が発生するのは、急に大量のシアン化合物が流入し身体に負担をかけたとき——とりわけ、そのシアン化合物が殺人を意図したものであるときだ。

たいていの殺人犯は殺そうとする相手にシアン化ナトリウム（青酸ソーダ）かシアン化カリウム（青酸カリ）の結晶を飲ませる。どちらも非常に溶けやすいが、可溶性はシアン化カリウムのほうが一〇倍高い。それでも、いずれかをコーヒーやワインに少量溶かすだけで十分な殺傷力を発揮する。少量ですむため匂いも味もなく、毒を盛られた側は何も気づかない。飲み下されたシアン化合物の結晶は胃酸に触れ、ここでシアン化ナトリウムもしくはシアン化カリウムはシアン化水素酸（青酸）となって重度の化学火傷を引き起こす。苛性熱傷が食道ではなく胃にできるということは、苛性すなわち組織に対し強い腐食性をもつものを飲んだのではなく、原因となるものが胃で発生したことを示唆し、これがシアン化合物の決定的な指標となる。また、固体または溶解したシアン化合物の結晶が胃酸と出会うとシアン化水素ガスも発生する。このガスは吸収され、血流に乗って全身に運ばれる。ようするに、固体、液体、気体のいずれの形であれ、被害者は最終的に命を奪われることになる。

電信ケーブルに首をくくられる

被告人側弁護士の仕事は必ずしも依頼人の無実を証明することではなく、陪審員の心に疑いの種をまくことだと言われてきたが、ジョン・タウェルの弁護士の場合は、疑いの種のほかにリンゴの種までまいてしまった。

ジョン・タウェルは、ロンドンにあるヴィクトリア朝初期のクエーカー教コミュニティで働き、妻のメアリーと幼いふたりの子どもを養っていた。しかし当時の幼児死亡率は驚くほど高く、タウェルの息子たちも幼くして世を去った。悲嘆に暮れたメアリーは病気になったが、その原因は悲しみと汚染された空気の両方であった可能性が高い。タウェルはサラという魅力的な若い看護師を雇い、妻の介護と身の回りの世話をさせたが、看病の甲斐なく、メアリーもまた、下の息子が亡くなってわずか数カ月後に帰らぬ人となった。するとタウェルは、メアリーを埋葬していくらもたたないうちに妻の看護師と関係をもち、婚外子をふたりもうけた。

タウェルは愛人と子どもたちをスラウ（ロンドンから三〇キロ余り西に位置する大きな町）に近いソルトヒルの家に住まわせて定期的に訪れ、週一ポンド（現在の約八〇ポンド、一〇〇ドル）の生活費を渡していた。しかし、一八四三年になるとタウェルは深刻な財政難におちいり、愛人に渡す生活費はわずか週一ポンドであったにもかかわらず、「一ペニーの節約は一ペニーの儲け」というベンジャミン・フランクリンの言葉を痛切に感じた。サラがいなくなれば、週に二四〇ペンスも節約できるのだ〔一ポンドは二四〇ペンス。ペンスはペニーの複数形〕。

一八四五年の一月一日、タウェルは薬局に行き、静脈瘤の治療薬の〈スティール酸〉を二瓶購入したが、この薬剤はたまたまシアン化水素酸を原料としていた。タウェルはその足でパディントン駅に向かい、近くのホテルで買った黒ビール一本を持って、愛人と会うためにスラウ行きの列車に乗り込んだ。それからの一時間ほどで何が起きたのかはいまだ謎だが、タウェルはサラの注意をどこかに向けて、そのあいだに彼女のビールにシアン化水素酸を入れたと思われる。その後まもなく、大きな叫び声とうめき声を聞いた隣人のアシュリー夫人が窓から外を見ると、サラの家をよく訪ねてくるタウェルが駅のほうに向かって足早に去っていくのが見えた。

心配になった夫人が隣家に駆けつけると、サラは苦しみながら床をのたうち回り、口から泡を吹いていた。アシュリー夫人はすぐに医者を呼んだがすでに遅く、医者が到着する前にサラはこと切れた。タウェルにとって不運だったのは、アシュリー夫人が助けを求めたのはその医者だけではなかったことだ。E・T・チャンプンス牧師は夫人の求めに応じ、タウェルが逃げ出す前に止めようと人相書きを持ってスラウの駅に走った。しかし牧師が駅に到着したとき、タウェルはロンドンのパディントン駅に向かう午後七時四二分発の列車にちょうど乗り込んだところだった。列車は一時間ほどで目的地に到着する。

もうタウェルに追いつくことはできないし、ロンドンに到着すれば彼は人混みにまぎれてしまうだろう。だがタウェルは知らなかったが、スラウは新しい電信システムを備えた数少ない駅のひとつだった。牧師はぱっとひらめいた。電信ならばタウェルが着くよりもずっと早くパディントンに届くはずだ。牧師は次のようなメッセージを送った。「ソルトヒルで殺人事件が発生、容疑者はロンドン行きの一等席の切符を購入し、午後七時四二分発ロンドン行き列車に乗り込むのが目撃されました。クエーカー教徒の服装をして、一等席の二両目、最後尾のコンパートメントに乗っています」

パディントンでは、勤務中の巡査部長にこのメッセージが伝えられた。巡査部長は長い無地のロングコートを着て警察の制服を隠し、タウェルが乗った列車が到着するのを静かに待った。そのあとタウェルを監視しながら彼の自宅まで尾行し、家に落ち着いたのを確認すると、その場を離れてロンドン警視庁のウィギンズ警部に報告した。

翌日タウェルは逮捕され、サラ・ハート殺害の罪で裁判にかけられた。タウェルの逮捕に電信が使われたことから、裁判は全国から大きな関心を集めた。タウェルの弁護人となったサー・フィッツロイ・ケリーは、商法には明るいが刑法の知識は乏しく、そのせいか被告人側の主張の中心は、サラは実際にシアン化合物中毒で死亡したが、それはリンゴの芯を大量に食べたためであり、タウェルは介在していないというものになった。これに対し、致死量のシアン化合物を摂取するには、サラはリンゴの種を数千粒食べなければならなかったはずだと検察側が反論すると、被告人側の弁護はもろくも崩壊した。裁判は二日間続いたが、陪審員はわずか三〇分で検討を終え、タウェルに有罪の評決を下した。タウェルは法廷の外で絞首刑に処され、一万人以上がこの公開処刑を目撃した。ロンドンの人々は電信ケーブルを「ジョン・タウェルの首をくくった紐」と呼んだ。では、タウェルの弁護士はどうだろう？　彼は「リンゴの種《アップルピップス》のケリー」というあだ名で呼ばれるようになった。

シアン化合物はどう命を奪うのか

シアン化合物のガスを吸った場合も、シアン化ナトリウムやシアン化カリウムを溶かした何かを飲んだ場合も、シアン化合物が命を奪う仕組みはまったく同じだ。体内に入ったシアン化合物は赤血球のヘモグロビンに付着し、ヒッチハイクするように血流に乗って素早く全身に運ばれる。しかし、シアン化合物とヘモグロビンの結合力は非常に弱いため、破壊的な影響は血液には及ばず、ヘモグロビンから離れて細胞内に入り込むことで害が生じる。細胞内に入り込んだシアン化合物は、細胞が生きるために必要なエネルギーを生み出す機能を破壊する。

各細胞の奥深くにはミトコンドリアという小さな棒状の構造があり、小さな発電所のような役目を果たしている。そこで生み出されるアデノシン三リン酸（ATP）は、私たちの生命を維持するのに必要な化学エネルギーである。通常、ひとつの細胞には一〇〇〜二〇〇個のミトコンドリアが存在するが、その数は細胞に必要なエネルギー量によって変わってくる。たとえば肝細胞は多くのエネルギーを必要とするため、ひとつの細胞に二〇〇〇個を超えるミトコンドリアが含まれる場合もある。その一方で、赤血球細胞はヘモグロビンが入った袋のようなもので、必要なエネルギーがかなり少なく、ミトコンドリアはひとつも存在しない。身体のあらゆる面にエネルギーを供給する重要なものであるにもかかわらず、つねに蓄えられているATPの量は限られている。

本質的に、ミトコンドリアは木の葉と逆の働きをする。植物では、葉が太陽光のエネルギーを使って水と二酸化炭素を結合させ、グルコース（ブドウ糖）をつくる。これに対して動物の細胞内では、ミトコンドリアが食物由来のグルコースを呼吸で取り入れた酸素と反応させて分解し、二酸化炭素と水をつくり、エネルギーを放出する。この場合のエネルギーはATPである。このような回りくどいやりかたで、人間も動物もみな、基本的に太陽からのエネルギーを利用することができるのである。*3

ミトコンドリアの内膜のなかには一連のタンパク質の鎖があり、いわゆる電子伝達系を形成している。私たちが呼吸で取り入れる酸素を使ったATPの合成は、この部分で行なわれる。この電子伝達系を構成する要素のひとつがシトクロムCというタンパク質で、その真ん中に隠れるように、シトクロムCの働きに不可欠な鉄原子が一個存在する。

シアン化合物が致命的なのは、シトクロムCの中心にある鉄分子と強く結合し、このタンパク質を不活性化させるからだ。いちど不活性化すると、シトクロムCは電子伝達系の最終段階で酸素を使えなくなり、ATPの合成そのものが停止してしまう。

細胞はATPの継続的な供給に強く依存しているため、シアン化合物中毒を起こすと中枢神経系や心臓の細胞が即座に影響を受ける。中枢神経系が停止すると頭痛や吐き気などの症状があらわれ、そのうちに意識を失い徐々に深い昏睡状態におちいる。脳内のATPエネルギーがさらに失われてついに枯渇すれば、もはや脳死は避けられない。心臓のATPレベルが低下すると、心臓の動きが鈍く不規則になる。すると鼓動が弱まって脈が触れなくなり、やがて心臓は完全に停止する。

名前の響きは似ているが、チアノーゼ(Cyanosis)とシアン化合物(Cyanide)中毒とは無関係だ。チアノーゼとは酸素を失うことで血液が青くなることを言い、静脈を流れる血が青く見えるのはそのためだ。一方、シアン化合物と結合したシトクロムCはもう酸素を使えなくなるため、血液中のヘモグロビンは酸素と結合したままになる。[*4] シアン化合物中毒の症状のひとつが酸素を含んだ鮮やかな赤い血であり、皮膚が赤らんで見える理由はそこにある。

アレゲニー川での死

アレゲニー川とモノンガヒラ川が合流してオハイオ川になる手前、二つの川に挟まれた場所に、世界的に有名な病院であり一流の医学研究所でもあるピッツバーグ大学医療センター（UPMC）はある。二〇一一年五月、ボストンの有名なふたりの神経科学者、ロバート（ボブ）・フェランテ博士とその妻オータム・クライン博士が、新たな職場となるピッツバーグ大学医学部にやってきた。彼らをマサチューセッツからピッツバーグに呼び寄せたことは、大学の経営陣にとって手柄であったに違いない。なぜなら、フェランテは自身とともに数百万ドルもの研究助成金をもたらしたからだ。フェフンテは神経外科の教授で、ルー・ゲーリック病として知られる筋委縮性側索硬化症（ALS）などの神経変性病を専門に研究していた。その研究により、ピッツバーグの教授となって半年もたたないうちに、フェランテは優れた学者に贈られる〈レナード・ガーソン賞〉の初の受賞者に選ばれた。

妻のクライン博士もまた、女性神経学科長としての新たな生活になじんでいた。彼女は臨床神経科の認定医として人気が高く、妊娠中の発作性疾患を専門としていた。ピッツバーグに移り住んだことで昇格し、自身の教科を受け持てるようになったのに加え、自分の好きな時間に勤務できるようになった。また、自宅から歩いて一五分と距離も近いことから、六歳になる娘と過ごせる時間も増えた。

ところが、二〇一三年四月一七日は大変な一日となる。ちょうど夜の一一時一五分を回ったころ、オータムは過酷な一五時間のシフトでくたくたに疲れていた。半マイルの距離を歩いて帰宅する準備ができたところで、これから帰ると夫にメッセージを送った。しかしその三〇分後、ロバート・フェランテは911番に電話していた。[*5]

911：アレゲニー郡911番です。緊急事態が発生した場所の住所を教えてください。

フェランテ：もしもし。どうか、どうか、お願いします。リットン・アベニュー二一九番地にいます。妻が脳卒中を起こしたようです。

フェランテの説明によると、オータムはちょうど帰宅したところで、キッチンで倒れたという。911のオペレーターが詳しい情報を引き出そうとしているあいだ、背後でオータムのうめき声が聞こえていた。不思議なのは、自宅はフェランテとオータムが働く医学部の主要な付属病院からわずか数百ヤードしか離れていないにもかかわらず、フェランテは妻を一・五マイル離れたシェイディーサイド病院に搬送するよう救急隊員に強く求めたことだ。

一二分後、救急隊員が到着しキッチンに駆け込むと、オータムは意識を失って床に倒れていた。「頭痛がすると言って帰ってきて、そのまま倒れてしまったんです」と夫は語った。

予備診断では、オータムはまだ呼吸をしており脈もあった。カウンターに白い粉の入ったビニール袋が置かれているのに気づいた救急隊員が、オータムの状態と関係があるのだろうかと思い尋ねると、それはクレアチンで、不妊症対策のために妻が飲んでいたものだとフェランテは答えた。

そのとき、オータムの容体が急に悪化し、脈拍と血圧が急激に低下した。彼女は救急車に乗せられ、救急隊員はシェイディーサイド病院に搬送してほしいというフェランテの要望を無視し、ずっと近いUPMCプレスビテリアン病院の救急搬送口に向かった。オータムがその建物を出てから、ちょうど一時間後のことだった。フェランテは、遠くの病院に搬送すれば妻が回復する可能性が低くなると期待していたのだろうか？

救急治療室に横たわるオータムは、明らかに呼吸が苦しそうだった。血圧は下がりつづけ、四八／三六あたりで推移していた。呼吸を維持するために挿管され、人工呼吸器につながれた。彼女の症状は脳出血を示唆していたが、CTスキャンでは何ら異常が見つからなかった。また、心拍数は驚くほど少なかったが、心臓の電気的活動に何らかの変化が起きている形跡はなかった。医師たちは彼女にアドレナリンを注射し、心臓を動かしつづけるしかなかった。

ERチームには、どこが悪いのかまるでわからなかった。オータムの頸静脈に中心静脈《セントラル》ラインが挿入され、薬の投与や検査用の採血が容易になった。だが奇妙なことに、静脈を流れる血液は酸素を失い暗赤色をしているはずだが、オータムの静脈血は鮮紅色、酸素を含む動脈血と同じ色だった。現に彼女の静脈の酸素濃度は正常値の二倍以上もあった。つまりオータムの細胞は、供給された酸素を使うことができない状態なのだ。

オータムの命を救うために懸命な努力がなされたが、四月二〇日土曜日の午後〇時三一分、彼女は息を引き取った。どこも悪くない健康な四一歳の死は不自然であることから、死因を特定するため、フェランテはオータムを解剖する許可を求められたが、断固として認めなかった。あまりにも強硬に拒むため、医師の何人かは彼の拒絶をオータムのカルテに書き込んだ。

しかしペンシルベニア州法の定めにより、フェランテの同意があろうとなかろうと解剖が必要だった。あわせてオータムの入院中に採取された血液の検査も行なわれ、その結果、彼女の血液から驚きと衝撃の成分が発見された。シアン化合物である。それも微量ではなく、ものの数秒で床に倒れ込んでもおかしくない、非常に高濃度のシアン化合物だった。しかし、そのシアン化合物はどこから来たのだろうか？　考えられる説明は三つしかない。偶発的な事故か、自殺か、殺人か。

偶発的に致死量のシアン化合物を摂取するのは難しく、自殺も考えにくい。オータムの同僚たちはみな、彼女は愛情深い母親で熱意あふれる研究者であり、もうすぐ始まる研究プロジェクトに意欲を燃やしていたと語っている。注目すべきは、彼女が取り組んでいるプロジェクトに、シアン化合物が関わるものはひとつもなかった点だ。

多くの大学では、研究者は通常、購買部を通じて化学薬品や器材を購入し、標準的な納期は四日ないし七日程度だ。一方、ボブ・フェランテが利用したのはそれとは別の、Pカードと呼ばれる購入用カードを使う方式だった。Pカードは大学専用のクレジットカードのようなもので、研究者が自分で直接電話をかけて化学薬品を注文でき、通常は二四時間以内に届く。同僚によると、フェランテ博士がPカードを使ったのはオータムが倒れる二日前の四月一五日だけだった。では、フェランテは何を買ったのだろうか? 教養のある優秀な脳研究者がたった一度だけPカードを使い、自ら署名して購入したもの、それはシアン化合物だった。

インターネットの履歴を調べたところ、「ペンシルベニア州ピッツバーグにおける離婚」や「シアン化合物中毒」について検索していたことがわかり、これで確信を得た捜査陣はフェランテを逮捕し、妻を殺害した罪で起訴に踏み切った。一一日間に及ぶ裁判で、検察側はフェランテの実験室にある買ったばかりのシアン化合物の瓶から中身が八グラム以上消えていることを指摘した。これに対しフェランテは、シアン化合物を使って神経細胞を殺す実験をするつもりだったと反論した。たしかにシアン化合物は細胞を殺すだろうが、あまりに繊細さを欠いた実験だ。シアン化合物は細胞の種類を選ばずすべてを壊滅させるはずで、それがフェランテの主張をやや不可解なものにさせていた。

最終弁論で、検察官は陪審員に対し、フェランテは巧みに人を操る名人であると告げ、パズルを組み立ててみれば、フェランテは妻が自分のもとを去ろうとしていると考え、そのため彼女を殺害したのがわかるはずだと述べた。運命を決したあの晩、フェランテはオータムに毒入りの飲み物を与え、

911に通報し、妻が苦しむのを上から眺めていた。二日間にわたり一五時間半かけて評議が行なわれ、彼は妻をシアン化合物中毒死させた罪で有罪となった。フェランテは仮釈放の可能性がない終身刑に処され、いまも服役中である。

シアン化合物中毒の治療

シアン化合物中毒は命にかかわるものだが、じつは非常に有効な解毒剤が存在する。要は、それをいかに早く与えるかが鍵となる。残念ながらシアン化合物は迅速に作用するため、偶発的な事故による暴露の場合、九五パーセントは死に至る。中毒者へのマウス・ツー・マウスの人工呼吸は推奨できる方法ではない。口移しで空気を送り込むさい、被害者の肺や胃から発するシアン化水素ガスを吸い込んでしまう可能性が高いからだ。現在、シアン化合物の周辺で作業をする必要がある労働者は、万が一に備えて解毒剤キットを携帯している。

ある種の解毒剤は、シアン化合物をミトコンドリアに含まれるシトクロムからもっと魅力的な分子に引き寄せる形で作用する。意外にも、そうした魅力的な分子のひとつは、多くの人々がビタミン剤として毎日摂取しているもの――いわゆるビタミンB12、コバラミンである。ビタミンB12の中心には金属コバルト原子があり、このコバルトはシアン化合物にとってシトクロムに含まれる鉄よりもはるかに魅力的だ。実際、コバルトはシアン化合物にしっかりとしがみついて離さなくなるため、中毒者にB12を注射すると、コバルトがシアン化合物をすべて吸着し完全に不活性化してくれる。

シアン化合物と放火魔

シアン化合物で中毒死する場面がたまたま映像におさめられるという、めったにないそんな出来事が、二〇一二年、アリゾナ州フェニックスの裁判所で起きた。

マイケル・マリンはイェール大学ロースクールを卒業し、ウォール街で実入りのいい職業生活を謳歌していた。スリルを求める彼は自家用機を操縦し、エベレスト山にも登ったことがある。フェニックスに広大な地所をもち、毎月一万七二五〇ドルものローンを支払っていた。ところが二〇一二年、しばらく前からウォール街を離れていたマリンは急速に資金を失いつつあった。検察官の主張によると、彼が自宅に放火し保険金を手に入れようと考えたのはそのころだった。

二〇一二年七月、陪審はマリンを放火の罪で有罪と評定した。評決が読み上げられ、マリンは七年から二一年の懲役刑に処されることになった。法廷のビデオには、マリンが足元のバッグから何かを取り出し、口元に運んで飲み込むようなようすが映っていた。八分後、マリンは椅子から転げ落ち、崩れるように倒れ込んだ。マリンは一年前に買ったシアン化ナトリウムの粉末をカプセルに入れ、法廷で飲むつもりで仕込んでおいたのだろうと捜査陣は考えている。

ワインを飲んでいてかすかにアーモンドの香りを感じたら、グラスに注いだのは誰かを考えたほうがいいだろう。アーモンドの香りはシアン化合物の最も有名な特徴のひとつだが、誰もがその匂いを嗅ぎ分けられるわけではなさそうだ。親子を含む二四四人に蒸留水またはシアン化カリウム溶液に浸したコットンを嗅がせ、何かの匂いを感じるかどうか尋ねる実験が行なわれた。初回のレポートには、この実験にシアン化合物が関与していることを被験者が認識していたのか、認識していたとすれば自発的に実験に協力したのかどうかは記載されていない。当然ながら、現在の安全衛生環境ではこのような実験は許されないだろう。それはともかく、実験の結果、興味深いことがわかった。二〇～四〇パーセントの被験者がシアン化合物の匂いを感知できず、その割合は女性よりも男性のほうが多かった。また、シアン化合物を嗅ぎ分ける能力には遺伝性があることもわかった。もっとも、不運な家族の一員にこっそりシアン化合物を盛るのに、その特質が利用されてきたのかどうかはわからない。

これまで見てきた毒物はすべて生物から得られるもので、その多くは植物に由来し、大半が複雑な構造をもつ分子である。次のパート二では、土壌に由来する毒物について見ていこう。こちらは分子構造が非常にシンプルで、取り上げる毒物のうち三つは元素である。しかし、シンプルではあっても致死性は変わらない。以下の章でも触れるが、毒素とは本来「善い」ものでも「悪い」ものでもなく、それを用いる目的こそが毒を毒たらしめるのである。

パート2

土壌由来の死の分子

第八章　カリウムと悪夢の看護師

強い毒がかちどきの声を上げている、気力も尽きた。
ウィリアム・シェイクスピア『ハムレット』〔松岡和子訳、筑摩書房、一九九六年〕

身体に不可欠な毒

完全殺人を犯すにはどうしたらいいだろうか？　何よりもまず、凶器はきれいさっぱり処分しなければならない。血のついたナイフや指紋だらけの拳銃なら、それは難しいかもしれない。けれども凶器がもっとシンプルなものならどうだろう？　跡形もなく血液に溶けてしまったとしたら？

毒が食料品店の棚に並んでいる状況は想像しにくいだろうが、次なる毒がある場所は、まさに食料品店の棚である。塩化カリウムは通常の塩化ナトリウム（食塩）と化学的に似ており、よりヘルシーな代用塩として料理や味付け用に市販されている。[*1]植物油やバターなどの例外を除き、カリウムはあらゆる食品に含まれ、身体のほぼすべての細胞の正常な機能に不可欠な存在だ。カリウムがなければ私たちは生きていけない――しかし、摂りすぎると命取りになる。

興味深いことに、ベジタリアンやヴィーガン（完全菜食主義者）は雑食の人と比べてカリウム値が高い。カリウムは植物性食品に特に豊富に含まれるからだ。カリウムの摂取源として最もよく知られるのはバナナだろう。バナナは健康に良い食べ物と考えられているが、食べすぎるとカリウムの過剰摂取で死ぬという都市伝説はいまだに存在する。平均的なバナナ[*2]には約四五〇ミリグラムのカリウムが含まれている。推奨されるカリウム摂取量は一日当たり二五〇〇～四七〇〇ミリグラムだから、健康な人ならば、推奨値に達するまでに少なくとも七本半のバナナを食べられる。では、バナナを食べて自殺できるだろうか？　一度に最低四〇〇本食べるなら、できなくもない。

他の食品、たとえばグルコースや脂肪、ビタミンなどは体内に蓄えられるが、カリウムを蓄える仕組みは存在しない。そのため、健康を保つためにはカリウムを継続的に供給する必要がある。[*3]体内のカリウム不足は不安感の原因となり、虚脱や疲労に加え、筋肉の痙攣、便秘、低血圧などの症状があらわれる。また、低カリウムは呼吸を弱め、全身を巡る酸素の量が減ってしまう。カリウム値が極端に低くなると心臓の正常なリズムに影響が出て、心拍数が上がるだけでなく、心拍が非常に不規則になり、心不全につながることもある。そのため、病院には血液中のカリウムを正常値に戻すための濃縮塩化カリウム溶液が常備されている。だが一方で、これから見ていくように、高すぎる血中カリウム値も多くの危険をはらんでいる。そしてまた、ときに私たちが信頼する医療スタッフが、身につけたスキルを患者の健康を回復させるためではなく損なわせるために用いることもある。

カリウムとグランサムの悪夢の看護師

血中カリウム値の低下は、過度のアルコール摂取や糖尿病の放置、ひどい下痢や嘔吐、下剤の乱用、ある種の利尿剤の使用などさまざまな要因によって起きるが、患者の血液に塩化カリウムを注入することでカリウム値はすぐに正常なレベルに上昇し、症状も落ち着く。

しかしカリウムを血液に直接注射するとかなりの刺激があり、低カリウム血症の患者は、カリウムが血液内に入ると静脈を焼けるような激しい痛みが走ると訴える。治療に役立つ量のカリウムでもそれほど痛いのならば、幼い子どもの血管に大量のカリウムが急激に流入したときの痛みは容易に想像がつく。それがどれほどの痛みをもたらすか知らなかったのか、知っていても気にしなかったのか、ある看護師が、自分が担当する赤ん坊や子どもたちに致死量のカリウムを注射した。

ビヴァリー・アリットは、イングランド東部リンカーンシャー州にあるグランサム・アンド・ディストリクト総合病院の小児科の看護師だった。看護師試験を何度も受けてようやく合格した彼女は、人員不足のおかげで第四病棟の小児科に採用された。そこに雇用されていたのはわずか二カ月半だったが、その短い在職期間で、彼女は一三人の子どもたちに毒を投与し、そのうち四人が死亡した。

最初の犠牲者となったのは、生後七カ月のリアム・テイラーだった。リアムは肺の鬱血による喘鳴《ぜんめい》と息苦しさで第四病棟に入院した。アリット看護師はリアムの両親に向かって、息子さんのことはこちらに任せてくれれば大丈夫だから、あなたたちは帰って少し休んだほうがいいと言った。ところが数時間後に戻ってきた両親は、リアムの容体が急変し、急きょ救急病棟に移されたと告げられる。両親は、今夜は息子と一緒に病院に泊めてもらえないかと尋ね、重症の子どもの親のために確保された特別な寝室に案内された。アリットは心配する家族の気持ちに寄り添い、万一何かあったときのために夜勤をしてリアムの世話をすると申し出た。そして午前〇時を回ったころ、その何かは起きた。リアムの心臓が急に止まったと、アリットが急変を知らせたのだ。医師が懸命に蘇生を試みたが効果はなく、幼いリアムは死んでしまった。

アリットの次のターゲットは、ティモシー・ハードウィックという一一歳の少年だった。脳性麻痺を患うティモシーは癲癇性の発作を起こし、三月五日にこの病院に入院した。彼の両親は息子を手厚く看護してくれるアリットに感銘を受けていたが、不幸なことに、アリットがティモシーとふたりきりでいたとき、彼の心臓が止まった。アリットは今回も応援要請するがすでに遅く、彼を生き返らせるすべはなかった。ティモシーの心臓がなぜ急に止まったのか、はっきりした理由はわからず、解剖をしてもなんの手がかりも得られなかった。こうしてティモシーの死は発作の合併症によるものとして処理された。

それから一週間もたたないうちに、一歳の女の子ケイリー・デズモンドが肺鬱血の発作を起こし第四病棟に入院した。アリットが看護を担当し、初めのうちは快方に向かっているように見えたが、痛ましいことに、ケイリーもまた突然の心停止に襲われた。アリットがすぐに蘇生チームを呼んでどうにか息を吹き返し、設備の整った大病院に搬送できる程度に容体が安定した。こうしてアリットから離れたケイリーは、完全に復活を果たした。医師たちは、ケイリーのわきの下に小さな刺し傷があるのに気づいた。そこに注意が向けられたのは、皮膚のすぐ下に小さな気泡ができていたからだ。ケイリーは完全に回復したため、この発見についてすぐに調査は行なわれなかったが、その後の警察の捜査で、アリットがケイリーに塩化カリウムを注射し、そのさい注射器から空気が完全に抜けきれていなかったことが判明した（アリットが何度も看護師試験を受けなければならなかったのも無理はない！）。

塩化カリウムによる攻撃からケイリーが生還したのが面白くなかったのか、アリットは次のターゲットにはインスリンを注射することにした。三月二〇日、生後五カ月のポール・クランプトンが重度の気管支炎のため第四病棟に入院した。最初は元気そうにしていたポールだが、あくる日の早朝、急に昏睡状態におちいった。血液検査をすると血糖値が危険なほど低下しており、すぐにグルコース（ブドウ糖）を注射して回復しそうに見えた。だが、ポールはさらに二度の発作に見舞われたため、ノッティンガムの大病院に転院することになった。こうして、アリットの看護を免れた患者がもうひとり、奇跡の回復を果たした。

アリットは、次からはまた塩化カリウムを使うことにした。犠牲になったのはふたりの男の子、五歳のブラッドリー・ギブソンと二歳のイク・ハン・チャだった。ふたりとも心停止状態におちいるが、ノッティンガムに移送できる程度に容体が落ち着き、転院先で完全に回復した。しかし残念ながら、アリットの次なる犠牲者たちはそうではなかった。

一九九一年四月一日、生後九週間のベッキー・フィリップスはおなかをこわし第四病棟にやってきた。ベッキーは未熟児であったため、両親は特に心配していた。速やかに診察が行なわれ、軽い胃腸炎と診断された。すぐに治療が開始され、嘔吐や下痢も徐々におさまった。グランサム病院に入院中ベッキーの世話をしていたのはアリット看護師で、幼いベッキーが少しでも快適に過ごせるよう、できる限り気を配っていた。それはベッキーの家族に対しても同じで、両親がカフェテリアで休憩しているあいだベッキーのそばについていることも度々あった。入院して二日後、すっかり良くなったベッキーは、午後には退院し帰宅が許された。ところが家に着いて少したつと、そわそわと苦しそうなようすを見せ、皮膚は冷たく、触れるとじっとり湿っていた。両親はベッキーを連れて急いで病院に戻るが、すでに手遅れで、到着してすぐに死亡が確認された。

ベッキーの双子の姉妹ケイティーも同じ疾患を抱えているかもしれないと不安になった両親は、念のためケイティーを病院に連れていった。するとなぜかケイティーは二度も呼吸が止まり、蘇生処置をほどこさなければならなかった。幸い、二度ともアリット看護師がそばにいてくれたので、すぐに応援を要請できた。呼吸が止まるたびにケイティーは蘇生したが、酸素不足が災いし、脳に一生治らない後遺症が残ってしまった。アリットの迅速な対応は、ケイティーの両親に「いつも自分たちのために全力を尽くしてくれる看護師さん」という印象を与えた。アリット看護師はまるで大使のような存在だった。フィリップス夫妻は彼女に心酔し、ケイティーの後見人《ゴッドマザー》になってほしいと頼みさえした。

一九九一年四月二二日、一歳三カ月のクレア・ペックが重度の喘息発作で第四病棟に入院した。クレアは短い人生で何度も喘息の発作を起こして入院しているため、看護師たちに覚えられていた。発作が起きるたびに医療スタッフはクレアを治療し、安心した両親とともに自宅に戻れるよう十分に回復させた。しかし今回は違った。クレアの主治医は、第四病棟の小児科専門医のひとりポーター医師だった。クレアのような幼い子どもが喘息の発作に襲われるのは痛ましいが、ポーター医師はどう処置すればいいかをよく心得ており、治療するとすぐにクレアの呼吸は正常に戻った。彼はそのとき勤務していた小児科の看護師のひとりビヴァリー・アリットにクレアを任せると、心配しているクレアの両親を探しに行き、すべて順調だと伝えた。

ところが、すべてが順調ではなかった。ポーター医師が処置室を出た直後、看護師が急変を知らせた。幼いクレアの心臓の動きが止まっていた。ポーター医師は唖然とした。喘息の発作は完全におさまったように見えたし、最後にクレアを見てわずか数分でいった何が起きたというのだろう。

蘇生チームがすぐに対応し、数分後にクレアの容体は安定した。ほっとしたポーター医師は、危機は脱したこと、もう危険はないことをクレアの両親に告げに行った。こうして再び、クレアの世話をするためにアリットがひとりで残された。そして、部屋を出て数分もたたないうちに、ポーター医師はまたしても心停止を告げられる。アリットが、クレアの呼吸がまた止まり脈もないと伝えてきたのだ。ポーター医師はクレアの病室に駆け戻った。何がいけなかったのか？

クレアは小さなベッドに力なく横たわり、心臓と肺が機能せず全身に酸素が行き渡らないために唇と頬が青みを帯びはじめていた。蘇生チームが懸命にクレアの蘇生を試みたが、彼らの努力も今回は実らず、心停止におちいったクレアの心臓が再び動き出すことはなかった。こうして、入院してわずか数時間後に死亡が宣告された。ポーター医師はのちの事情聴取で、幼い女の子の命を救おうとする自分を何かが邪魔しているように感じたと語っている。

クレアの両親は娘の死に打ちのめされ、ここ数週間のあいだに第四病棟で起きた重大事件はこれが初めてではないことにまったく気づかずにいたが、第四病棟では過去数週間のあいだに、幼い患者が悲劇に見舞われるケースが異常に多発していた。原因のわからない幼児の死亡は四件にのぼり、そのほか虚脱状態におちいったケースが九件あった。

クレアの死を受け、ついに第四病棟に殺人犯がいるとの判断がなされた。では、犯人はこの病院で働く医療スタッフなのか、それとも外部の人間なのか？　容疑者を絞り込むために、第四病棟への人の出入りを監視する隠しカメラが設置された。さらに、スタッフの勤務スケジュールをチャート化して第四病棟で起きた不幸な出来事と照合したところ、何かが起きる直前に病棟にいた人物、もしくはそれが起きてから応援を要請した人物はビヴァリー・アリットであることが判明した。

入院経験者なら誰でも知っているだろうが、病院内で最も日常的に行なわれていることのひとつが採血であり、それは第四病棟でも同じだった。血液サンプルを調べれば、第四病棟の患者に何が起きたのかを知る手がかりが得られないだろうか？

通常、血液サンプルは採取後三カ月から六カ月で廃棄しなければならない。しかしスタッフは膨大な事務処理に追われて時間がとれず、サンプルの多くが廃棄されないままになっていたため、アリットの犠牲となった患者たちから採取された、何かの決定的な証拠となる血液サンプルが、まだ冷蔵庫にしまい込まれている可能性があった。こうして一三人の犠牲者から採取された血液サンプルのうち、なんと九人分が回収された。そこにはフィリップス家の双子の姉妹のほか、クレア・ペックのものも含まれていた。いずれのサンプルにも高濃度のカリウムが含まれ、心停止や呼吸器不全の症状とも合致する含有量だった。

アリットは逮捕され、担当した子どもたちを殺害した罪で起訴された。裁判は二カ月間続いたが、体調不良を理由に、アリットはわずか一六日しか出廷していない。すべての罪状について彼女は無罪を主張したが、陪審員は有罪と判断し、子ども四人を殺害し、さらに三人の殺害を試み、六人に重傷を負わせた罪により、一三件の無期懲役刑が言い渡された。これはイギリスで女性に下された刑としては最も重いものだった。アリットに最低三〇年の懲役を宣告するさい、裁判長は次のように述べた。

「ミズ・アリットの行為にはサディズムの要素が見受けられる……彼女の行ないにより、患者にとって安全であるはずの場所が危険な場所になったばかりか、殺戮の場とまでは言わないまでも、それに近いものと化してしまった」

犯行動機についてはいまも完全には解明されていないが、アリットはミュンヒハウゼン症候群と代理ミュンヒハウゼン症候群の両方を患っていたとの主張がなされた。ミュンヒハウゼン症候群の患者は病気や体調不良を装い、周囲の注目を集めて大事にされようとする。子どものころのアリットはよく想像上の傷にバンドエイドを貼って、そこにあることになっている傷を誰にも見せないようにしていた。彼女はまた、なんの問題もない健康な盲腸を切除したこともあった。一方、代理ミュンヒハウゼン症候群は小児科医のサー・ロイ・メドウによって一九七七年に発見された、保護者が子どもの病気を故意に引き起こす、あるいは子どもが病気だと虚偽の報告をするなどの児童虐待を行ない、自分自身に注目を集めようとする病気だ。代理ミュンヒハウゼン症候群の患者は、自分ではない何も知らない相手を病人に仕立て上げる。アリットの場合は、患者に苦痛を与えたばかりでなく、その後は献身的な努力で患者を〝救う〟役目を演じた。

イギリス史上最も悪名高い女性連続殺人犯であるアリットは現在、ランプトン病院という重警備の精神病院で刑に服している。アリットの行為で大きな打撃を受けたのは犠牲者の家族ばかりではなかった。グランサム病院もまた影響を被り、小児病棟は完全に閉鎖された。

過剰なカリウムはどう命を奪うのか

私たちの体内には約九オンス（約二五五グラム）のカリウムが存在し、その大部分、九〇パーセント以上が細胞内にしまい込まれ、血液や細胞を覆う体液に含まれている量はごくわずかだ。このように細胞の内側と外側でカリウム量がアンバランスな状態にあることは体内のすべての細胞にとって重要なのだが、神経や筋肉、なかでも心筋を構成する細胞にとってはより重要となる。

身体から心臓を取り出せば人はすぐに死んでしまうだろう。しかし心臓のほうは、身体の外に取り出されても平気で動きつづける。これは、心臓には拍動を促す独自のシステムがあり、動きつづけるために身体のほかの部分は必要ないからだ。体外に取り出された心臓は、一分間に七〇〜八〇回ほどの速さで動きつづける。心臓は拍動するのに身体の他の部分を必要としないが、拍動を速くしたり遅くしたりできるのは神経系からの情報である。

一分間に八〇回、心臓の最上部にある特殊な細胞が電気信号を送り、心筋細胞を収縮させて血液を絞り出し、肺と全身に送り込む。カリウムが関わってくるのは、その信号である。心筋を含めた筋肉細胞は小さな電池のようなもので、一定の電圧と、プラスとマイナスの極をもつ。心筋細胞の場合、その電圧は九〇ミリボルト程度とかなり低い。拍動と拍動の合間に心臓が休んでいるあいだは、細胞の内側がマイナス、外側がプラスになる。次に心筋が刺激を受けて収縮すると、プラスの電荷をもつナトリウムイオンが固有のナトリウムチャネルを介して細胞内に流入する。こうして細胞内のナトリウムの量が増えるとわずかな電荷が発生し、一時的に極が反転して細胞の内側がマイナスになる。電位が反転すると今度はカルシウムが筋細胞に入り込み、筋肉が収縮する（カルシウムの重要性については、第六章で詳しく解説している）。

次の拍動が起きるには、その前にシステム全体がいったん最初の状態にリセットされる必要がある。ナトリウムチャネルが開いて細胞内にナトリウムが流入すると、すぐにカリウムチャンネルが開いて極性が反転しリセットされる。次に細胞内のナトリウムイオンとカリウムイオンを元のレベルに戻すために、ナトリウムとカリウムの通路《チャネル》が閉鎖され、ナトリウムポンプが作動してナトリウムを細胞の外に出し、カリウムを細胞内に戻す。長いプロセスのように見えて、じつは全行程にかかる時間は〇・二秒以下だ。通常はシステム全体が非常によく機能し、平均的な寿命であれば一生のあいだに約三〇億回もくり返される。しかし、何かが起きてそのプロセスに変化が生じたらどうなるだろう？

ナトリウムもしくはカリウムの量が急に変わったら？　心筋細胞の外側が――おそらくは、誰かが血液に大量のカリウムを注入したために――突然大量のカリウムでいっぱいになったらどうなるだろうか？

列車に乗っている人を思い浮かべてみよう。駅に入るときに列車は減速し、そして停車する。プラットホームが空いていれば、乗客は難なく降車できる。では、同じ乗客が今度はラッシュアワーに列車に乗っているところを想像してみよう。プラットホームは他の通勤客でいっぱいなので、列車から降りるのが非常に困難になる。同じように、すでに細胞の外に大量のカリウムがあると、細胞内のカリウムは外に出られなくなり、システムのリセットができなくなる。ここで心筋が収縮しても、カリウムが細胞の外に出られなかったため、心臓はリセットして弛緩することができない、そうなると心臓は鼓動できなくなり、結果的に心停止に至る。

シャーウッドの惨殺事件

シャーウッドはアーカンソー州リトル・ロックのすぐ北に位置する小さな町だ。一九九七年一一月四日の夜、その町に住むクリスティーナ・リッグズは子どもたち――二歳のシェルビーと五歳のジャスティン――を寝かしつけようとしていた。しかし、一見愛情に満ちたやさしい光景に見えるクリスティーナのこの行為は、わが子をいつくしむ母親のそれとは程遠い、冷酷な殺人への序曲だった。

クリスティーナ・リッグズは、一九七一年にオクラホマ州ロートンで生まれた。精神的及び性的虐待を受けながら育ち、一四歳のころにはすでに大酒を飲み、タバコとマリファナを吸っていたという。

そのような不幸な形で人生をスタートさせた彼女だが、意外にも、高校を卒業したばかりか大学にも進学し、准看護士の資格を取った。地元の退役軍人局病院に勤務するかたわらパートタイムで介護施設で働き、クリスティーナの生活は安定したかに見えた。ステディなボーイフレンドもいたが、彼女の妊娠を知ると、赤ん坊とは関わりたくないとクリスティーナとお腹の子を捨てた。息子のジャスティンが生まれたのは、一九九二年六月のことだった。

それから一年もたたないうちにクリスティーナは新しい恋人と出会い、ふたりは結婚し、一九九四年一二月には娘のシェルビーが誕生した。一九九五年に一家はシャーウッドに引っ越したが、それはクリスティーナの母親の近くで暮らし、子育てを手伝ってもらうためだった。クリスティーナは看護師の仕事に復帰し、今度はバプティスト病院に勤務した。しかし、はたからはどう見えていたにしろ、のどかな家庭とは程遠かった。クリスティーナの夫はジャスティンのＡＤＨＤ（注意欠陥多動性障害）に耐えきれず、治療が必要なほど腹部を強く殴りつけたこともあった。この結婚は破綻する運命にあり、離婚によってクリスティーナは幼いふたりの子どもを抱えるシングルマザーとなる。

過食と運動不足でクリスティーナの体重は一二七キロまで増大したが、それでもまだ仕事を続けることができ、子どもたちを養うのに十分な収入を得ていた。

ところが、自身のうつ病と生涯にわたる誤った選択についに追いつめられ、一九九七年一一月四日、クリスティーナはすべてを終わらせようと決意する。子どもたちと自分自身の人生を終わらせる完璧な方法を見つけたと彼女は考えたが、殺害は計画どおりにはいかなかった。クリスティーナはまず、子どもたちふたりに鎮静効果もある抗うつ剤のエラビル（別名アミトリプチリン）を与えた。眠くなった子どもたちをベッドに寝かしつけると、クリスティーナは計画の第二段階に進み、ふたりに致死量の塩化カリウムを注射した。そうすれば苦痛もなくすぐに死ねると思ってのことだが、痛くないようにするには特別な方法でカリウムを注射しなければならないことをクリスティーナは知らなかった。

カリウムは点滴で希釈して血液に入れなければならないとは知らず、クリスティーナは高濃度の塩化カリウムをそのままジャスティンの頸静脈に注射した。病院で血中カリウム値が低い患者にかなり薄めたカリウムをゆっくり点滴するときでさえ、静脈にカリウムが入ってくると焼けるような激しい痛みを訴える患者も多い。濃いカリウム溶液がジャスティンの静脈に入り心臓に向かうあいだ、希釈されていないカリウムは静脈を破壊した。鎮静剤を投与されてはいたが、あまりの激痛にジャスティンは苦悶の叫びを上げていた。慌てたクリスティーナは、病院から盗んできたモルヒネ入りの注射器に手を伸ばした。けれども、モルヒネもやはり、効果を発揮するには静脈に注射する必要がある。ところが、痛みにもだえ苦しむジャスティンの静脈を見つけるのは不可能に近く、皮膚の下にしか注射できなかった。切羽詰まったクリスティーナは、叫び声を封じるためにジャスティンの顔に枕を押しつけ、ついに息の根が止まるまで酸素の供給を絶った。そのあと、注射を打たずにシェルビーを窒息死させると、ふたりをそっとベッドに並べて寝かせ、今度は自らの命を絶とうとした。

子どもたちと一緒に死のうと、クリスティーナはまずエラビルを二八錠飲んだあと、自分に塩化カリウムを注射しようとした。最初は腕に打とうとするが、静脈がたちまち破れて失敗に終わる。太りすぎていて別の静脈は見つからず、かろうじて注入できた塩化カリウムも、思ったように心臓には到達しなかった。それにもかかわらず、彼女は倒れて気を失った。

翌日、クリスティーナの母親が訪ねてきたが家に入れず、警察を呼んだ。ドアを破ってなかに入った警官が、死んでいるジャスティンとシェルビーと、ベッドの足元で意識を失っているクリスティーナを発見した。すぐに病院に運ばれたクリスティーナは完全に回復し、退院すると同時に、子どもたちを殺害した罪で逮捕された。一九九八年六月三〇日、わずか五五分間の評議ののち、クリスティーナ・リッグズに二件の第一級殺人で有罪判決が下った。裁判官により死刑が宣告され、彼女はアーカンソー州で一五〇年ぶりに死刑が執行される女性となった。皮肉にも、アーカンソーは〝塩化カリウム〟を使った致死注射で死刑が執行される州である。

放射能をもつ身体

誰もが放射能をもっている。私たちは毎日、環境のなかに自然に存在する放射性物質を食べたり、飲んだり、吸ったりしているからだ。体内の放射線の主な発生源は、放射性カリウムであるカリウム40だ。一般的な成人の体内では、毎秒約五〇〇〇個のカリウム40原子が放射性崩壊を起こしている。カリウム40が崩壊すると、身体の正常成分のひとつであるカルシウムに変化するか、もしくはアルゴンガスとなって最終的に肺から吐き出される。

体内にこれほどの放射能があると聞けば不安になるかもしれないが、まったく正常な値であり、安全ではないとされる放射線被ばく量よりもはるかに少ない。実際、カリウムが人体に及ぼす致命的な影響は放射能によるものではなく、むしろこれまで見てきたように、過剰なカリウムが細胞に及ぼす化学的作用によるものだ。次章では、カリウムとは正反対の性質をもつ有毒な化学物質――化学的性質は極めて無害だが、致命的な放射能をもつ物質について取り上げる。

第九章　ポロニウムとサーシャの無差別な腸

私をうまく黙らせたとしても
その沈黙の代償は大きい。

ロシアからの亡命者アレクサンドル・リトヴィネンコ（二〇〇六年）

十分な金属を摂取しているか？

脂肪、タンパク質、炭水化物――この三つの基本的な食品カテゴリーについては、誰もが耳にしたことがあるだろう。月によって、あるいは週によって、そのいずれかが次々にメディアに取り上げられ、悪者扱いされたり賞賛されたりする。しかし、それら三つの要素はすべて健康な身体のために必要なものだ。一方であまり認識されていないのが、食事に含まれる金属の重要性だ。ナトリウムやカリウム、カルシウムなども化学的には金属に分類されるが、私たちはつい、金属といえば鉄や銅、アルミニウムといったメタリックなものを思い浮かべてしまう。それはともかく、金属は人体において大きな役割を担っており、呼吸や感染症予防、丈夫な骨づくりなどに欠かせないものだ。血液が全身に酸素を運ぶさい、鉄は中心的な役割を果たす。銅は亜鉛と同様、健康な免疫システムに存在する。

マンガンはすべての携帯電話に使われているが、脳の働きにも極めて重要な役割を果たす。こうした金属の重要性を考えれば、人体には食品から金属を吸収するための特殊なメカニズムが備わっているのも不思議ではない。

　人体の正常な機能に必要な金属がある一方、鉛やカドミウム、ポロニウムといった致死性の金属もあるが、幸い、人間がそうした金属に遭遇することはめったにない。通常は地中深くにある化合物や鉱物として存在するからだ。しかし鉱業や製錬技術の発達によりそれらの金属が身の回りにもたらされ、人体に侵入する可能性が高まった。

ポロニウムの歴史

一九〇三年、ピエール・キュリーとマリー・キュリーは放射能の研究と新たな放射性元素の発見によりノーベル物理学賞を受賞した。発見した放射性元素を、彼らはマリーの生まれ故郷ポーランドにちなんでポロニウムと名付けた。しかし不幸にも、ポロニウムの放射能の最初の犠牲者となったのは、一九五六年に白血病で亡くなったイレーヌ・ジョリオ＝キュリー、マリーとピエールの娘だった。揮発性をもつポロニウムに、彼女は誤って暴露してしまったのだろう。

　ポロニウムは非常に希少で、鉱石一トン当たり一〇〇マイクログラムしか存在しない。一九二〇年代、既知の元素に放射線を当てることで新たな元素を生み出せることが発見され、それをきっかけに、物理学者たちは手当たりしだいに放射線を照射し、夢中になって未知の新元素をつくりはじめた。そして鉛に放射線を照射して金に変えることで、科学者は錬金術師の夢をついにかなえたのである。しかしその代償は、生み出された金の価値をはるかに超えるものだった。また、ビスマスという元素に放射線を照射するとポロニウム210が生成されることも発見されたが、一九五〇年代から六〇年代にかけて行なわれた動物実験の結果、ポロニウム210は極めて危険な物質で、わずか一マイクログラム、ほこりの粒子一個分ほどの量でも人を死に至らしめることが明らかになった。

ポロニウム210は核兵器開発の引き金となり、一時はアメリカ、ソ連、イギリス、フランスの四カ国がすべて原子炉を所有し、原子爆弾用のポロニウムを製造していた。[*1] しかしトリチウム（水素の放射性同位体）を用いれば核兵器の爆発効率が格段に上がるとわかると、NATOの核保有国はポロニウム製造を停止し、新たに誕生したロシア連邦がポロニウム210を製造する唯一の国となった。現在、ウラル山脈の東側、工業都市チェリャビンスクの近くにあるマヤーク核施設の原子炉は、ポロニウムの世界供給量のすべてを担っている。[*2]

ポロニウム210は理想的な暗殺道具のように思われる。致死量はごくわずかで、同量のシアン化合物の二五万倍もの殺傷力をもつからだ。ポロニウム210はまた、空港や港の監視カメラで容易に検出される強いガンマ線を放出しない。さらに、ポロニウムの放射線による死は急速ではあるが即死ではないため、死が訪れる前に暗殺者はその場から逃げ去ることができる。

では、ポロニウム210は完璧な凶器なのか？　それは読者が決めることだが、たとえば二〇〇六年の暮れにロンドンで起きた事件は、冷戦時代を舞台としたベストセラー犯罪小説のような展開を見せた。

エドウィン・カーター事件

エドウィン・カーターは体の不調を感じながら帰宅した。風邪の引きはじめか、何か食べたものが悪かったのか。夜の一一時、エドウィンは妻と一緒にベッドに行ったが、一〇分もたたないうちに吐き気をもよおし嘔吐した。一時間ほどすると少し気分が落ち着いたが、妻と息子を起こさないように、その晩は書斎で過ごすことにした。ひと晩じゅう嘔吐しつづけ、エドウィンは消耗していた。胃が痙攣し、呼吸も苦しかった。救急車を呼ばせてほしいと妻に懇願されるも、あくる日は自宅で休養した。初めは救急隊員を呼ぶのを渋っていたエドウィンだが、さらに日付が変わって午前二時、ついに彼も折れた。

エドウィンは救急車でロンドン北部にあるバーネット・アンド・チェイス・ファーム病院に運ばれた。そこで彼は脱水症状をともなう胃腸炎と診断される。嘔吐と下痢の症状から当然の診断のように見えるが、カーターの白血球数はそれを否定していた。一般的に、感染症にかかると白血球数は上昇する。白血球は身体がもつ免疫システムの一部であり、感染症を撃退する役目を果たすからだ。ところが医師の予想に反し、エドウィンの白血球数は増えているどころか極端に少なかった。

いくら検査をしても、エドウィン・カーターの不調の原因はわからなかった。彼は明らかに苦しんでおり、下痢と嘔吐を何度もくり返していた。喉には一面に生々しい潰瘍ができ、飲食には苦痛がともなった。当初、幅広い抗菌効果をもつ抗生物質シプロフロキサシンが投与された。ところがカーターは自分の身に何が起きているかわかっていると主張し、医師たちを当惑させた。彼はさらに、自分は元KGBのスパイで、重金属のタリウムを盛られたのだと言い出した。

これは患者の妄想なのか、それとも感染症の影響が脳に及んだのか。病院のスタッフはそれを判断しかねていたが、入院して一週間後、エドウィン・カーターに異変が起こりはじめる――髪が抜け落ちていくのだ。彼は胃腸炎を患っているのだと医師は確信していたが、いくつかの症状がそれと合致しなかった。突然の脱毛、血小板数の激減（ほぼ存在しないレベルに低下）は明らかに胃腸炎の症状ではなく、他のいかなる病気にも当てはまらなかった。カーターは、自分は毒を盛られたのだと主張しつづけた。その可能性は低いと思われたが、バーネット病院の毒物学者たちは重金属の値を調べてみることにした。サンプルが分析に回され、その結果、驚いたことにタリウムが検出されたのである。

こうして、暫定的にタリウムによる重金属中毒と診断されたが、検出されたとはいえ、タリウムの量は自然界に存在するレベルをわずかに超える程度にすぎなかった。それでも、この新たな診断は二つの結果をもたらした。ひとつは、スコットランドヤードに報告されたこと。もうひとつは、タリウム中毒に効果があるとされる唯一の治療薬――プルシアンブルー（シアン化物について扱った第七章を参照）が投与されたことだ。真夜中過ぎに警察が到着し、カーターへの事情聴取を開始した。

彼がまず行なったのは衝撃的な告白だった。警察に対し、自分はエドウィン・カーターではなく本名はアレクサンドル・リトヴィネンコ、ＫＧＢの最高機密部署の元中佐だと語ったのである。この奇妙な話を裏付ける証拠として、カーターはある電話番号を告げた。その番号に電話をかけると「マーティン」と名乗る男が出て、病院への出頭に応じた。マーティンはＭＩ６（イギリス秘密情報部）の職員《オフィサー》で、カーターは元ＫＧＢのスパイ、アレクサンドル・リトヴィネンコであり、亡命し、いまはロシアの組織犯罪についてＭＩ６に助言していると証言した。

アレクサンドル・ヴァリテロヴィチ・リトヴィネンコ、通称サーシャは、一九六二年一二月一二日、モスクワの南三〇〇マイルにある都市ヴォロネジで生まれた。サーシャは祖父の足跡をたどるように軍隊に入り、小隊長まで昇進した。一九八八年、リトヴィネンコはモスクワに赴任し、内務省内のとある専門部署に配属され、そこからKGBにスカウトされた。こうしてリトヴィネンコは軍の防諜活動で〝スパイとしてのキャリア〟をスタートさせ、その後、組織犯罪や汚職、テロ対策を専門に扱う部署に移った。一九九一年のクリスマスの翌日にソ連が崩壊し、それにともないKGBも消滅すると、リトヴィネンコが所属していた旧KGBの部署はロシア連邦保安庁（FSB）という新たな組織に統合され、彼はそこで引き続き組織犯罪対策にたずさわることとなった。ソ連崩壊後、ロシア経済はほぼ一夜にして共産主義計画経済から資本主義自由経済へと移行した。こうした状況は〝犯罪組織のボス〟を生み出す最適な土壌となり、彼らによってロシアは一九二〇年代のシカゴと化した。

自身の上司であるFSBの上層部が犯罪組織と手を結び、腐敗が蔓延しているのを知ったリトヴィネンコは、FSB全体に幻滅を覚える。彼はある組織犯罪シンジケートがアフガニスタンから西ヨーロッパにヘロインを密売している証拠を発見し、このシンジケートがウラジーミル・プーチンを含むFSB幹部〔当時、プーチンはFSBの長官だった〕と結託していると確信した。スパイ仲間から見れば、記者会見を開きFSB内部の恥を世間にさらしたリトヴィネンコは、大罪を犯したも同然だった。「FSBという組織は、一部の幹部によって利用されてきました。それは国家と個人の安全保障という憲法に定められた目的のためではなく、彼ら自身の政治的、金銭的利益のためです」と、リトヴィネンコは記者団に語った。[*3] FSBの上層部は当然ながら彼の摘発を快く思わず、罪をでっち上げて逮捕し、数カ月にわたり投獄した。

リトヴィネンコはさらに追い打ちをかけるように、ロシアとヨーロッパにおける麻薬密売がらみの組織犯罪の隠蔽にプーチンが個人的に関与していると主張した。これに対抗し、プーチンはテレビインタビューを行ない、メッセンジャーを非難することでメッセージを否定することを狙ってか、「FSBの職員は、記者会見などを開いて組織内部の不祥事を公にすべきではない」と語った。一九九九年一月、プーチンはリトヴィネンコをFSBから解雇した。失業し、家族の身の安全に深刻な不安を覚えたリトヴィネンコは、西側への亡命という大胆な行動に出た。イギリス政府は彼にイギリスのパスポートと暗号化機能付きの電話を与え、月額二〇〇〇ポンドの給与を支給した。こうしてリトヴィネンコは、MI6の情報提供者となったのである。

無差別な腸

平均的な成人の腹部には、約二八フィート（約八・五メートル）の腸が丁寧に折りたたまれて入っている。食べ物の消化と吸収を担うのが小腸で、長さ二三フィート（約七メートル）のコイル状の組織が胃と大腸のあいだに収まっている。小腸では、消化酵素の働きで食べ物が吸収されやすい形に分解される。腸の内側は腸管上皮細胞と呼ばれる一層の細胞で覆われており、栄養を腸の内側から血液に運び出す。あらゆる物資の輸送と同様、ものを効率的に運ぶには専門の運搬人《キャリア》が必要だ。また、運ぶものに応じて輸送手段を変えることも重要である。糖、アミノ酸、脂肪、それらはすべて腸管上皮のなかの異なる輸送タンパク質を使って体内に取り込まれる。

金属もそれぞれ独自の輸送手段を使い、たとえば鉄や亜鉛はDMT1という特殊な輸送タンパク質を用いて小腸の細胞に入り込む。DMT1は鉄や銅、亜鉛といった身体に必要な金属を無差別に身体に取り込む。しかし身体に必要な金属と銅やカドミウム、ポロニウムといった危険な金属も区別できないため、身体に良くない金属がやってきても、DMT1の輸送システムはその危険な金属まで体内に入れてしまうのだ。

メイフェアの暗殺事件

リトヴィネンコはモスクワに人脈をもち、ロシアの商習慣にも通じていることから、MI6は彼をティトン・インターナショナルに紹介した。旧ソ連などへの市場拡大に関心をもつ企業を支援する民間の情報会社である。二〇〇五年、リトヴィネンコはモスクワの大物実業家アンドレイ・ルゴヴォイから電話を受け、そのあと夕食をともにした。そのときルゴヴォイから提携の話を持ちかけられていた。ロシアで商売をしたいロンドンの企業をリトヴィネンコが探し、関連するロシア企業についてルゴヴォイが詳細な調査《デューディリジェンス》と商業情報の収集を行なうというものだった。そのため、二〇〇六年の一一月にルゴヴォイからロンドンに行くとの連絡を受けたとき、リトヴィネンコは何ら驚きもせず、二つ返事で会うことに同意した。

ミレニアム・ホテルは、ロンドンの高級住宅街メイフェア地区にあるグローヴナー・スクエアの南側に建つ。この広場の西側にはかつてアメリカ大使館があり[*4]、ドワイト・D・アイゼンハワーとロナルド・レーガンの銅像が立っている。碑文には、東西冷戦の終結とソヴィエト帝国の解体をもたらしたレーガンの功績を称える言葉が刻まれている。ミハイル・ゴルバチョフからの賛辞には「レーガン大統領とともに、我々は対立から協調へと世界を旅した」と書かれている。だが皮肉なことに、レーガン像が立つ場所から目と鼻の先にあるミレニアム・ホテルが、元KGBスパイ、アレクサンドル・リトヴィネンコ暗殺事件の舞台となったのである。

二〇〇六年一一月一日水曜日の午後四時過ぎ、ふたりのロシア人、アンドレイ・ルゴヴォイと彼のビジネスパートナーであるドミトリー・コフトゥンがミレニアム・ホテルのパイン・バーに入った。ふたりがこの地にやってきたのは、表向きはロンドンのサッカーチーム〈アーセナル〉と〈CSKAモスクワ〉との重要な国際試合を家族と観戦するためだった。ふたりが席に着くと、ウェイターが飲み物のオーダーを取りにやってきた。奇遇にも、そのウェイターはパイン・バーで二五年以上も働いているベテランで、彼が給仕をしたなかには多くの有名人もいた。そのひとりが、イギリスのスパイ、ジェームズ・ボンドを演じた故ショーン・コネリーだ。初代の、そして最もよく知られるボンド役として、コネリーはロシアの陰謀を数多く妨害してきたが、この日はロシア側が成功することになる。

ポットに入った紅茶がオーダーされ、午後四時三〇分にリトヴィネンコがパイン・バーに入店し、ルゴヴォイとコフトンと合流した。ふたりのカップにはすでに紅茶が注がれていた。ルゴヴォイは、リトヴィネンコに新しいカップを持ってくるようウェイターに頼んだ。ポットの中身はほとんど残っておらず、すでに冷たくなりかけていたが、それでもリトヴィネンコは何度か口に運んだ。その数口が、彼の運命を決定づけるのである。そのとき彼はまだ知らなかったが、リトヴィネンコの身体はすでに崩壊しはじめていた。

ほぼ検出不能な毒

いまや病院の誰もがリトヴィネンコは毒を盛られたのだと確信していたが、その毒がなんであるかは誰にもわからなかった。当初、タリウムではないかと思われたが、プルシアンブルーによる治療の効果がほとんど見られないことから、タリウムは関係なさそうだ。では、ほかの重金属だろうか？しかし毒物学的スクリーニングの結果、他の一般的な重金属毒も陰性だった。

そんななか、リトヴィネンコを担当する医師のひとりが、彼の症状が化学療法を受けている白血病患者のそれに似ていることに気づいた。化学療法に使われる薬物を過剰投与されたのだろうか？放射線説も浮上し、リトヴィネンコの身体をガイガーカウンターでスキャンするも、結果は——何も検知されなかった。しかしガイガーカウンターは強力なガンマ線しか検知できず、病院にはガンマ線よりもはるかに微量なアルファ線を検知できる設備はなかった。それができるのは、イングランド南部オルダーマストンにある国の核兵器センターだけだ。

リトヴィネンコから採取した尿一リットルがオルダーマストンに送られたが、検査には二四時間以上かかる。その間にもリトヴィネンコの命は徐々に消えていき、時おり意識が遠のいた。心臓もしだいに弱まり、一一月二二日の晩には心停止におちいった。蘇生チームがすぐに対応したが、蘇生させるのに三〇分もかかった。翌日の午後、オルダーマストンから尿の調査結果を知らせる電話があり、ついに毒物の正体がポロニウム210と特定された。致死量の一〇〇万倍もの量だ。リトヴィネンコの命は、もはや風前の灯だった。

リトヴィネンコの血液中には、なんと二六・五マイクログラムものポロニウムが含まれていたことがのちに判明する。ごく微量でも、彼の身体を攻撃する放射線量は、レントゲン写真を一七万五〇〇〇枚も撮影した量に匹敵する。一マイクログラム未満でも人を殺すのに十分すぎる量なのだ。リトヴィネンコがポロニウムを盛られたと突き止めるのにこれほど時間がかかったのは、ポロニウムが殺人の道具として使われたことが一度もなかったからだ。

ミレニアム・ホテルのパイン・バーを訪れて三週間後、リトヴィネンコは再び心停止におちいった。そして二一分後、死亡が確認され、病室は封鎖された。

リトヴィネンコが亡くなって八日後、病理学者による遺体解剖が行なわれた。この検死は、西洋で行なわれた検死としてはかつてない危険なものとなった。もしこれが〈エリア51〉――陰謀論者がこよなく愛する、ネバダ州にあるアメリカ空軍の極秘施設――で行なわれたエイリアンの解剖だったとしても、解剖にたずさわった人たちの姿にさほど差はなかっただろう。法医病理学者のナサニエル・ケアリーは二重に防護服をまとい、手袋はテープで手首に固定され、プラスチック製のフード内にろ過した空気が送り込まれた。もうひとりの病理学者も、刑事も、カメラマンもみな同じような装備だった。解剖に臨んだ人たちから汚染された血液を拭き取るために、放射線の専門家がひとり立ち合い、少しでも体調に異変があればすぐに退避させられるように救急隊員も待機していた。

遺体を切り開いてみると、あらわれたのは萎縮し腐敗した組織のみで、すべてが完全に破砕され、溶解していた。ポロニウムの放射線が、リトヴィネンコの身体を容赦なく破壊していたのだ。

放射線と腸

日々の消化吸収で腸の内側の細胞に負荷がかかると、細胞は死に、ちょうど日焼けしたあとの皮膚のように表面から剥がれ落ちる。死んだ細胞は消化されて体内に取り込まれ、また新たな細胞をつくるために再利用される。このプロセスは途切れることなく自動的にくり返され、小腸の内側を覆う細胞はおよそ三日ないし七日ごとにすべて入れ替わるため、小腸は身体のなかで最も速く再生される組織となっている。このような急速な成長と細胞の再生には多くのDNA合成が必要となり、このプロセスはとてつもなく効率的に行なわれるが、そのスピードゆえに、腸はDNA合成を妨げる物質に対して非常に敏感になる。

各細胞には核があり、そのなかに新たな細胞をつくるのに必要な情報がすべて収納されている。それについてマット・リドレーは、著書『ゲノムが語る23の物語』（中村桂子、斉藤隆央訳、紀伊國屋書店、二〇〇〇年刊）で次のように説明している。「ここで、ゲノムを一冊の本に見立ててみよう。この本は、**染色体**と呼ばれる23の章でできている。各章には、**遺伝子**と呼ばれる数千の物語がある。おのおのの物語は、**エキソン**というパラフラフからなり、各パラグラフのあいだには**イントロン**という広告が入る。各パラグラフは、**コドン**という単語からなる。各単語は、**塩基**という文字で書かれている」。この本にはざっと三〇億、聖書で換算すると八〇〇冊分に相当する文字があるが、それがすべて針の先よりも小さい構造に収まっている。体内の各細胞には六・五フィート（約二メートル）のDNAがあり、そのすべてがきつくコイル状に巻かれ、わずか幅六ミクロンの核に格納されているのである。

DNAはA、T、G、Cの四文字のコードで構成され、それが三文字ずつのさまざまな組み合わせで配列され、筋肉、心臓、脳、腸など、それぞれの細胞が必要とするすべてのタンパク質の設計図の役割を果たす。細胞が分裂するたびに、三〇億個の文字は正確にコピーされなければならず、エラーが起きてはならない。それは膨大な作業だが、ひとつの細胞が三〇億の文字からなるDNA配列をすべて複製するのに要する時間は一時間程度だ。かたや中世の修道士は、聖書を三〇〇万文字ほど書き写すのに、一日一四時間の作業で通常は四年かかったという。

たまに小さなエラーが起きることはあるが、細胞にはそれを補う修復機能がある。しかしDNAの損傷が大きいと修復はできない。たまにしか分裂しない細胞は、DNAが受けたダメージの影響を受けにくいが、腸や免疫系の細胞のように分裂が速いものは、核のなかのDNA鎖を壊すようなものの影響を非常に受けやすい。そのひとつが放射線で、DNA鎖を修復不能なまでに破壊する。

ポロニウム210が発する放射線はアルファ粒子放射線と呼ばれる。アルファ粒子はほぼ無害で、紙一枚、あるいは皮膚でも容易にブロックできるため、これに曝されてもほとんど危険はない。しかし、この放射線が口から入ってしまえば話は別だ。リトヴィネンコの命を奪ったポロニウムがどのような形のものだったのかは明らかにされなかったが、塩化ポロニウムとして経口摂取された可能性が高い。ポロニウムは常温では固体の金属だが、塩化ポロニウムに変換されると水に溶け、はるかに吸収されやすくなる。ポロニウムが猛毒の金属だとは認識できないため、腸のDMT1はポロニウムが細胞内に入るのを阻止するどころか、その危険性も知らず積極的に取り込んでしまう。

細胞内では、分解したポロニウムから放出されるアルファ粒子が、建物解体用の鉄球と同じ働きをする。DNA鎖は修復不能なまでに粉砕され、貨物輸送タンパク質も木っ端みじんに破壊される。細胞は、このような放射能の猛襲を防ぐメカニズムをもたない。アルファ粒子はまた、すべての細胞がもつもうひとつの要素にも影響を与える。それは水だ。素手のボクサーが相手の顎に右フックを食らわせて歯を吹き飛ばすように、アルファ粒子は水分子を直撃し、電子をはじき飛ばす。すると、急に電子を一個失ったために、本来は対をなす電子が奇数になったフリーラジカルな酸化性物質が生成される。反応性の高いこの分子は細胞内を駆け巡り、タンパク質や細胞膜、さらにはDNAの重要な化学結合を破壊する。ポロニウム210が腸壁を崩壊させると細菌感染が起き、さらに腹膜炎やトキシックショック症候群が引き起こされる。それだけでも重大な疾患である。

さらにポロニウムは腸から血流に入り、最初にたどりつくのは肝臓だ。アルファ粒子はそこで、ローマを襲い略奪したヴァンダル族のように、手当たり次第に肝臓細胞を破壊する。肝臓の機能のひとつが、古い赤血球の分解によって生じる老廃物を体外に排出させることだ。不要になった赤血球が分解するとヘモグロビンが放出され、それがさらにビリベルジン（胆緑素）と呼ばれる化合物に分解される。健康な人では、肝臓がすぐにビリベルジンの成分を再利用するが、損傷を受けた肝臓にはビリベルジンが蓄積し、黄疸が起きて肌が独特な黄緑色を帯びた青白い色になる。ポロニウム210が肝臓から心臓に移動すると、アルファ粒子によって心筋が激しく切りさいなまれ、最終的には心不全が引き起こされる。ほかにも毛包など分裂が速い細胞も破壊されるため、急速に毛が抜け落ちる。

そして最後に、死の放射線は免疫系の細胞を攻撃し、本来ならば感染から身体を守るはずの白血球を死滅させる。白血球が生み出される場所は骨髄だ。そこでは幹細胞と呼ばれる細胞が急速に分裂して増殖し、白血球や赤血球など、血液中に存在するさまざまな細胞に成長する。すでに触れたように、急速に分裂する細胞は放射線によるダメージを受けやすいため、免疫システムの混乱が続くと血液中の白血球数が激減する。骨髄では、白血球だけではなく血小板も生み出される。血小板は血液を凝固させる小さな細胞だ。そのため骨髄が損傷を受けると血小板の数も減り、血液が凝固しなくなるため、内出血による失血が引き起こされる。これらの症状はすべてリトヴィネンコが経験したもので、彼の身体は文字通りずたずたに引き裂かれ、最終的に死に至ったのである。

誰がリトヴィネンコを殺したのか?

リトヴィネンコに使用されたポロニウムは、もし一般市場で購入したとすれば、数千万ドル規模の価格だったはずだ。このように多額の費用がかかる暗殺手段は、誰かに不満を抱く一般人には手が届かない。ロシアの犯罪組織でも無理だろう。しかし国家が後ろ盾となる組織ならば容易に入手できるかもしれない。ポロニウムの唯一の供給源は原子炉だ。製造されたポロニウム210はすべて、回分《バッチ》ごとに独自の化学的特徴をもつ。これは化学的な指紋に相当し、それによってどこで製造されたかがわかる。リトヴィネンコ暗殺に用いられたポロニウムはロシアのマヤーク核施設で生成され、一〇月にモスクワから飛行機でロンドンに持ち込まれたものだった。

リトヴィネンコの紅茶にポロニウム210を入れたのがアンドレイ・ルゴヴォイとドミトリー・コフトンであることを示す証拠は十分にある。どちらかが個人的にリトヴィネンコに恨みを抱いていたのかどうかは不明だが、上からの指示に従っただけである可能性は高い。ポロニウム210の扱いが無造作である点から、どれほど危険なものかを彼らはまったく認識していなかったのだろう。実際、ルゴヴォイは一緒に旅行していた八歳の息子に、ポロニウムを飲んだあとのリトヴィネンコと握手させようとさえしていた。ルゴヴォイとコフトンが行く先々、触れたもの、腰かけた場所には、すべてアルファ線という動かぬ証拠が残され、捜査官たちはふたりの動きをつぶさに把握することができた。ルゴヴォイが滞在するホテルに踏み込んだ科学者たちは、まるで原子炉に入っていくかのようだった。スイートルームのリビングでは、一秒当たり三万カウントを超える放射線が検出された。バスルームはさらにひどく、放射線レベルが高すぎて機器でもすぐには計測しきれないほどだった。

ルゴヴォイとコフトンは歩兵だったというのが通説だが、リトヴィネンコ暗殺を指示した人物の正体はいまだ謎に包まれている。リトヴィネンコ自身は、その指示はウラジーミル・プーチンから直接下されたと確信していた。その確信が情報に根ざしたものなのか、それともリトヴィネンコの思い上がりなのかはわからない。彼は本当にプーチンが関与するほどの重要人物だったのか? たしかに、リトヴィネンコとプーチンの対立には個人的な側面があり、それがこの暗殺疑惑に関わっていたのかもしれない。この殺人に関するイギリス政府の報告書に記載された証拠は、その大半がいまだに極秘事項だが、報告書には「概して、大統領及びFSBも含めたプーチン政権のメンバーには、リトヴィネンコ氏の殺害も含め、彼に対して行動を起こす動機があった」[*5]とはっきり書かれている。リトヴィネンコの妻と弟は、むしろFSBの上層部を疑っていた。FSBの行状を暴いたリトヴィネンコを反逆者と見なした彼らが、同様の暴露を考えている者たちへの見せしめにしたのだと考えたのだ。リトヴィネンコの死にロシア政府が関わっているのは自明であるにもかかわらず、モスクワ当局はかたくなに、殺人への関与もポロニウムの闇取引への関与も否定しつづけた。二〇〇七年五月、イギリス検察局はアンドレイ・ルゴヴォイをリトヴィネンコ殺害の罪で正式に起訴したが、プーチンはイギリスへの身柄引き渡しを拒否した。ルゴヴォイは無実を訴え、記者会見を開いて、自分にとって不利な証拠が不当に捏造されたと批判した。この記者会見が開かれたのは、リトヴィネンコがまだロシアの情報機関にいたころに政府の腐敗を糾弾したときとまったく同じ部屋だった。

ポロニウム210で殺害されたのは、知る限りではアレクサンドル・リトヴィネンコただひとりである。この毒が核の時代以前には存在しなかったことと、製造コストの高さが影響しているのだろう。ポロニウム210は寿命の短い毒であったかもしれないが、次章では、古代ローマ時代から人々に知られ、使われてきた毒に焦点を当てる。

第一〇章　ヒ素とムッシュー・ランジェリエのココア

家来どもは王の肉に砒素を入れ、
王が食べるのを肝をつぶして見つめていた。
A・E・ハウスマン『シュロプシァの若者』（一八九六年）〔森山泰夫、川口昌男訳、沖積舎、二〇〇七年〕

ヒ素の歴史

最も古い起源と最も悪評高き経歴をもつ毒は、おそらくヒ素だろう。アレクサンドロス大王の死因とされ、クレオパトラが自殺の道具と見なし、ネロがローマ皇帝の座につく原因となったヒ素は、はるか昔から支配者を殺し、生み出してきた。じつはヒ素（arsenic）の語源であるギリシャ語の「arsenikos」は、「雄々しい」、「男らしい」といった意味をもつ言葉だ。

ルネッサンス期のヨーロッパで最も有名なヒ素の使い手といえば、スペイン生まれの枢機卿ロドリーゴ・ボルジアを当主とするボルジア家である。彼は毒を武器にローマ・カトリック教会の階層《ヒエラルキー》をのぼりつめ、アレクサンデル六世としてその頂点に君臨した。息子のチェーザレと娘のルクレツィアとともに、彼はさまざまなヒ素系の毒を使って実験し、最も有効なものを見つけ出そうとした。ある毒の製法《レシピ》は次のようなものだった。死んだブタの内臓にヒ素を塗り込み、そのまま腐敗させる。それが乾燥したら粉末にし、秘密の成分を加える。こうして「カンタレラ」という毒ができたが、あまりにも猛毒であったため、ボルジア家亡きあと、その製法は破棄されたと伝えられる。

教皇となったロドリーゴには枢機卿の任命権があった。枢機卿とは教皇に次ぐ高位聖職者で、次の教皇は枢機卿のなかから選出される。枢機卿になると非常に実入りが良く、任命された者は免罪符を販売して私腹を肥やすことができた。枢機卿に金を支払えば事前に罪が許されることから、教会の建物を出たとたんに罪を犯すつもりで免罪符を購入する者も多かった。各枢機卿は、十分な富を得たところでボルジア家が主催する豪華な宴《うたげ》に招待された。その晩、何も知らない枢機卿はカンタレラがたっぷり入ったワインを何倍も飲まされることになる。当然ながら、枢機卿の早すぎる死に誰もが衝撃を受け、悲しみに暮れ、そして教会のルールに従い、亡くなった枢機卿の財産はすべて教会に返還される——つまり、すべてがボルジア家のものになるのである。

犯罪にかけてはじつに勤勉で有能なボルジア家は、イタリア全土で最も裕福な一族となった。さらにルクレツィアが裕福な家に三度嫁ぎ、チェーザレが教皇軍の総司令官となったことで、その地位はますます揺るぎないものとなった。しかし、ボルジア王朝はその後まもなく崩壊する。何人かの枢機卿が教皇とその家族と食事をともにする予定だったある日、ロドリーゴとチェーザレは早く帰宅し、ワインを持ってくるよう命じた。すると偶然なのか意図的なのか、召使いが注いだワインのボトルにはヒ素が入っていた。年老いた教皇は死んだが、若いチェーザレは毒を盛られたと察し、ロバを殺せと命じてその死骸で身を包んだ。これは当時よく知られていた毒に対する療法で、チェーザレの回復はおそらく、その療法の効果を証明する唯一の記録だが、父亡きあと、彼が望むような富と権力を手にすることは二度となかった。一五〇七年、小さな戦いのさなか、チェーザレは三一歳の若さで戦死する。ルクレツィアのほうはいくらかましで、血塗られた生き方を悔い改めたのか、信仰に生涯を捧げた。こうしてボルジア家は滅んだが、その後も毒としてのヒ素の人気は何世紀ものあいだ続くことになる。

一七世紀後半のフランスでは、無遠慮に長生きする裕福な親族を片付けるのに広く効果を発揮したことから、ヒ素は「poudre de succession」すなわち「相続の粉薬」の異名をとった。[*1] ヒ素を鉱床から抽出するのは難しく時間のかかる作業であるため、ヒ素は高価で、ヒ素を使った殺人が行なえるのは裕福な人々に限られていた。しかし産業革命が起き、鉄と鉛の需要が急増したことで状況は一変する。それらの鉱物は鉱石から抽出されるが、多くの場合、鉱石はヒ素で汚染されていた。そこから純粋な金属を得るには、鉱石を大きな窯《かま》に入れ、金属が溶けて流れ出すまで高温で熱する。するとヒ素が酸素と反応して三酸化ヒ素になる。それが濃縮されてできる白い粉で窯の煙突が詰まらないよう、粉は定期的に掻き出された。

その白い粉すなわち〝白ヒ〟を捨ててしまうのではなく、ゴキブリやネズミ、野良の犬猫などあらゆる害虫や害獣を――さらには親族や秘密の愛人を――殺すための毒薬として売れば金儲けができることに誰かが気づいた。いまやヒ素は工業規模で生産され、価格は大幅に下がり、たとえ貧乏人でもそれを入手し、不快な問題を片付けることができるようになった。一八五一年、事故または意図的なヒ素中毒が社会的関心を集めるなか、イギリス議会はヒ素を購入できる者を制限する「ヒ素法」を可決した。[*2]

シアン化合物からプルシアンブルーができたように、カール・ヴィルヘルム・シェーレはヒ素を使って鮮やかな緑色をつくれることを発見した。のちにシェーレに敬意を表してシェーレグリーンと名付けられたこの色は大流行し、衣服から壁紙、お菓子のデコレーション、子どものオモチャ、石鹸まで、さまざまなものに広く用いられた。このヒ素の大流行に便乗しようとしたのが、のちに〝ブンゼンバーナー〟で有名になるドイツの化学者ロベルト・ブンゼンだった。しかし、あるときヒ素化合物を勢いよくかき混ぜているときにガラスのビーカーが破裂して危うく右目を失明しかけた彼は、半盲のまま残りの人生を過ごすことになる。

誰かを毒殺しようとする者にとってヒ素の最大の魅力は、ヒ素中毒の症状を医師が自然な病気と間違えることが多い点にあった。少量ずつ摂取した毒が蓄積して亡くなった場合は特にそうだ。ヒ素中毒はよく、コレラやインフルエンザ、あるいはただの食中毒など、二〇世紀以前には日常的にかかった病気と間違えられた。どれだけの殺人が単なる病死として扱われたかは知る由がない。

急性ヒ素中毒の初期症状は、腸の不調と激しい嘔吐、下痢である。水分が大量に失われるため、脱水症状やひどい喉の渇き、さらには胃の激痛が起きる。急性ヒ素中毒で亡くなった人の遺体は、急激な脱水のせいで少ししなびたように、あるいは痩せ衰えたように見えることがある。嘔吐と下痢は胃の内壁の炎症が原因で起き、解剖すると胃の内膜の組織が損傷し出血しているのが確認できる。ヒ素はまた腸も攻撃し、腸にも同様の損傷が見つかることがある。

しかし、ヒ素は一度に大量摂取したことによる急性中毒だけで人を殺すわけではない。少量ずつ長期間にわたって投与されたヒ素が体内にゆっくりと蓄積していく、いわゆる慢性中毒の場合も致命的だ。ゆっくりと進行する慢性ヒ素中毒は、自然死に見せかけたい者が好む殺害方法だ。ヒ素を使う毒殺魔には非常に勤勉な看護師や妻が多く、つねに機会をうかがい、望む結果が得られるまでくり返し投与した。少量ずつ投与した場合も嘔吐や下痢は起き、ほかにも頭痛や吐き気、めまいなどの症状も出る。神経へのダメージが蓄積して起きる筋肉の痙攣や麻痺もよく見られ、心拍リズムの乱れから脈が速くなることもある。被害者はこれらの症状に何週間も耐えたのち、最終的に多臓器不全で亡くなる。慢性ヒ素中毒で一般的に見られる特徴として、皮膚に黒い染みが浮いたり(色素沈着過剰)、ヒ素角化症と呼ばれる硬いうろこ状の斑点ができることもある。また、爪を調べると「ミーズ線」という爪床《そうしょう》と並行に走る白い線が見つかる。

ヒ素が毒として好まれるのは、固有の二つの特徴による。ひとつは、非常に溶けやすいこと。もうひとつは、植物性アルカロイドの毒と比べて味がほとんどないことだ。そのため、食べ物に振りかけたりスープやシチューに混ぜたりするのが簡単だ。しかし最も一般的なのは、ワインやコーヒー、ココアなど、被害者がいつも好んで飲んでいるものにヒ素を溶かすやりかただ。

その方法ならば、毒入りドリンクをひと口飲むだけでも死んでしまうかもしれない。ところが、東ヨーロッパのある高山の村で暮らす人々など、普通ならば死に至るレベルのヒ素を経口摂取しても死なない人たちが存在する。

アーセニック・イーター――ヒ素を食らう人々

オーストリア南東部に位置し、国内第二の都市グラーツを擁するシュタイアーマルク州。この地方が生んだ最も有名な人物が、ボディビルダーのチャンピオン、映画俳優、そしてカリフォルニア州知事となったアーノルド・シュワルツェネッガーである。シュワルツェネッガーが生まれるおよそ一〇〇年前、スイスの博物学者ヨハン・ヤコブ・フォン・チューディ博士による驚くべきレポートが、一八五一年に発行されたウィーンの医学誌に掲載された。そこには、ヒ素を強壮剤として常食する、シュタイアーマルクの高山地帯で暮らす農民たちのことが書かれていた。

彼らは白いヒ素の塊を歯で噛み砕いたり、すりおろしてパンにかけたりして週に二、三度食べていた。男たちは、ヒ素のおかげで標高の高いシュタイアーマルクアルプスでも呼吸が楽になり、体格も良くなり、消化も良く、病気にかかりにくくなり、性的能力も向上したと主張した。一方で女性たちは、ヒ素を食べると肌の調子がぐんと良くなって「桃とクリーム」のような肌色になり、体つきもよりグラマラスになったという。ヒ素は実際にヘモグロビン（と赤血球）の生成を促すため、血液によって運ばれる酸素の量が増加し、シュタイアーマルクの人々が主張したように、ヒ素のおかげで標高の高い場所でも楽に呼吸ができるようになったのだろう。

シュタイアーマルクの人々がヒ素を好んで食べるようになったのは、その地方で採鉱が始まった一七世紀のことである。ヒ素を含む鉱物を製錬すると、製錬炉の上の煙突に三酸化ヒ素の白い粉が付着する。このヒ素の粉を集めて、塩のようにパンに振りかけ、あるいはコーヒー等の温かい飲み物に溶かして飲むようになったのが始まりだった。鉱夫たちがなぜこのようなことを始めたのかはいまだに謎だが、子どもは米粒ほどの少量のヒ素から始め、徐々に量を増やしていくうちに、通常ならば致死量とされる量でもなんら健康を害することなく食べられるようになっていった。実際、アーセニック・イーターは多くの感染症にかからず概して長生きで、四〇年以上にわたってヒ素を食べつづけていた。男性の多くは三〇〇ミリグラムのヒ素を常食しており、それだけでも成人の致死量をゆうに超えるが、ある人物などは一グラム近い白ヒを定期的に食べていたと伝えられる。ヒ素はその地方の男女の寿命を延ばしたようだが、それだけではなかった。ヒ素の粉末を馬に与えたところ、なんと、馬はより健康に、見た目にも美しくなり、スタミナも増進したという。

じつは、ヒ素は多くの動物にとって必須の微量栄養素である。研究により、ニワトリに微量のヒ素を与えると血管の形成が促進され、ほどよいピンク色のふっくらとした鶏肉になることがわかった。それを踏まえて二〇一三年には、アメリカのすべてのニワトリに飼料としてヒ素が与えられるようになった。ヒ素が人間にとっても必須かどうかはまだわからないが、血液の供給量を増やし、高地でのスタミナを向上させる可能性は高そうだ。

一九世紀半ばの科学・医学界では、ヒ素が猛毒であることは十分に認識されていたため、人がヒ素を食べても無事でいられるなどという話は、ビッグフットやネス湖の怪獣と同等の伝説としか思えなかった。そのため、この新たな発見に対する疑念を払拭するには、公開の場で科学的に実証するのが適切だと思われた。こうして、一八七五年にグラーツで開催されたドイツ芸術科学協会（the German Association of Arts and Sciences）の第四八回会合の場でふたりのアーセニック・イーターが紹介され、聴衆の前でひとりは四〇〇ミリグラム、もうひとりは三〇〇ミリグラムの白ヒを食べてみせた。次の日に再び聴衆の前にあらわれたふたりは、どちらも健康そのものだった。さらに、ふたりから採取した、ヒ素がたっぷり含まれた尿サンプルも提示された。ヒ素は食べられること、そして徐々に量を増やしていけば免疫が得られることは、もはや疑う余地がなかった。

ヒ素を食べた結果、死後にさらに不思議なことが起きる。普通ならば遺体を腐敗させるはずの細菌をヒ素が死滅させるのだ。シュタイアーマルクでは伝統的に、埋葬して一二年後に遺体を墓から掘り出し、取り除いた骨を納骨所におさめ、空いた墓を新たな住人のために空けるしきたりがある。ところが、アーセニック・イーターの遺体はたいてい保存状態が非常に良く、一二年たっても、家族や友人が見れば掘り出した遺体が誰のものか容易にわかる。死後の腐敗を劇的に遅らせるヒ素の力は、毒物学者によって「ヒ素によるミイラ化」と呼ばれている。中・東欧で生まれたヴァンパイア伝説の起源は、亡くなったアーセニック・イーターの保存状態の良い遺体にあるとする説もある。

ヒ素を食べると健康に良いとの情報が広まると、医薬品や化粧品へのヒ素の使用が普及したが、ヒ素に夢中になったのは一般庶民だけではなく、法曹界もまたヒ素の有用性に飛びついた。

ヒ素による毒殺の罪に問われた依頼人を弁護していた弁護士たちは、いわゆるシュタイアーマルク式弁護を考案した。[*3] つまり、死体から発見されたヒ素は犯罪の証拠ではなく、被害者がアーセニック・イーターで強壮剤としてヒ素を摂取していたしるしだと主張したのだ。被害者が自ら招いたヒ素中毒ならば犯罪は行なわれておらず、被告人は放免されなければならないという論法だ。同様に、被告人がヒ素を所持していたとしても犯意を示す事実上の証拠にはならない、なぜなら彼女は(毒殺者はたいてい女性だった)、肌の色つやを良くするためにヒ素を塗っていた可能性があるからだという主張もなされた。

シュタイアーマルク式弁護は被告人側弁護士にとって有益であり、多くの裁判で用いられた。そのひとつが、グラスゴーの社交界に咲いた一輪の花、マデリーン・スミスの裁判だった。ある懐疑的な寄稿者が、《チェンバーズ・エディンバラ・ジャーナル》誌でこう書いている。「シュタイアーマルクシステムを採用している(ヒ素を食べている)人たちはみな、そうである旨を文書で残しておいてほしい。万が一、友人たちの誰かが誤って絞首刑になるといけないからだ」。じつに気のきいた警告である!

ヒ素とムッシュー・ランジェリエのココア

上流社会、スキャンダル、ヴィクトリア朝の風潮、脅迫、そして殺人。これ以上ジャーナリストが望むものがあるだろうか？　新聞各紙はこれを「世紀の裁判」、「犯罪と、熱情と、法廷審問が織りなすスリリングな物語」として報じた。一八五七年七月九日木曜日、エディンバラにある高等法院の外には陪審員の評決を待つ人々が集まり、緊迫した空気が漂っていた。評決いかんで、殺人罪で告発されたマデリーン・スミスの命運が決まる。もし有罪ならば絞首刑になる可能性が高かった。マデリーンが恋人を殺したのは間違いないだろうという見かたが広まっていたが、その一方で、事件を取り巻く状況から、彼女に対する大きな同情も寄せられていた。この事件で唯一の悲劇はマデリーンが自ら殺人を犯さなければならなかった点にある、というのがおおかたの意見だった。

その四カ月前、一八五七年三月二二日の夜九時ごろ、エミール・ランジェリエという青年がスコットランドのグラスゴーにある下宿をあとにした。出かける前、彼は下宿の女主人と言葉を交わし、帰りはだいぶ遅くなるから合い鍵を貸してほしいと頼んだ。女主人が次に彼の姿を見たのは、あくる日の午前二時半だった。ランジェリエは合い鍵を使わず、切羽詰まったように玄関のドアを叩き、呼び鈴を鳴らした。女主人がドアを開けると、ランジェリエは苦しそうにお腹を押さえていた。彼は激しく嘔吐し、かなり具合が悪そうだったので、女主人は医者を呼んだほうがいいと考えた。元気に出かけていったエミールが、数時間後に腹具合が悪いと帰ってくるのはこれが初めてではない。だが、今回はいつもと違うように思えた。七時ごろに医者がやってきて、痛み止めにモルヒネを投与した。数時間後、医者は患者のようすを見に再びやってきたが、もう遅かった。エミール・ランジェリエはすでに亡くなっていた。

一九歳のマデリーン・ハミルトン・スミスは、スコットランドの上位中流階級の家庭に生まれた。父と祖父は有名な建築家で、マデリーンは五人きょうだいの長子、一家はグラスゴーのブライスウッドスクエアに住んでいた。小柄で黒髪のマデリーンはイギリスのお嬢様学校〈ミス・ゴートンズ・アカデミー・フォー・ヤングレディーズ〉で学び、行儀作法や正しい家庭運営といった大事な教養を身につけた。グラスゴーに戻ったあとも、マデリーンは社交活動にいそしみ、パーティーに舞踏会にと忙しい日々を送り、ひと晩で五つのパーティーに出席したという話もある。

ある日、散歩に出た彼女は二六歳のエミール・ランジェリエと出会い、一気に恋に落ちた。しかし不運にも、ヴィクトリア朝の厳しい社会風潮のなかで、ふたりの恋は許されるものではなかった。

ピエール・エミール・ランジェリエは自らフランス人を名乗り、ガリア系の魅力を存分に発揮していた。彼はまた、自分はフランス中心部の城《シャトー》で暮らす貴族や王族と親戚だと吹聴していた。だが実際は、ランジェリエはチャネル諸島にあるイギリス領ジャージー島の出身であり、フランス人ではなかった。また、高貴な生まれどころか、彼は怪しげな卸売店の下級事務員で、週の稼ぎは一〇シリングをわずかに超える程度。下宿屋で週に三～六シリングが相場の部屋を借りて暮らしていることを考えれば、ランジェリエがマデリーンと同じ社会階級であるはずがなかった。

それぞれの社会的背景が異なるにもかかわらず、あるいはその違いゆえなのか、マデリーンはランジェリエを心から慕い、ラブレターを書くようになる。ランジェリエに最初の手紙を書き送ったのは、一家が保有する地方の邸宅に滞在していたときで、街に戻ってからもふたりのあいだで手紙のやりとりが続き、逢瀬のために通りや近くの店で「偶然に」会う約束が取り交わされた。燃えさかるような性的関係が続くなか、ランジェリエはプロポーズし、マデリーンはためらうことなくイエスと答えた。

あるときふたりの関係を知ったマデリーンの父は、二度とランジェリエに会ってはならないと禁じ、関係を断つと彼に手紙で通告するようマデリーンに指示をした。ランジェリエは無一文であるばかりか〝外国人〟であり、マデリーンのような身分の人間にはまったくふさわしくないからだ。マデリーンは父親の意向をくんでランジェリエに会うのをやめたが、彼のほうは引き下がらず、交際を続けてほしいとマデリーンに懇願した。現存するマデリーンの手紙からは、父に禁じられようと、どうにか関係を再開させたいと願う気持ちが伝わってくる。手紙には、「パパは、私が自分の知らない男性と一緒に歩いていたと、ひどく腹を立てていました。でも私は、世間がなんと言おうと気にしません。何も悪いことなどしていない、私の心がそう告げていますから」と書かれていた。ランジェリエは女友達を説き伏せ、マデリーンとの逢引に家を使わせてもらうことにした。マデリーンの目に、この禁断の関係が刺激的かつ魅力的なものに映ったのは間違いなく、ふたりは二年にわたり密会を続けていく。

ランジェリエは受け取った手紙をすべて保管していたが、マデリーンには、父親に見つかるといけないから自分からの手紙はすべて燃やしてしまうよう命じていた。残されたわずか数通の手紙からは、彼が要求の多い支配的な恋人であったことがわかる。着るべき服、行っていい場所、口をきいていい相手などを、彼はマデリーンに指示していた。一方でマデリーンの手紙からは、承認されようと必死になっている不安げな若い女性の姿が浮かび上がる。

このように危険信号がいくつも点灯しているにもかかわらず、一八五六年にふたりは結婚を計画していた。マデリーンが不道徳な関係を再開したとは知らず、彼女の両親はそろそろ娘をしかるべき男性と結婚させようと考えた。そして実際に、ウィリアム・ミノックというふさわしい相手がすぐに見つかった。年収はランジェリエの一〇〇倍を超える三〇〇〇ポンド、ミノックは明らかに、マデリーンのライフスタイルを支える夫として、はるかにふさわしい相手だった。マデリーンも徐々に、ランジェリエとの愛を貫き貧乏になるよりも、ミノックと結婚して裕福に暮らすほうがいいと気づきはじめる。そしてミノックがプロポーズすると、彼女は快諾した。

しかし、ランジェリエはどうなるのか？　彼はまだマデリーンのラブレターをすべて持っている。なかにはふたりの「罪深い親密さ」の証拠となる手紙もあった。ランジェリエが新しい婚約者に手紙を渡すと脅しをかけてくるかもしれないと思うと、マデリーンはたまらなく不安になった。そんなことになれば、彼女の評判は地に落ちてしまう。

マデリーンはよく、自宅の半地下階にある寝室の窓越しにランジェリエと言葉を交わし、冷える晩には窓からそっとココアを渡していた。これで問題が解決できそうだと、マデリーンは地元の薬局でヒ素の粉末を手に入れた。そして二月一九日木曜日、窓越しにランジェリエと話をしながら、マデリーンは彼に温かいココアを与えた。その後、下宿に戻ったランジェリエはひどく具合が悪くなり、緑色の胆汁を激しく嘔吐するのを女主人が見ている。翌日の午前中、マデリーンは自宅を出ると、近くのソーキホール・ストリートにある〈マードック・ブラザーズ薬局〉に行き、また六ペンス分のヒ素を購入した。そしてその晩も、窓越しに再びココアが与えられた。

のちに警察がランジェリエの日記を発見すると、そこには「気分が悪い」、「ミミ（マデリーン）と応接室で会って……ひどく具合が悪くなった」、「彼女がくれるコーヒーやココアを飲むと、そのあとひどく気分が悪くなるのはなぜだろう」といった、犯罪の証拠となりそうな記述がいくつかあった。三月二二日の晩、苦しそうに腹を押さえて呻きながら、よろよろと通りを歩くランジェリエの姿が目撃された。下宿に帰り着いたとき、彼はひどく痛がり、激しく嘔吐していた。下宿の女主人ミセス・ジェンキンズは心配になって医者を呼んだ。最初にやってきたとき、医者は痛み止めにモルヒネを与えたが、午前中にもう一度やってきたときには、カーテンを閉めるようにと険しい表情でミセス・ジェンキンズに告げた。ランジェリエはすでにこと切れていた。

解剖の結果、ランジェリエの胃から五グラム近いヒ素が検出された。当時、これほど多量のヒ素が被害者の体内から発見された毒殺事件はほかになかった。被害者に気づかれずにそれだけ多くのヒ素を投与するのは不可能に思えるが、その後の裁判で検察側が指摘したように、六グラム（致死量の四〇倍）以内であれば、ヒ素の微粉末をティースプーン二杯程度のココアと一緒にティーカップに入れ、牛乳またはお湯に溶かしてしまえばおかしな匂いや味はしない。逮捕後、マデリーンの身柄は裁判のためにエディンバラに移され、そこで彼女は「不道徳かつ凶悪な意図をもって」ランジェリエを毒殺した罪に問われた。

婚前交渉、脅迫の可能性、殺人、外国人、そして階級の垣根を越えた親密な関係――それらのスキャンダルによって、この裁判が衆目を集めるのは必至だった。イギリスはもちろんニューヨークにおいても、主要な新聞に証拠がほぼ一言一句掲載された。マデリーンが有罪か無罪かでマスコミの意見は二分された。一方で、マデリーンはヒ素を購入し使用したことをあっさり認めた。そして彼女は、ある有名な女優の娘からヒ素を使うと肌が良くなると勧められ、言われたとおりに薄めたヒ素を顔や首、腕に塗っていたと証言したのだ。

ランジェリエの死をめぐってはさまざまな説が浮上したが、そのひとつに、彼はアーセニック・

イーターだったというものがある。彼はヒ素を使って馬にスタミナをつける方法を知っていたとされ、自らも化粧品として、また呼吸を楽にするためにヒ素を摂取していたことが知られていた。実際、ランジェリエが亡くなる前日の日曜の晩に薬局でヒ素の粉末を買ったと裁判で証言する者もいた。

当然ながら、弁護側はランジェリエがアーセニック・イーターだったという説に飛びつき、イギリスで行われる裁判では初めてシュタイアーマルク式弁護を展開し、被害者と被告人の双方にヒ素を所有する正当な理由があったと主張した。九日間の評議の末、陪審員は最終的に「証拠不十分」の評決を下した。スコットランド法における証拠不十分とは、マデリーンを無罪と断定したのではなく、検察が合理的な疑いを超えて彼女の有罪を証明できなかったという意味だ。

裁判中、報道では三つの見かたが支持された。ひとつは、マデリーン・スミスは無実で、彼女の恋人は自殺もしくは過失によるヒ素の過剰摂取で死んだというもの。もうひとつは、スミスは殺人を犯したのだから罰を受けるべきだというもの。そして断トツで支持率が高かったのが、スミスはおそらく殺したが、ランジェリエの自業自得だというものだった。

裁判が終わったあと、マデリーンがもはやスコットランドで暮らせないのは明らかだった。彼女は弟ジェームズとともにイングランドに移り住み、名前もリーナに変えた。彼女はそこでジョージ・ワードルという画家と出会って結婚し、トムとキトゥンというふたりの子どもにも恵まれた。リーナは裕福な中流階級の暮らしを続け、一家の女主人として人々に親しまれた。しかしその一方で、彼女はディナーの席でテーブルクロスを使わず、代わりにランチョンマットを使うスタイルを創始し、物議をかもした。いまの感覚では笑えるほど些細なことに思えるかもしれないが、当時はピアノの脚さえもむき出しは許されず、慎み深く覆われていたことを忘れてはならない。リーナの結婚は長くは続かず、二八年後にふたりは別れた。七〇歳のとき、リーナはニューヨークにいる息子のもとに移り住み、九三歳という高齢で亡くなった。

ヒ素はどう命を奪うのか

多くの人は、総称である「ヒ素」という言葉を〝毒〟の意味で使っているが、殺人に関与するのは通常、純粋なヒ素ではなくヒ素を含む化合物だ。実際、純粋なヒ素を食べたとしても、腸での吸収が悪くすばやく体外に排出されるため、さほど害にはならない。その他の形のヒ素のほうがはるかに危険だ。

ヴィクトリア朝時代、家庭にガス灯が導入されたことで壁紙を強い色調にすることが可能になり、なかでも目に鮮やかなシェーレグリーンが大流行した。ヒ素が含まれるこの緑色の顔料を壁紙に使うと、家が明るくなるばかりでなく、トコジラミ（ナンキンムシ）の害が減るというプラスの効果が得られたのだ。壁紙製造会社にとっては朗報であり、宣伝効果はすぐにあらわれた。ところが残念なことに、トコジラミを殺す要素は人間にも影響を及ぼしはじめた。壁紙を貼るさい、小麦と水を混ぜたシンプルな糊が使われていたが、湿気の多い気候では、この糊がカビにとって格好の餌となり、とりわけスコプラリオプシス・ブレビカウリスというカビが繁殖した。このカビは、糊と壁紙の材料であるセルロースに生え、それらをゆっくりと消化しながらよく成長した。カビが紙を代謝させていくと化学反応が起き、紙に含まれる固体のヒ素がアルシン（水素化ヒ素）と呼ばれる揮発性のガスに変化する。ちなみにこのアルシンは、ニンニクのような独特な匂いがするガスだ。アルシンガスは赤血球を破壊して体内を循環する酸素量を減少させるため、必然的に窒息が起きる。トコジラミに刺されずにすむとしても、同時に自分が壁紙に少しずつ命を奪われていくというのは、多くの人が寝室に求める静かでリラックスした雰囲気とはほど遠い。だが不思議なことに、アルシンガスではヒ素中毒に特徴的な症状は出ないのだ。

典型的なヒ素中毒は、細胞の正常な生化学的反応が阻害されることで起きる。ヒ素化合物は腸から容易に吸収されるため、食べ物や飲み物がヒ素の主要な摂取経路となる。ヒ素の毒性はおもにヒ酸塩と亜ヒ酸塩という二つの形態と関連し、それぞれが独自の方法で死を引き起こす。

ヒ酸塩は、化学的にも構造的にももうひとつの重要な分子であるリン酸塩と似ている。実際、似すぎていて身体は両者を区別できない。リン酸塩はDNAの二重らせんの重要な要素であり、酵素と結合したり離れたりしてその働きを変化させ、身体のエネルギー源であるアデノシン三リン酸（ATP）の一部となる。ヒ酸塩が命を奪うのは、リン酸塩の代わりにATPに取り込まれるが、リン酸塩とは違って細胞にエネルギーを供給しないからだ。ちょうど、子どものオモチャを動かす電池と同じだ。使えなくなった電池は新しいものと見た目は同じだが、オモチャに入れても何も起こらない。それと同じように、ヒ酸塩が細胞内に侵入すると、ATPからのエネルギー供給が急にストップする。細胞が行なうすべての処理や反応に必要なエネルギーがなくなれば、細胞の活動は完全に止まってしまう。

有毒なヒ素化合物として最も一般的なのは、三酸化ヒ素、アルシンガス、そしてシェーレグリーンをはじめとするヒ素を含む顔料だ。製錬のさいに煙突の内側が白い粉で覆われたことから、三酸化ヒ素は白ヒとも呼ばれる。

体内の化学反応は酵素によって行なわれ、酵素のなかには硫黄を含むアミノ酸（含硫アミノ酸）でできているものもある。多くの場合、含硫アミノ酸は酵素を正しい形に維持する働きをもつが、亜ヒ酸塩が含硫アミノ酸の硫黄と強く結合すると、硫黄は酵素を結びつけておくという本来の役割が果たせなくなる。その結果ばらばらになった酵素は、もはや機能を果たせず働きをやめてしまう。口から入り吸収された亜ヒ酸塩は血流によって全身に運ばれ、硫黄を含む酵素やタンパク質と出会い、その動きを阻止する可能性がある。

体内には硫黄を含む酵素が多数存在し、それぞれ異なる機能を果たしているため、亜ヒ酸塩による症状は多様なものになりうる。含硫アミノ酸を多分に含むタンパク質のひとつが、爪や毛を構成するケラチンだ。髪の毛のサンプルに含まれるヒ素の量を測定すれば、たいていは身体がどれだけのヒ素に曝されたかを知ることができる。

ナポレオン・ボナパルトは一八二一年に死去したが、謎に包まれたその死をめぐってはさまざまな説がささやかれている。流刑地セントヘレナ島で過ごした最期の数カ月、ナポレオンは体調がすぐれず、ひどい胃痛に悩まされていた。死後に行なわれた解剖では、ナポレオンの死因は胃がんであったと示唆されたが、毒殺の噂が広まるのにそう長くはかからなかった。当然ながら、イギリス人はフランス人のしわざだと主張し、フランス人はイギリス人のせいにした。一九六〇年代、死後まもなくナポレオンの頭から切り取られた遺髪を使い、ヒ素含有量の分析が行なわれた。すると異常に高い濃度のヒ素が検出されたが、そのヒ素はどうやってナポレオンの体内に取り込まれたのだろうか？　ひとつの説は、壁紙に由来するというものだった。驚いたことに、ナポレオンの寝室に貼られていた壁紙のサンプルが一九八〇年代に発見された。その壁紙に使われたシェーレグリーンの顔料にはたしかにヒ素が含まれていたが、ナポレオンを殺すのに十分な量だったかどうかはわからない。より真実味があるのは、ナポレオンは具合が悪くなってすぐに医者を呼んだが、彼らが勧めた下剤や薬が壁紙以上に害を及ぼしたという説だ。あるときナポレオンは、「きみたち医者はわれわれ軍人以上に、あの世にいる多くの命に責任を取らなければならないだろう」と述べたという。

マーシュとヒ素の検出

ヒ素がらみの裁判で繰り広げられた〝いたちごっこ〟で、被告人はシュタイアーマルク式弁護という頼れる逃げ場を得た。一方、検察側はなかなかヒ素による死亡を立証できずに苦労した。しかしそれも、マーシュが登場するまでのことだった。一八世紀になると分析化学という新しいサイエンスが誕生したが、医師たちは死因を殺人ではなく自然な病死と見なす傾向が強く、ヒ素を使った毒殺魔の多くが裁判を免れた。ヒ素中毒の症状は食中毒と非常に似ているため、医師が毒殺を疑うことはめったになかったからだ。化学者たちは死体の臓器からヒ素の証拠を見つける方法を学んでいたが、結果は予想が難しく再現性も不確かで、多くの弁護士が法廷で自分が扱う事件を託せるようなものではなかった。一八三二年、ジョン・ボドルは八〇歳になる祖父ジョージ・ボドルを殺害した罪で起訴された。ジョージの農場で働いていたメイドが、祖父が死んでくれれば自分に二万ポンド(現在の価値にして二三〇万ポンド)の資産が入るとジョンが話していたと証言した。

地元の薬剤師は、ジョージが亡くなる数日前にジョンがたしかに多量のヒ素を購入したと語った。若き化学者ジェームズ・マーシュもまた検察側の証人として法廷に立ち、ジョンが祖父に与えた疑わしいコーヒーから、さらには検死のさいに摘出された臓器から、たしかにヒ素が発見されたと証言するよう依頼されていた。当時のスタンダードなヒ素検出法は、硫化水素ガスをヒ素溶液にくぐらせて硫化ヒ素をつくるやりかたで、現にマーシュはジョージ・ボドルの組織内にヒ素が存在することを物語る硫化ヒ素の沈殿物を得たが、裁判が始まったときにはすでに沈殿物は色褪せ、被告人側の弁護士は、この証拠には価値がないと陪審員に確信させた。そのころの裁判のゆくえは、ほぼ被告人の人柄次第だった。ジョンは感じの良い青年で、同様にヒ素入りの殺鼠剤を入手できた父親よりもずっと善良に見えた。彼の人柄に関する証拠が出揃うと、裁判官は無罪の評決を言い渡し、ジョン青年は自由の身となった。

ところがその後、ボドルは法医学的証拠をあざ笑うかのように、祖父を殺害したと自白した。もちろん、同じ罪で二度裁かれることはないと知った上でのことだ。マーシュは、ボドルの有罪を証明する決定的証拠を提供できなかったことに落胆した。実験室に戻った彼は数年のあいだひたすら研究を続け、一八三六年に死体からヒ素を検出する確実な方法を発見した。まず、被害者の組織を細かく刻み、強酸を加えて加熱することで有機物を破壊し、ヒ素を溶液化する。次にその酸性溶液に少量の亜鉛を加えてヒ素を気化させ、アルシンガスを発生させる。加熱すると、アルシンは再びヒ素と水素に分解され、ヒ素が含まれていれば凝結し、磁器またはガラスの板にメタリックな灰色の膜として付着する。ヒ素が付着する前後のガラス板の重量を比較すれば、サンプルに含まれるヒ素の量が特定されるというわけだ。

療法としてのヒ素

意外にも、ヒ素には殺人の道具としての歴史と同じくらい、治療薬として用いられてきた歴史がある。医学史上最も有名な人物のひとりヒポクラテス（紀元前四六〇～三七七年）もまた、リアルガー（鶏冠石）という鉱物、ヒ素と硫黄を含むルビー色の結晶岩を治療に使っていた。

一七七一年六月、ロンドンのトーマス・ウィルソンは〈Tasteless Ague and Fever Drops（味のない瘧《おこり》及び発熱用滴薬《ドロップ》）〉と名付けた治療薬で特許を取得した。瘧というのはマラリアか、発熱や震えをともなう他の疾病らしく、イギリス各地で流行していた。マラリア原虫などある種の寄生生物は、短期間治療に用いても人体に害が及ばない低用量のヒ素に敏感に反応するようだ。実際、ヒ素溶液はある非常に厄介な――梅毒を引き起こす――寄生虫に対処できる最初の治療薬でもあった。

治療薬の売り込みに遠慮のないウィルソンは、特許薬を「多くの経験により、瘧や長びく発熱に絶大な効果を発揮すると実証された合成薬。樹皮（たとえばヤナギの樹皮から抽出されたアスピリンなど）も他のいかなる薬も効かない最も頑固な症例にも効果あり」と大げさに宣伝した。とはいえ、ウィルソンの〈発熱用ドロップ〉は実際に効いたらしく、イギリスじゅうの病院で採用された。

イングランド中部地方、スタッフォード郡診療所の医師であったトーマス・ファウラーは〈発熱用ドロップ〉の効果にいたく感銘を受け、診療所の薬剤師を説き伏せてこの薬を分析させたところ、ある成分が発見された。薬効成分として含まれていたのは、ヒ素だった。そこでファウラー医師はこの薬を独自に開発し、身近にいる患者たちで試して十分な情報が得られると、それを一冊の本にまとめた。*Medical Reports of the Effect of Arsenic in the Cure of Agues, Remitting Fevers, and Periodic Headaches*（瘧、発熱、断続的頭痛の治療におけるヒ素の効果に関する医学的レポート）のなかで、ファウラーは瘧の症例二七一件のうち一七一人の患者が彼の薬で「治癒した」と報告している。マーケティングに意欲的な彼は、自身の薬に誰もが毒と認識しているヒ素が関わっているのは商売的によろしくないと考え、"ミネラル・ソリューション" として世に送り出した。

ファウラーが独自に開発した水薬《ソリューション》には三酸化ヒ素、蒸留水のほか、植物エキスが含まれていた。また、より「薬効がありそうに」見せるためにラベンダー油も加えられた。このミネラル・ソリューションはすぐに〈ファウラーズ・ソリューション〉として知られるようになり、癲癇《てんかん》やヒステリー、憂鬱、浮腫、梅毒、潰瘍、がん、消化不良などの治療薬として急速に普及した。そしてもちろん、有名人のお墨付きほど効果的な宣伝はない。エディンバラにある王立医師会の副会長で、ヴィクトリア女王がスコットランドに滞在中は侍医を務めたジェームズ・ベグビーが〈ファウラーズ・ソリューション〉の健康効果を絶賛したことで、幅広い人気はほぼ確実となった。

ファウラーのミネラル・ソリューションは梅毒や一種のがんには効果があったようだが、一八世紀から一九世紀の薬剤には、特定の病気によく効くとなんにでも効くと思い込まれる困った問題があった。ヒ素を含む溶液が憂鬱やヒステリーのような漠然とした症状に効果を発揮したとはとうてい思えない。とはいえ、一八世紀から一九世紀にかけてヒ素が害虫の駆除に広く使用されたおかげで、ネズミに寄生するノミが媒介する病気を減らすことができた。また、現代医学ではヒ素溶液が治療に使われることはなくなったが、最近になって、ある種の白血病の治療薬として再び注目されるようになった。

ヒ素は間違いなく公衆衛生の向上への出発点となったが、次章では、成長する町や都市における疾病の削減に多大な影響を及ぼしたある化学物質について見ていこう。じつはほとんどの台所のシンクの下で、その化学物質が見つかる可能性が高い。

第一一章　塩素とラフキンの殺人看護師

平時の科学者は人間に属するが、
戦争が起きれば祖国に属する。

フリッツ・ハーバー（一九一八年ノーベル化学賞受賞者）

化学兵器

二〇世紀初頭、ヨーロッパ全土で社会的・政治的情勢が大きく変化した。一九〇一年にヴィクトリア女王が世を去り、それまでのイギリス王室で最も長かった在位期間が終了した。一九一四年には、ヨーロッパ史上最大規模の戦争が始まった。ドイツの科学者が最初の化学兵器を生み出したのは、この「すべての戦争を終わらせるための戦争」のさなかだった。

フリッツ・ハーバーは、一八六八年にブレスラウ（現在はポーランドのヴロツワフ）で生まれた。田舎で育ったユダヤ人の少年だった彼は、ドイツ人の成功者となることを目指し、ベルリンで化学を学んだ。第一次世界大戦が勃発したとき、ベルリンのカイザー・ヴィルヘルム物理化学研究所の所長を務めていたハーバーは、愛国心を証明したいとの強い思いから、自ら進んで軍服を身に着け、ドイツ陸軍省の顧問となった。

化学の力を使えば、連合国を塹壕から追い出しドイツに勝利をもたらすことができる、ハーバーはそう確信していた。塹壕を空《から》にするため彼が使おうとしている道具、それ毒ガスだった。塩素ガスが最も効果的な武器になると彼は判断したが、問題はどのようにしてそれを散布するかだ。初期の散布実験では、数名のドイツ軍兵士が命を落とした。ドイツ軍の将校たちは、化学兵器を使うことの正しさをハーバーほど確信していなかった。ある将官は化学兵器を「非騎士道的」と呼び、別の将官は「まるでネズミを殺すように敵を毒殺するとは、じつに不快だ」と断じた。しかし、一九一五年に入りいくつかの戦線で敗北を喫すると、ドイツ軍は化学兵器を配備する意志を固めた。[*1]

ドイツ軍の塹壕から連合国軍の塹壕に塩素ガスを運べる程度に強いが、ガスを消散させてしまうほど強くはない、そのような理想的な風の状態になるのを何週間も待ったあと、ハーバーはベルギーのイーペルにある塹壕にいる連合国兵士に向けて、約一六八トンの塩素を放った。「低い黄色の壁」のように見える、パイナップルとコショウを混ぜたような匂いがする不快な雲が、連合国の塹壕のほうに漂い流れていった。

当初、黄緑色の雲は煙幕で、その陰からドイツの歩兵部隊が攻撃してくるのだろうと考えられた。しかし、ガスが塹壕に到達すると、誰も予想だにしなかったことが起きた。空気よりも重い塩素は、塹壕に流れ込むと、当然ながら底のほうに沈んでいった。ガスを吸い込んだ兵士たちは、胸の痛みと喉の焼けるような感覚を訴えた。この攻撃はのちに、「溺死も同然の死を、乾いた陸の上で迎えたようなもの」と描写された。「ガスの作用で頭が割れるように痛み、激しい喉の渇きが起き（水を飲めば一瞬にして死ぬ）、肺にはナイフの刃を当てられたような激痛が走り、咳き込んで胃や肺から緑っぽい泡を吐き、ついには意識を失い死に至った。それは悪魔のごとく残酷な死」だった。約一万人の兵士が毒ガスの影響を受け、その半数近くが、塩素が塹壕に流れ込んで一〇分以内に窒息死した。

ハーバーは自身が考案した化学兵器の効果に舞い上がり、ガス濃度と被ばく時間、死亡率の関係を示す数学モデルまでつくり、自ら「ハーバーの法則」と名付けた。第一次世界大戦では、塩素ガスよりも従来型の兵器のほうがはるかに多くの人を殺したが、初めて導入された化学兵器は、戦争の恐怖に新たな次元を開いたのである。

塩素はなぜ有毒なのか

こんにちでは、意図的に塩素ガスを浴びせられるようなことは考えられないが、塩素を入れすぎたプールで泳いだことのある人ならば、塩素がいかに皮膚や目を刺激するかわかるはずだ。

目、鼻、口、肺などの組織は薄い体液の層で覆われている。この薄い層が、臓器の潤いを保ち正常に機能させる重要な役目を担っている。涙は目の炎症や感染を防ぎ、傷がつかないよう保護している。口を覆う唾液の膜もまた粘液と抗生物質を含み、食べ物の嚥下を円滑にし、同時に潰瘍や虫歯の原因になりうる細菌を殺してくれる。鼻と気道を覆う体液はとりわけ粘着性が高く、肺に入れば感染症を引き起こす可能性のある粉塵やウィルス、細菌をとらえる。もちろん、こうした防御機能も大量の細菌やウィルスに曝されれば限界に達するが、通常は非常にうまく機能している。しかし、塩素ガスは私たちを守ってくれるこの薄い体液の層に溶け込み、問題を引き起こす。

塩素が水に溶けると、次亜塩素酸と塩化水素酸（塩酸）という二種類の酸ができる。塩化水素酸は私たちの身体にとって非常になじみ深い酸だ。胃でつくられ、口から入った細菌を殺し、食べ物を分解するのがこの酸だからだ。胃は濃縮された塩化水素酸をつくるが、一方で自らがつくる酸から胃そのものを守るためにしっかりと対策をほどこしている。厚い粘膜が胃の内膜を覆い、酸と胃内膜の細胞とを物理的に隔てるバリアとなっているのだ。

しかし、そのような防御機構が目や肺には備わっていないため、塩素やその酸がダイレクトに触れることになる。目を覆う薄い液膜に溶けた塩素は目を攻撃し、痛みをともなう炎症を引き起こして一時的に失明させることもある。しかし、目にもひとつだけ防御機構がある。それは涙の分泌だ。目が刺激を受けると涙が出て刺激物を洗い流す。目が塩素に長時間曝されたのでなければ、涙が次亜塩素酸や塩化水素酸を洗い流し、最終的には炎症がおさまり視力も回復する。

一方、肺には防御機構がほとんどないため、塩素の吸入によって生成された酸は、肺の組織を強く刺激し損傷を与える。するとすぐに気道が収縮し、有害な塩素がさらに肺の奥まで入りこまないよう食い止めようとする。だが肺の奥は二酸化炭素と酸素の交換が行われる場所であり、気道の収縮で酸素の流れも制限されるため呼吸困難におちいり、空気を求めてあえぐことで、ますます肺に塩素を取り込む結果となる。

肺組織が刺激を受けると咳が出るが、通常は良いことだ。肺から強制的に空気を放出することで、細かいほこりや細菌を追い出すのに役立つからだ。しかし塩素に曝されると、この正常な咳反応が暴走して激しい咳の発作が長く続き、呼吸が困難になる。そして気道や肺の内側のデリケートな細胞が死滅しはじめると、炎症により繊細な肺組織がたちまち損傷する。塩素による死を免れ戦争を生きのびた兵士も、その多くが生涯にわたり呼吸困難に苦しめられた。多量の塩素を吸入すると肺は大きなダメージを受け、まわりの血管から染み出す余分な水分が徐々に肺のなかにたまっていく。そうなると窒息が起き、文字通り自分の体液で溺れ死ぬことになる。

塩素中毒に有効な解毒剤は存在しない。誰かが塩素に曝されたなら、まずは早急に塩素から遠ざけるのが重要だ。そのあとは患者が呼吸を続けられるようにするしか手立てはない。死は比較的早く訪れる場合もあれば、長く苦悶に満ちたものとなる場合もあり、それはどれだけの塩素に曝されたか、どの程度のダメージを受けたかで異なる。

恩恵をもたらした塩素

塩素からできる次亜塩素酸は、不適切な使いかたをすれば人体に深刻なダメージを及ぼすが、その一方で、公衆衛生に非常に大きな恩恵をもたらしてきた。

一九世紀のパリでは、楽器の弦や金箔師の皮（金箔を打つさいに使う、牛の腸でつくった薄いシート）になる動物の腸の需要が非常に高かった。腸が加工される〝臓物工場〟は悪臭がひどく、動物の腸からは大量の病原菌が放出されるため、非常に危険な場所でもあった。問題があまりにも深刻であったため、フランス国内産業促進協会（French Society for the Encouragement of National Industry）は一八二〇年、動物の腸を腐敗させずに加工する方法を考案した者に賞金を出すことにした。

賞金を手にしたのは、塩素を水にくぐらせるとある溶液――次亜塩素酸――ができ、それを使えば腐敗臭を防ぎ、腐敗そのものも防げることを発見したアントワーヌ・ジェルマン・ラバラックだった。彼の溶液は、便所や下水道、屠殺場、解剖実習室、刑務所、死体保管所などで用いられるようになった。ラバラックはまた、医師が塩素化石灰で手を洗うことを推奨し、伝染病患者のベッドにもそれを振りかけるよう勧めた。そして残念なことに、患者を診察する前に医師が塩素を吸引することも推奨したのである。

おそらくラバラックの塩素溶液が最も有名になったのは、一八四七年にイグナーツ・センメルヴェイス医師が塩素を使ってオーストリアの医師たちの手を〝消臭〟したときだろう。センメルヴェイスは、医師たちが「解剖室から分娩室に腐敗臭を運んできている」ことに気づいた。病院での医師による出産では、助産婦による出産よりも、さらには路上での出産と比べても分娩中の死亡率が著しく高かったのだ。[*2] 当初、センメルヴェイスのこの見解は冷笑されたが、彼がラバラック溶液を使ったことで、いまでは当たり前になった〝病気の蔓延を防ぐための手洗い習慣〟が始まったのである。ラバラックの塩素溶液はいまや世界中で使用され、調理台やシンクに塗布されたり洗濯物と一緒に投入されたりしている。なお、この塩素溶液は一般的に〝家庭用漂白剤〟として知られている。

漂白剤による死

アメリカでは成人の約一五パーセントが慢性腎臓病を患っている。腎臓病は、治療せずに放置すると脳卒中や心臓発作を引き起こし、死に至ることもある。透析とは、正常な機能を果たさなくなった腎臓に代わって血液を浄化する人工の腎臓であり、腎臓病患者にとっては文字通り命綱である。コロラド州デンヴァーに拠点を置くダヴィータ社は、イタリア語で「命を与える」を意味する社名をもつ透析業界の大手企業のひとつだ。医療を必要とする人々にとって、ダヴィータはまさしく生命線《ライフライン》である。ところが二〇〇八年の初め、ある看護師がそのライフラインを悪用し、無情にも、命を与えるための装置を殺人の道具にしたのである。

キンバリー・クラーク・サエンスは、一九七三年にテキサス州で生まれた。父親はトラック運送会社に勤務し、母親は地元のウォルマートで働いていた。肺炎で入院したキンバリーは病院で手厚い看護を受け、将来は自分も人のケアをする仕事につきたいと考えるようになった。やがて彼女は地元のコミュニティカレッジに入学し、准看護師の資格をとって卒業した。

だが働きはじめた当初から、キンバリーは〝月間最優秀従業員賞〟を受賞するように運命づけられてはいなかった。二年のあいだに、彼女は二つの病院のほか、介護施設、クリニック、在宅医療施設をクビになった。テキサス州ヒューストンの北東一二〇マイルに位置するラフキンのウッドランド・ハイツ医療センターに勤務していたところ、規制薬物の在庫が減っていくことにスタッフと管理者が気づき調査したところ、サエンスにたどりついた。彼女のハンドバッグにはモルヒネに似た作用をもつオピオイド鎮痛薬のデメロールがいっぱい詰まっていた。サエンスは薬を盗んでいただけでなく、薬物乱用を隠すために自身の尿検査の検体を偽装していた。当然、サエンスはこの病院を去ることを余儀なくされ、テキサス州看護師協会は彼女の行動を調査しはじめた。

協会の調査はまだ続いていたため、サエンスの転職先が協議内容を見ることはできない。ダヴィータの透析クリニックへの就職が決まったとき、彼女があとに残してきた問題の数々を、雇い主や患者たちは何も知らなかった。サエンスは診療看護師だが、患者を透析機につなぎ、透析を受けているあいだの世話をする介護士的な役目も求められることがしばしばあった。サエンスはどうやら、単に透析機に患者をつなぐような仕事は自分にふさわしくないと感じていたようだ。彼女は雇い主からの不当な扱いについて他のスタッフに不満を漏らし、自分が担当する患者への反感も口に出していた。ある職員は、サエンスは特に五人の患者を嫌っていたと証言している。偶然にもその全員が、サエンスの手を通じて透析治療を受けているあいだに死亡または負傷した。

腎臓はさまざまな働きをし、体内環境を整えて健康維持に貢献している。腎臓は血圧のコントロールに重要な役割を果たし、食事からカルシウムを吸収するのに必要な活性型ビタミンDであるカルシトリオールをつくりだす。また、赤血球の生成を促すエリスロポエチン（EPO）というホルモンもつくる。一日におよそ二〇回、腎臓は全身の血液をろ過している。血液がろ過されるさい、たとえば糖やアミノ酸など身体が保持しておきたいものは血液に再吸収される。一方で血液から取り除く必要がある不純物は尿とともに排泄されるよう膀胱に送られる。腎機能に障害がある場合は透析機が本来の腎臓の働きを代行するため、患者は一日おきくらいに透析センターに通って血液をろ過してもらう。

テキサス州ラフキンにあるダヴィータの透析センターは、他の多くの医療機関と同様に明るく清潔で、かすかだがすぐにそれとわかる消毒液の匂いがした。ダヴィータでは消毒・殺菌にはおもに漂白剤《ブリーチ》が使われ、毎週スタッフが透析機に漂白液をかけ、潜んでいるかもしれない有害な細菌を除去し、そのあとは機械に漂白剤が残らないように大量の水で念入りに洗い落とした。床に垂れた血を拭くのにも漂白剤が使われ、患者が治療を終えるたびに、椅子と透析機、さらにその周辺も漂白剤で拭き清められた。

透析はすぐに終わるものではなく、患者の多くは一日おきに三、四時間を治療に費やす。ダヴィータでは、治療中は三〇分ごとに患者のバイタルをチェックする決まりになっていた。

クララ・ストレンジは、二〇〇八年四月一日火曜日にラフキンのダヴィータセンターで透析を受けることになっていた。午前一一時三四分に彼女は透析機に接続され、血液の浄化が始まった。そのあと昼過ぎまで、ストレンジは元気そうにしていた。ところが、三〇分の休憩から戻ってきた介護士は、ストレンジが椅子の上でぐったりしているのを見て愕然とした。反応はなく、脈も止まっていた。介護士は助けを呼び、すぐに救急カート《クラッシュ》が運び込まれた。医師や看護師が駆けつけ蘇生を試みたが、ストレンジは透析機とつながったまま心停止により死亡した。

テルマ・メトカーフは、クララ・ストレンジと同じ時間に透析の予約を入れており、同じ透析機をふたりで使っていた。センターにやってきたときには上機嫌で、ここでの仲間たちと会ってうれしそうにおしゃべりしていたが、午後三時〇五分、クララ・ストレンジの死亡が確認されてまもなく、メトカーフも同じように意識を失い、心拍停止におちいっているのが発見された。ストレンジを蘇生させるために運び込まれたクラッシュカートは、誰も片付ける暇がないまま、まだそばに置かれていた。医療チームがメトカーフの心臓を蘇生させようとしているあいだ、キンバリー・サエンスは何度もメトカーフの呼吸介助を求められたが、彼女の態度は冷ややかで無関心そうに見えた。救急救命士が到着し、メトカーフは急いで病院に搬送された。救急車のなかで、鼓動を再開させようと三回にわたりアドレナリンが注入されたがすでに手遅れで、メトカーフは心停止により死亡した状態で病院に到着した。

透析中に患者が心停止におちいる確率は、透析一〇万回のうち七回だ。それが数分のうちに偶然ふたりに起きる確率となると、一〇億回のうち一回あるかないかだろう。宝くじが当たる確率は三億分の一だから、そちらのほうがずっと高い。

州やダヴィータの本社から調査員がやってきて、適切な人材教育の欠如、不十分な記録管理、一貫性のない消毒・殺菌が指摘されたが、犯罪の可能性を示唆した者はいなかった。

四月一六日、五九歳のガーリン・ケリーが透析を受けにやってきた。早起きの彼は午前五時三六分には透析機に接続され、そのときは元気だった。二時間後もケリーはまだ元気だった。午前七時三五分、ケリーの担当看護師シャロン・ディアモンはケリーに背を向け、別の患者の世話をしていた。すると突然ケリーの透析機のアラームが作動し、室内に警報が鳴り響いた。ディアモンがとっさに振り向くと、キンバリー・サエンスが必死になってアラームをリセットしようとしていた。何が起きているのか確かめようとディアモンが急いで駆け寄ると、ケリーは椅子の上でぐったりとして意識がなかった。ディアモンは大声で助けを呼び、ケリーの透析ラインを遮断し、心肺蘇生法を始めた。

ディアモンの応援要請に応じて駆けつけたスタッフのひとりが、正看護師のシャロン・スミスだった。後日取材を受けたスミスは、透析機の血液ラインのなかに何かがあるのに気付いたときのことを語った。それは奇妙な血栓のように見えたが、繊維状で、髪の毛に似ていた。「それまで見たことのないものでしたし、その後も目にしたことはありません」とスミスは言った。ディアモンもまた、そのおかしな茶色い塊のことを覚えていた。ケリーは意識が戻らないまま病院に搬送され、それから四カ月のあいだ昏睡状態が続き、一度も目を覚ますことなく亡くなった。

ラフキンのダヴィータ透析センターでは、透析中に心臓合併症を起こした患者が使用した静脈ラインや注射器はすべて回収し保管するという方針を打ち出していたが、テルマ・メトカーフとクララ・ストレンジが亡くなるまでは、ほぼ守られていなかった。四月一六日、その方針に則って、ガーリン・ケリーが使用した血液ラインがまだ注射器がついたまま袋に入れられ冷凍庫に保管された。そしてその後の法医学的検査で、漂白剤の存在が明らかになるのである。

二〇〇八年四月二八日、透析センターにやってきたマーヴァ・ローンは、午前五時五二分には透析機に接続され、数時間に及ぶ治療の準備を整えていた。ところが八時一五分ごろ、事態は急激に悪化しはじめる。ローンの血圧は低下し、非常に具合が悪そうに椅子で身をよじっていたかと思うと、突然嘔吐した。彼女は何か言おうとしたが、その声は弱々しく言葉も不明瞭だった。しかし驚くべきことに、センターのスタッフはローンの状態を安定させることができた。病院で行なわれたその後の血液検査で、カリウムと乳酸デヒドロゲナーゼ（LDH）という酵素が、いずれも高濃度で検出された。それらを総合すると、体内の細胞にかなりの損傷があることがうかがえる。

ストレンジ、メトカーフ、ケリーの三人が透析中に突然容体が悪化した原因についてはまだわからなかったが、ローンについては一部始終が目撃されていた。

四月二八日に透析を受ける予定のもうひとりの患者は、透析歴八年のベテラン、六二歳のローレイン・ハミルトンだった。三年前からラフキンのセンターに透析を受けに通っている外来患者で、通常の手順は知り尽くしている。透析を受けながら、ハミルトンは看護師のキンバリー・サエンスがマーヴァ・ローンの透析機に近づくのを見ていた。それ自体は珍しいことではないが、サエンスがローンのほうに歩いていくときのようすは注意を引くものだった。サエンスは誰かが見ていないか確かめるように周囲を見回していた。

そのあと、思いもよらないことが起きた。ハミルトンは、サエンスが床に置かれたバケツに漂白剤を注ぐのを見たのだ。それが漂白剤なのは明らかだった。間違いようのない刺激臭が部屋を横切り、ハミルトンがいる透析ブースまで漂ってきたからだ。サエンスが落ち着いたようすで注射器を漂白剤で満たし、その中身をローンの透析ラインに注入するのを、ハミルトンは怯えながら見ていた。
背筋が凍るようなこの場面を目の当たりにしたのは、ハミルトンひとりではなかった。彼女の隣には、同じく透析患者であるリンダ・ホールがいた。ホールもやはり、サエンスが注射器に漂白剤を入れ、そのあと淡々とローンの透析ポートに注射するのを目撃した。ホールは目を疑った。自分は本当に、看護師が患者の静脈ラインに漂白剤を入れるところを見たのだろうか？　さらに恐ろしいのは、キンバリー・サエンスが自分の担当に割り当てられているということだ！　ハミルトンとホールはどちらも、もうひとりの介護士に気づいてもらおうと必死に手を振り、〝キム〟には自分たちに指一本触れさせないでと頼み込んだ。怯える患者ふたりを前に、介護士は何をすればいいかわからずにいた。

なすべきことは上司への報告だ。その上司とは、正看護師でクリニカルコーディネーターのエイミー・クリントンだった。ふたりの患者が何を目撃したかを聞いたとき、クリントンはその話が信じられなかった。サエンスを問いつめたが、誰にも薬剤を与えていないし静脈ラインに漂白剤など注射していないと否定された。サエンスが帰ったあと、クリントンはその日サエンスが使ったバケツと注射器を調べた。すると、すべてから漂白剤の陽性反応が出た。[*3]

四月二九日、サエンスはラフキンのダヴィータ透析センターを解雇され、センター自体も二カ月間閉鎖されることになった。それについてダヴィータ社は、「ラフキンの透析センターを自主的に閉鎖するに至った事態について、私どもはある人物による犯罪行為の結果であると考えています。その人物はすでに解雇され、センターにはもう勤務しておりません」と声明を発表した。二〇〇八年五月三〇日、ラフキンの警察はキンバリー・サエンスを逮捕した。サエンスの自宅のパソコンを調べたところ、ヤフーで「漂白剤中毒」を検索し、塩素中毒に関するある記事を閲覧していた。さらに、それ以前にも「透析中に漂白剤を投与」や「透析ラインの漂白剤は検出されるか」という言葉で検索していたことがわかった。

そして実際に、サエンスが担当し亡くなった患者から回収されたすべての注射器と透析ラインから漂白剤が検出された。サエンスは、マーヴァ・ローン、キャロリン・ライジンガー、デブラ・オーツ、グラシエラ・カスタニェーダ、マリー・ブラッドリーの五人それぞれに対する五件の加重暴行罪で起訴された。いずれのケースでも、サエンスは被害者の血流に漂白剤を混入させた罪に問われた。さらに六番目の訴因として、サエンスはクララ・ストレンジ、テルマ・メトカーフ、ガーリン・ケリー、コーラ・ブライアント、オパール・フューに対する極刑殺人罪で起訴された。こちらも同様に、血液に漂白剤を注入したことによる殺人である。

キンバリー・サエンスの裁判は一七日間続き、四九人が証言を行ない、四〇〇点近い証拠品が提示された。ガーリン・ケリーは、治療のために病院に搬送されるまで生きていたわずかふたりの犠牲者のうちのひとりだ。そのため彼の血液を使って3‐クロロチロシンの有無を調べる検査が行なわれた。3‐クロロチロシンは漂白剤がチロシンと反応したときにだけ生成される化学物質だ。チロシンとは、血液のアミノ酸であるヘモグロビンも含め、体内のほとんどのタンパク質に含まれるアミノ酸である。[*4]検査の結果、クロロチロシンは陽性だった。

ある専門家の証言によると、クロロチロシンの濃度はそれまで見たことがないほど高く、透析を受けている人に通常見られる量の三〇〇倍から四〇〇倍に相当したという。また、毒物学者でもある疾病管理センター（CDC）の医師は、注射器と静脈ラインには漂白剤の存在を示す明らかな証拠があり、被害者たちは漂白剤の注射が原因で死亡したと結論づけた。犠牲者の血液にどれだけの量の漂白剤が含まれていたかを問われた医師は、測定は不可能だと答えた。漂白剤はすぐに反応を起こして次亜塩素酸に変化し、それが臓器や組織を損傷させるからだ。

陪審員は、三件の加重暴行と五件の極刑殺人でサエンスを有罪と評決した。そして加重暴行一件につき二三年の懲役、さらに極刑殺人罪で仮釈放の可能性がない終身刑が言い渡された。

静脈内の漂白剤

塩素ガスが薄い体液の層に溶け込むと非常に有害な次亜塩素酸が生成されることはすでに述べた。では、その次亜塩素酸を漂白剤という形でじかに血液に注入したらどうなるだろうか。

血液に注入された漂白剤は赤血球と出会う。一パイント（約〇・四七リットル）の血液には、およそ二兆五〇〇〇億個の赤血球が含まれることから、赤血球に何かがダメージを与えれば、血液にも全身にも多大な影響が及ぶことになる。漂白剤は溶血反応《ヘモリシス》（「赤血球を破壊する」の意味）と呼ばれるプロセスによって赤血球を包む保護膜を消滅させる。赤血球内のタンパク質は、血液中に放出されることでさらに漂白剤と出会い解体される。こうして鎖がほどけたタンパク質は、互いにもつれ合って長い縄のようになる。ちょうどクリスマス電飾が何千本もからまり合ったような状態だ。ヘモグロビンに含まれる鉄分は血液に特有の色を与えている要素だが、これがむき出しになることで、タンパク質の縄は茶色っぽい錆びたような色を帯びる。血液中のタンパク質がからまり合ってできた固形物が細い血管に詰まり、さらには心臓に血液を送る動脈までふさいでしまうと、心臓発作を引き起こしかねない。看護師のシャロン・スミスがのちに語った、ガーリン・ケリーの透析ラインにあった奇妙なものとは、このような血栓であった可能性が高い。

漂白剤はまた、血液中の危険な化学反応を誘発する。漂白剤が血液のタンパク質に触れると、ホルムアルデヒドという化学物質ができる。これは、医学部で行なう解剖用の遺体を保存するために浸しておく薬品である。ホルムアルデヒドは細胞のなかに容易に入り込み、細胞内のタンパク質をすべて結合させて堅い網状にし、細胞を即座に死滅させる。

血液中でこのようなことが起きているあいだに、注入された漂白剤は血流に乗って素早く心臓に運ばれる。赤血球は体内のカリウムのおもな貯蔵庫であるため、赤血球が大量に破壊されると、血液中のカリウムが急激に増加する。大量の血中カリウムが心臓にどのような弊害をもたらすかは、第八章で見たとおりである。

死を招くレモネード

アルカロイドの苦い味はごまかせるし、シアン化合物のかすかなアーモンドの香りは誰もが感じ取れるものではない。また、ヒ素はなんの味もしない。だがさすがに、漂白剤のまぎれもない塩素臭に気づかずに飲んでしまう人はほとんどいないだろう。しかしそのことは、あまり巧妙ではない犯罪者に漂白剤を使った毒殺を思いとどまらせる抑止力にはならなかったようだ。

二〇一〇年七月、ミズーリ州カラザーズヴィルに住む一九歳のラレンゾ・モーガンは、ガールフレンドに腹を立てていた。そしてねじ曲がった理屈から、仕返しをするには彼女と幼い子どもたちを毒殺するのがいちばんだと考えた。モーガンは冷蔵庫にあったレモネードのピッチャーに漂白剤を注ぎ、製氷皿にも水と漂白剤を入れた。その後、外で遊んでいたガールフレンドの子どもたちふたりが帰ってきて、それぞれがレモネードをコップに注いだが、どちらもひと口飲んだあと、不快な飲み物を吐き出した。

レモネードへの異物混入は明らかに意図的なものだったが、子どもたちはあまり飲んでいないため、救急治療室に行ったり警察を呼んだりする意味はなさそうだった。実際、この家にいるもうひとりの子どもの父親がモーガンを追及しようと思わなかったならば、この一件は表沙汰にならずに終わっていただろう。こうして警察が関与し、モーガンは子どもたちを毒殺しようとしたことを認め、起訴され、最終的に第一級児童福祉侵害罪で有罪判決を受けた。

塩素系漂白剤もまた、正しく用いれば死や病気の予防に大きく役立つが、不適切な使いかたをすれば人の命を奪いかねない化学物質の一例である。食料雑貨品店の棚に並んでいるからといって漂白剤の毒性が弱まるわけではなく、使用するさいは注意を怠ってはならない。

結び　死神の庭園

タバコ、コーヒー、アルコール、ハシシ、青酸、ストリキニーネ
これらはみな弱い希釈物だ。
最も確実に人を殺す毒は、時間である。

ラルフ・ワルド・エマーソン「老齢期」
アトランティック・マンスリー（一八六二年一月号）

イングランド北東部ノーサンバランドの丘陵地帯に、アニック・カースルはある。ハリー・ポッター映画の舞台にも何度か使われたこの城には、ホグワーツ魔法魔術学校にあってもおかしくない、ほかではお目にかかれない魅力的な場所がある。よく整備された幾何学的庭園と階段状の噴水のあいだに、高い壁に囲まれ重厚な鉄の門に守られた庭がある。入口の門扉には、訪れる人々に向けた「These Plants Can Kill（ここの植物は猛毒です）」という警告の言葉がくっきりと書かれている。案内される客たちは、命を奪う植物の餌食にならないよう、植物の匂いをかいだり、触れたり、味わったりすることを禁じられる。大麻やコカインの原料となる植物も含め、現在一〇〇種類以上の毒草があるこの庭園は、現公爵夫人による、ドラッグの危険性を伝える教育の一環としてデザインされたものだ。ベラドンナ、ブルグマンシア（シロバナヨウシュチョウセンアサガオの仲間）、トリカブト、ヒマなど、本

書で紹介した植物の多くは、死神の庭園でも目立つ存在だ。

古代から一八世紀初頭に至るまで、毒殺魔はいとも簡単に罰を逃れてきた。毒がもたらす症状の多くは一般的な感染症の症状、なかでも胃腸の不調をともなうものと非常によく似ていたからだ。そのようなケースでは、殺人の多くが自然死と見なされてしまう。死因が疑わしい場合でも、毒物を検出して殺人を証明するすべはなかった。

科学の進歩により毒の検出方法が解明されたのは、一八世紀を迎えてからだ。しかし、たとえ試験管のなかで毒の正体が明らかになったとしても、死体から同じ毒を発見するのはより困難で、それを克服するのは必ずしも容易ではなかった。けれどもいまは、毒殺された犠牲者の体内に毒が存在するかどうかだけでなく、その量を知ることも可能になった。毒殺事件は以前よりもはるかに少なくはなったが、本書が示すとおり、いまなお起きている。しかし、そのような殺人をうまくやりおおせる可能性は、現在ではゼロに等しい。

植物に含まれる化学物質が毒性をもち、たとえそれが死に至らしめる猛毒だったとしても、本来その化学物質そのものは善いものでも悪いものでもない。それが有益なものになるか有害なものになるかは、あくまでも使いかた次第なのだ。面白いことに、いまわれわれが理解している人体の働きは、その多くが毒物の使用によって解明された。たとえば心臓の電気信号について理解するうえで、ジゴキシン等の化学物質の使用は大きく役立ち、不整脈や心不全に特化した優れた薬が開発される道が開かれた。

また、アトロピンや関連するニコチン（タバコに含まれる有毒な化学物質）等の化合物を人体組織に投与することで、神経の信号伝達がどのように行なわれているかが明らかになった。アトロピン中毒の症状のひとつに過度な口の渇きがある。唾液の分泌をコントロールし、気道に潤いを与えて正常な機能を維持させる信号を、アトロピンが阻害するためだ。意識のない患者や手術中の患者は、特に気管挿管が必要な場合、余分な唾液が口の奥に流れ込んで肺に入るおそれがある。肺が水浸しになると呼吸が困難になるばかりでなく、肺炎などの感染症が引き起こされることがある。そのため、医師は挿管された患者にアトロピンを投与し、唾液の分泌を抑えて命をおびやかす肺の感染症を予防する。

ある危険な物質が細胞内に入り込む方法が解明されたおかげで、ほかのものが細胞内に入る仕組みを知る手がかりが得られることはよくある。たとえば、リシンはエンドサイトーシス（飲食作用）と呼ばれるプロセスを使って細胞内に入り込む。それと同じプロセスを、ロタウイルスなど腸管に感染するウイルスや、気道に感染するコロナウイルスなども利用する。リシン等の毒物を使い、化学物質が細胞内に侵入する方法を解明することは、その侵入を防ぐ方法を知る第一歩となるが、それだけでなく、少ない量の薬で同等の効果が得られるよう、より効率的な薬剤の摂取方法を見いだすきっかけにもなる。

役に立つ毒は植物由来の化学物質だけとは限らない。カリウムは突然の心停止を引き起こす可能性があるが、細胞間を伝わる電流にカリウムがどう影響を及ぼすかを探る研究は、膵臓からインスリンがどのように放出されるのかを突き止めるうえで非常に重要だった。スルホニル尿素は血液中へのインスリン放出を促す薬で、2型糖尿病を患う数百万人が服用している。細胞からのカリウムの流出を変化させることで効果を発揮するこれらの薬は、膵臓の細胞に高濃度のカリウムを投与する研究から生まれた。このように、科学的研究への毒物の使用は、おそらく多くの人が考える以上に広く行なわれている。毒がなければ、人体の機能に関する解明は大きく妨げられただろう。

毒の検出に生涯を捧げてきた科学者がいる一方で、新種の毒を開発する能力を自身のよこしまな目的のために使おうとした者がいたのも事実だが、毒と毒殺者を同一視してしまうのは、毒というものがもつ特異な性質に依るところが大きい。しかし、薬物そのものには本来、悪意などない。単なる化学物質だ。多くの科学者や医療従事者が、身につけた知識を人を助けるためではなく害を与えるために用いてきたのはじつに嘆かわしいことだが、そのような残虐行為の責任は薬物ではなく、あくまでもそれを使う殺人者にあるという点は声を大にして言いたい。

付録　お好きな毒を

著者注記：以下の情報は教育のみを目的としたものであり、殺人を犯すためにいずれかの毒を使用するに当たってのメリットやデメリットを示すことを意図したものではない。
注：ティースプーン一杯は約五〇〇〇ミリグラム

トリカブト　Aconite
摂取経路：経口摂取
致死量：約二ミリグラム
標的・目的：神経伝達信号を変化させる
症状：吐き気、嘔吐、下痢、ほてり、疼き、口や顔から手足に広がる痺れ、発汗、めまい、呼吸困難、意識混濁、肺や心臓の麻痺
解毒剤：特になし。心臓病薬の使用で作用の緩和が可能

ヒ素　Arsenic
摂取経路：経口摂取
致死量：四〇～一〇〇ミリグラム

標的・目的：体内の全細胞に存在する、硫黄を含むすべての酵素が対象。エネルギー産生及び細胞の修復を停止させる
症状：激しい嘔吐と下痢、腹部痛、筋肉の痙攣、嚥下障害、激しい喉の渇き、嚥下障害をともなう口と喉の痛み、虚脈、腎不全、昏睡。一二〜三六時間以内に死亡
解毒剤：ジメルカプロール（別名：英国抗ヒ素剤）がヒ素と強固に結合し不活性化させる。ジメルカプロールは水銀、金、鉛による中毒の治療にも使用可

アトロピン　Atropine

摂取経路：通常は経口摂取
致死量：五〇ミリグラム以上
標的・目的：アトロピンは神経毒で、アセチルコリン受容体を遮断し正常なシナプス伝達を阻害する
症状：極度の口の渇き、ろれつが回らない、幻覚、目のかすみ、光に対する過敏な反応、意識混濁、尿閉、心拍数の急激な上昇、呼吸器の麻痺
解毒剤：特になし。フィソスチグミンの使用により作用の緩和が可能

塩素　Chlorine

摂取経路：注射、吸入
致死量：塩素ガスとして空気中に存在する場合は三四〜五一ｐｐｍ。経口摂取の場合は二〇グラム。静脈内投与の場合は二グラム

標的・目的：血球、筋肉、気道や鼻、目などのデリケートな組織
症状：注射により赤血球が破壊され、貧血が起き、腎臓や脳への酸素供給量が減る。血中タンパク質の酸化損傷。吸入により喉や気道、肺の化学熱傷が起き、呼吸困難につながる。肺のまわりに水がたまり呼吸困難になる。
解毒剤：なし

シアン化合物　Cyanide
摂取経路：吸入、経口摂取。
致死量：約五〇〇ミリグラム
標的・目的：ミトコンドリアを標的とし、エネルギー産生を停止させる
症状：痙攣、低血圧、心拍数の低下、昏睡、肺損傷、呼吸器不全、心停止
解毒剤：エデト酸二コバルトやビタミンB12等のコバルト塩
注：シアン化合物は最も即効性のある毒物のひとつである

ジゴキシン　Digoxin
摂取経路：経口摂取、注射
致死量：数ミリグラム
標的・目的：心臓の電気信号を遮断する
症状：めまい、精神錯乱、幻覚、腹部痛、筋肉痛、脱力感、吐き気、視力の変化、不整脈、動悸、呼

吸困難、心停止
解毒剤：アトロピンまたはデジバインド（余分なジゴキシンを吸収する抗体）

インスリン　Insulin
摂取経路：注射のみ
致死量：四〇〇〜六〇〇ユニット（一三〜三一ミリグラムに相当）
標的・目的：肝臓、筋肉、脂肪のインスリン受容体に作用し、血糖値を大幅に低下させる
症状：発汗、嘔吐、脱力感、興奮、精神錯乱、昏睡
解毒剤：グルコース（ブドウ糖）の静脈注射

ポロニウム210　Polonium-210
摂取経路：経口摂取
致死量：約〇・〇〇〇五ミリグラム
標的・目的：各細胞の核に含まれるDNA
症状：激しい頭痛、下痢、嘔吐、脱毛、広範囲に及ぶ内臓の損傷、数日から数週間で死に至る
解毒剤：なし
注：致命度はシアン化合物の約一〇〇万倍以上

カリウム　Potassium

摂取経路：経口摂取、注射

致死量：注射の場合は二〇〇〇ミリグラム、経口摂取の場合は毒性が低く、四〇万ミリグラム（四〇〇グラム）程度必要

標的・目的：全細胞が標的となるが、心筋細胞は特に作用を受けやすい

症状：吐き気、嘔吐、倦怠感、痺れ、胸痛、呼吸困難、不整脈、心停止

解毒剤：解毒剤はないが、透析や利尿剤で腎臓からの余分なカリウムの排泄を促す治療法がある

リシン　Ricin

摂取経路：注射、吸入、経口摂取

致死量：約一・五ミリグラム

標的・目的：全細胞のタンパク質合成機構

症状：注射の場合は発熱、吐き気、出血、広範囲に及ぶ組織の損傷、臓器不全。吸入した場合は暴露後四〜八時間で気道と肺の炎症や出血、発熱、咳、胸苦しさ等の症状があらわれ、その後脱力感や体液の蓄積が起き、最終的に呼吸器不全に至る。経口摂取の場合は吐き気、嘔吐、血性の下痢、腸管出血、ショック。三〜五日で死に至る

解毒剤：なし

注：リシンは人類史上最も毒性の強い物質のひとつである

ストリキニーネ　Strychnine

摂取経路：注射、経口摂取、目や口からの吸収

致死量：一〇〇～一四〇ミリグラム（ティースプーン五〇分の一杯）

標的・目的：ストリキニーネは神経毒で、グリシン受容体を標的とする

症状：激しい痙攣、窒息、高熱（筋肉の収縮による）、強直痙攣から後弓反張（八四～八八ページ参照）に至る。初期の影響を乗り切ったとしても、筋破壊により腎臓が損傷を受け、永久的な神経損傷が起きることがある

解毒剤：特になし。ストリキニーネ中毒は最も苦しい死にかたのひとつであり、暴露後三～四時間で疲労と窒息により死に至る

謝辞

本書の執筆中、たえず私を支え励ましつづけてくれた妻と娘たちに大きな感謝を伝えたい。きみたちはつねに私の喜びと幸せの源だ。これで妻もようやく、そこらじゅうに散らばっていた毒に関する走り書きのメモが本当に一冊の本を書き上げるためのものだったとわかってくれると願いたい！　また、私が生まれてからずっと支えてくれた両親にも感謝している。特に私が生化学を専攻していた学部及び大学院時代には、生化学とはどんなものなのかわからないながらも支援をしてくれた。

著作権エージェント Dystel, Goderich & Bourret における私の代理人ジェシカ・パピンのサポートがなければ、本書の執筆はまだ夢物語のままだっただろう。私の提案を当初から熱心に受け入れてくれたジェシカには多大な恩がある。彼女なしに本書はとうてい完成しなかった（ジェシカの助言により、動詞的動名詞への私の情熱はかなり抑えられた）。また、出版社 St. Martin's Press のすばらしい編集者、サラ・グリルとチャールズ・スパイサーにも感謝したい。彼らは本書の可能性を見抜き、この形につくりあげるのに力を貸してくれた。原稿を何度も読み返すなかで私から多くを学んだとサラは主張するが、実際は私のほうが彼女から多くのことを学び、文章力が各段にアップした。また、ついつい科学的な話をだらだらと書き連ねそうになる私を、彼女は軌道修正してくれた。

ロバート・ブリッジズ博士、ヘクター・ラスガド＝フローレス博士、パット・マコーマック博士、ボニー・ブレイザー＝ヨースト博士をはじめ、本書の科学的考察に時間を割いてくれた友人であり同僚でもある面々にもお礼を述べたい。彼らの尽力に感謝するが、何らかの科学的な誤りや見過ごしがあれば、それはすべて私の責任である。また、スコットランドのセント・アンドリューズ大学で生化学を教えてくださった先生がたにもお礼を述べたい。おかげで私は毒物に目覚めたが、それは想定外の進路だったはずだ。学部で行なった実験の多くは、シアン化合物を使ったものも含め、いまではもう許可されないだろう。最後に、これまで私の講義を履修してくれたすべての学生たちに感謝したい。生理学への理解を深めるために私が持ち出す殺人の話を、きみたちはいつも熱狂的に受け入れてくれた。きみたちが発見の旅に踏み出す手伝いができたことを非常に光栄に思う。感謝を伝え忘れている人がいるとしたら申し訳ないが、感謝していることに変わりはない――少々ばつが悪いが。

原註

エピグラフ

＊1　ジャイルズ・ブランドレス「How to commit the perfect murder（完全殺人の犯し方）」、サー・ジョン・モーティマーへのインタビュー。テレグラフ紙（ロンドン）、二〇〇一年一二月一八日。

序文

＊1　トファナ水の供給者として最も有名なのが、シチリアのトファナと呼ばれた女性だ。彼女はその薬物を、当時ちまたに出回っていた聖水をまねて「聖ニコラスの恵みの水」として売り出した。トファナ水は化粧水として販売されたが、購入者の多くはそれを *aqua tofana*（トファナ水）と呼び、毒薬として用いたようだ。その水の使用により、約五〇〇人が死亡したと推定される。「ナポリの水」として売られているこの薬剤がグラス一杯のワインに六滴垂らすだけで人を殺せる猛毒だと知ったナポリ総督は、ようやくその販売を禁止した。トファナは逮捕され、罪を告白したのち一七〇九年に絞首刑に処された。トファナ水の製法が後世に伝わっていないのは幸運と言えるだろう。

第一章

＊1　糖尿病には大きく分けて二つの型がある。体内でインスリンをつくりだせないのが「1型」、体がインスリンに対する抵抗性をもつ、または十分な量のインスリンがつくれないのが「2型」だ。1型の糖尿病は別名インスリン依存性糖尿病、また、子どもや若年層の患者が多いことから若年性糖尿病とも呼ばれる。

＊2　アレンの科学文献はどれも逸話の寄せ集めにすぎなかった。彼の友人によれば、すべて手書きされた原稿はほと

んど判読不能で出版社が読めなかったため、父親に費用を出してもらい、ハーバード大学に出版を依頼しなければならなかったという。飢餓状態が糖尿病患者の血糖値を下げるのは間違いないが、長期間のカロリー制限には問題があり、その最たるものが餓死である。アレンとジョスリンはそれを婉曲的に「飢餓性衰弱」と呼んだが、ジョスリンのほうは患者への同情心をいくぶん滲ませ、こう述べている。「何か新しい治療法が見つかるかもしれないと淡い期待を抱き、私たちは文字通り子どもも大人も餓死させてしまった……子どもを生かそうとして餓死させたのでは、しゃれにならない」

＊3　インスリンを発見したのはフレデリック・バンティングとチャールズ・ベストだが、最初の製品化にはジェームズ・コリップとジョン・マクラウドも関わっていた。だが不運にも、インスリンの発見という輝かしい物語は、科学者どうしの嫉妬や熾烈なビジネス競争、さらには実験室での殴り合いによって損なわれてしまった。インスリンの試験には四人の科学者が関与していたにもかかわらず、インスリンの発見によりノーベル賞を授与されたのはバンティングとマクラウドのみ。バンティングとコリップは、インスリンの特許をわずか一カナダドルでトロント大学に売り渡した。

＊4　人間は繊維質を消化できないが、腸の機能を正常に保つために繊維質は重要であり、腸の疾患を防ぐのにも役立つ。ウシも人間と同様に繊維質を分解する酵素をもたないが、ウシの腸には繊維質を消化できる特殊なバクテリアがいる。

＊5　一九九四年にノーベル経済学賞を受賞した数学者ジョン・ナッシュは統合失調症を患い、治療のためにインスリン・ショック療法を受けた。彼の生涯の物語と療法については、二〇〇一年の映画『ビューティフル・マインド』に描かれている。

＊6　「何らかの有害物質によって神経細胞の回復力と代謝が弱められ……細胞のエネルギーが減少し、その結果、細胞内で軽度またはそれ以上の冬眠状態が引き起こされた。その細胞がインスリンによって遮断されることで、細胞を機能させるエネルギーが強制的に蓄えられ、細胞の強化に使われたのではないか、というのが私の推測である」（M. Sakel, "The methodical use of hypoglycemia in the treatment of psychoses," reproduced in: *Am J Psychiatry* 151, supp. 6 [June 1994]: 240–247.）

＊7　イギリスの医学誌《ランセット》は、ランダム化比較試験の結果を公表した。インスリン昏睡療法で意識を失った患者とバルビツール酸塩の投与により意識を失った患者とを比較した結果、試験結果に差はなく、昏睡に何らかの臨床効果があったとしても、インスリンは治療効果をもつ薬剤ではないと結論づけられた。

＊8　内務省は、おもに法と秩序、治安維持を司る省庁である。

＊9　五九歳の心臓外科医が殺害された。彼が装着していたポンプ内のインスリンを、妻がエトミデート（麻酔剤）とクラーレと同様の作用をもつラウダノシン（筋肉弛緩剤）とすりかえ、それにより呼吸が停止したためだ。妻は看護師で、近くの病院の術後回復室に勤務、薬物を容易に入手できる立場にあった。（B. Benedict, R. Keyes, and F. C. Sauls, *American Journal of Forensic Medicine and Pathology* 25 [2004]: 159–160.）

第二章

＊1　フランス革命期、革命を支持するパリ市民は、目印に赤い帽子をかぶっていた。貴族がギロチンで斬首されるのを見物するのは楽しい娯楽であったが、そんなときでも人々はものを食べなければならず、革命家は赤い食べ物のみを食するべきだと提唱する熱心な料理人までいた。当時、貴族のあいだで不人気であったトマトは、血に飢えた民衆にとってこの上ない革命の象徴となった。

＊2　アトロピンについて英語で最初に言及したのは、中世イギリスの植物学者ジョン・ジェラードである。ジェラードはデッドリー・ナイトシェード（ベラドンナ）の危険性を警告し――彼はスリーピー・ナイトシェード（催眠性のナス科植物）と呼んでいた――命も奪いかねないと知っていた。彼は「この種のナス科植物は眠りを誘い……これを食べた者は深い眠りに落ち、多くがそのまま命を落とした」と記している。

＊3　アトロピンの精製方法を最初に発表したのはガイガーとヘッセだが、ハインリッヒ・マインというドイツの薬剤師が彼らより二年早く、一九三一年にアトロピンを製造していた形跡がある。

＊4　マルコーニの無線電信機の最初の使用例のひとつが、大西洋を渡って逃亡した殺人犯ドクター・ホーリー・ハーヴェイ・クリッペンの追跡だった。クリッペンは知らなかったが、世界中が逃亡する彼を追っていた。陸に着いた

とき、クリッペンは別の遠洋定期船で追跡していたスコットランドヤードの刑事に逮捕された。クリッペンはアトロピンと類似するヒオスシンという薬物を使って妻コーラを毒殺した。一九一〇年、彼はロンドンのペントンヴィル刑務所で絞首刑に処された。

＊5　レーヴィが夢のなかで行なった実験は、多少作り話が入っているのだろう。一九二〇年のイースターの週末にカエルの心臓の夢を見たとレーヴィは主張しているが、彼が研究を発表した雑誌が原稿を受け取ったのは、その年のイースターの前の週だった。話を語るのが好きだったレーヴィは、よりドラマチックにするために潤色したのかもしれない。それでもこの話は長い時を経ていまに伝えられ、これからも寝物語として神経科学者の子どもたちに語り継がれていくに違いない。

＊6　強制移送されたロシアのスパイのなかには、マンハッタンの社交界の花形でタレント、モデル、外交官の娘、そしてスパイでもあったアンナ・チャップマンがいた。

第三章

＊1　一八九六年、医学生のレナード・サンドルは試験を乗り切るための強壮剤としてストリキニーネを服用した。彼は医学雑誌《ランセット》への寄稿に次のように記している。

三年前、試験勉強をしていて〝消耗〟を感じた私は、ストリキニーネ溶液を一〇滴ほど服用した……飲みはじめて二日目の夕方、〝顔の筋肉〟がこわばり、口の中が金属のようなおかしな味がした。激しい不安感があり、そわそわと落ち着かず、じっと座って勉強するよりも歩き回って何かをしたい気分になった。ベッドに横になると、ふくらはぎの筋肉がこわばり〝痙攣〟を起こした。つま先が引きつり、体を動かしたり顔の向きを変えたりすると目の前に閃光が走った。そのとき私は、何か大変なことが起きているのだと気づいた。（"An Overdose of Strychnine," *The Lancet* 147 [1896]: 887.）

＊2　"*The Mysterious Affair at Styles*," *Pharmaceutical Journal and Pharmacist* 57 (1923): 61. じつはクリスティーは、第一

次世界大戦中に訓練を受け認定された薬剤師である。彼女は一九一七年に薬剤師試験に合格した。

＊3　ストリキニーネは史上最も苦い物質という記録を保持していたが、その悪評は一九五五年に色褪せることになる。その年、ハンブルク大学の教授フリードヘルム・コルテがリンドウの一種からある化学物質を抽出し、アマロゲンチンと名付けた。この物質がもつ苦味は、五八〇〇万倍に希釈しても検出が可能だ（つまり、オリンピックサイズのプールにアマロゲンチンを一滴垂らしただけでも苦味を感じることができる）。概算すると、アマロゲンチンはストリキニーネの一〇〇〇倍以上苦い。

＊4　一八六八年以降は公開絞首刑が法的に禁じられたため、受刑者は刑務所の塀の中で処刑された。しかし、クリームが絞首台に引き出されたとき、ニューゲート監獄の外には人だかりができ、その数があまりに多く、全員が声高に彼の死を求めていたことから、ある新聞は「これまでロンドンで処刑された罪人のなかで、処刑を憐れむ人間がこれほど少なかった者はいないだろう」と報じた。絞首刑に処されたクリームの最後の言葉は「私がジャック・ザ――」であったと死刑執行人ジェームズ・ビリントンは伝えている。自分が処刑したのはジャック・ザ・リッパー（切り裂きジャック）だったとの主張をビリントンは覆さなかったが、切り裂き魔が殺人を犯したころ、クリームはイリノイ州で服役中だった。しかしクリームの悪名の高さは相当なものであったことから、絞首刑の直後、マダム・タッソー蝋人形館は二〇〇ポンドを支払い、彼の人形に着せるために衣服と身の回り品を買い取った。

＊5　オールド・ベイリー（中央刑事裁判所）で開かれたクリームの裁判でマティルダ・クローヴァーの下宿の女主人が行なった証言の記録より。

＊6　アガサ・クリスティー『スタイルズ荘の怪事件』。London: The Bodley Head, 1921. 4.

第四章

＊1　ラムソンの裁判におけるベッドブルック校長の証言中、パーシーは薬を飲むのがうまいとラムソンが言ったという話が語られ、ロンドン市およびサザーク区の検死官がそこに着目した。この発言はその後、その検死官F・J・ウォルドーによって以下に記録された。"Notes on Some Remarkable British Cases of Criminal Poisoning," *Medical*

Brief 32 (1904): 936–940.

＊2 "The Case of Poisoning at Wimbledon," *Pharmaceutical Journal and Transactions* 12(1881–1882): 777–780.

＊3 公判記録は以下より。*Trial of John Hendrickson Jr. for the Murder of His Wife Maria by Poisoning*. Albany, NY: Weed Parsons and Co. Printers, 1853.

＊4 いわゆる魔女の軟膏（witches' salve）はトリカブトからつくられ、油脂に溶かして体に塗ると皮膚からトリカブトがゆっくり吸収される。腕や脚が地面から離れて浮いているような感覚が、魔女は空を飛べると言われる根拠になっている可能性が高い。

＊5 担当医たちが、症例報告として発表するために詳しく書き記した。（K. Bonnici, et al., "Flowers of Evil," *The Lancet* 376, no. 9752 [2010]: 1616.）

第五章

＊1 Georgi Markov, *The Truth That Killed*. New York: Ticknor and Fields, 1984.

＊2 のちにレントゲン画像をよく調べた結果、マルコフの脚に埋め込まれたごく小さい球状のものが写っていたが、あまりに小さいため、レントゲン技師はフィルムの傷だと思っていた。

＊3 ウラジーミル・コストフも同じくブルガリアから亡命し、パリのラジオ・フリー・ヨーロッパで働いていた。一九七八年八月二七日、コストフは地下鉄エトワール凱旋門駅のエスカレーターで襲われた。昇りエスカレーターの終着点に近づいたとき、腰のくびれた部分にチクリと痛みを感じ、振り返るとブリーフケースを持った男がいた。翌日、コストフは熱を出し、何かが刺さった部分の周囲が腫れた。マルコフが死亡したあと、医師がコストフの許可を得てペレットが挿入された部分の組織を採取すると、ペレットにはリシンが含まれていた。コストフが命を落とさずにすんだのは、ペレットにコーティングされた蝋が十分に溶けず、リシンの大部分がペレット内に残っていたからだ。ゆっくりと漏出したリシンによってコストフの身体に免疫反応が起き、抗体ができて毒素が中和されたのである。

第六章

＊1　キツネノテブクロ（foxglove）は、古英語に最初に登場したときも「foxglove」であったことから、時代を経て変化もしくは転訛した名称ではなさそうだ。ジギタリスに関する最初の歴史的文献のひとつは一一二〇年頃にイギリスのベリー・セント・エドマンズで書かれた*Herbarium Apuleii Platonici*の写本であり、そこに「foxglove」という言葉が登場し、以来一〇〇〇年近く変わっていない。

＊2　毒物管理センター所長スティーヴン・マーカス博士とウィリアム・コーズ医長との通話内容。

マーカス：これは警察マターです。

コーズ：我々はいま葛藤しているのです……つまりその……病院全体を大混乱におとしいれてしまうことと、その……患者をさらなる危害から守る責務とのあいだで。また、この件について性急に……その……判断を下す前にもう少し情報を得ようと、我々は調査を行なっているところです。

"Angel of Death" *60 Minutes*, CBS, April 28, 2013.

第七章

＊1　（のちにメアリー・シェリーの最も有名な小説の舞台となる）フランケンシュタイン城で生まれ育ったディッペルは、ゲッティンゲン大学で神学と錬金術を学んだ。研究中、教授のひとりが彼を「実験室の熱で脳が高度に発酵した」ような人物と評した。

＊2　一八六〇年、ロバート・クリスティソン教授（第四章参照）はスコットランドのリースを拠点とする捕鯨船の船長から一通の手紙を受け取った。銛に青酸（シアン化水素酸）入りカプセルをつけておけばクジラを効率良く死に至らしめることができるだろうかと問い合わせる内容だった。それに対しクリスティソンは、その方法はきっとうまくいくだろう、試みて「成功した」例も二、三あると答えた。しかし、クジラほどの大きなものにシアン化物が効果を発揮するのを目の当たりにした乗組員たちは、当然ながら、その巨体を切り刻むどころか触れることさえ嫌

がった。捕鯨が主要産業のひとつであった時代、スコットランド東海岸の多くの港から捕鯨船が出港し、ランプ用の鯨油を供給していた。化学の研究者でもあったクリスティソンはパラフィンの性質について先駆的な研究を行なっており、その研究は、鯨油が時代遅れのものとして廃れていく契機となった。

＊3　人間は太陽から直接エネルギーを得ることができるという考えが、ブレスアリアニズムという偽科学の世界で広まっていた。二〇一〇年に放送されたオーストラリアのドキュメンタリー番組で、食べ物も水も摂らず太陽光のみで七〇年間生きてきたと主張するインド人の教祖の話が紹介された。残念ながら、このようなナンセンスな話を鵜呑みにしてしまった五〇歳のスイス人女性が、太陽光と空気だけの食事を真似した。これが好ましい結果に終わるはずもなく、女性はスイスのヴォルフハンデンという町の自宅で遺体となって発見された。

＊4　一八九〇年代、ひとりの大胆な、というよりもむしろ無謀な医師が、シアン化合物の人体への影響を確かめるために少量のシアン化カリウムを飲み下した。医学誌は、彼が「呼吸困難におちいり」あえぐように叫ぶようすを記述した。この医師は自ら招いた苦難を乗り越え一命をとりとめたが、彼の実験を誰もくり返さなかったのは良識の証である。

＊5　以下、フェランテの裁判記録からの抜粋。

911：アレゲニー郡911番です。緊急事態が発生した場所の住所を教えてください。
フェランテ：もしもし。どうか、どうか、お願いします。リットン・アベニュー二一九番地にいます。妻が脳卒中を起こしたようです。
911：奥様は話ができますか？
フェランテ：いえ、ひと言も話しません。いま、いまちょうど発作が起きているようで［うめき声］。目は開けたままです。見ています、いま目を閉じました。［うめき声］ああ、神様。神様、助けてください。
911：大丈夫ですよ。さっきも言ったように、救急隊員をすぐにそちらに向かわせます。大丈夫。もうすぐ助けが来ますからね。奥様には何も食べさせたり飲ませたりしないでください、いいですね、ボブ？
フェランテ：ああ神様、助けてください。

911：大丈夫ですよ、ボブ、大丈夫。何も食べさせたり飲ませたり吸わせたりしないでください、医師の診断が難しくなりますから。ただ楽な姿勢で休ませて、救急隊員の到着を待ってください。
フェランテ：妻の、妻の家族がシェイディーサイドにいるので、あそこの病院に搬送するのがいいかもしれません。
911：わかりました。救急隊員が到着したら、シェイディーサイドに搬送してほしいと伝えてください、いいですね？
フェランテ：は、はい、そうします。

第八章

＊1　代用塩は塩化カリウム六〇パーセント、塩化ナトリウム四〇パーセントである。
＊2　二〇〇八年に出版されたダン・コッペル著『バナナの世界史――歴史を変えた果物の数奇な運命』（二〇一二年、太田出版）によると、アメリカ人が一年間に食べるバナナの量はリンゴとオレンジを合わせた量よりも多い。バナナはじつは果実（フルーツ）ではなく液果（ベリー）であり、バナナの木は木（ツリー）ではなく大型の草（ハーブ）である。(Dan Koeppel, *Banana: The Fate of the Fruit that Changed the World*. New York: Plume, 2008, xi.
＊3　一九五一年に出版された著書 *Let's Have Healthy Children* のなかで、栄養学者のアデル・デイヴィス（Adelle Davis）は疝痛に苦しむ赤ん坊には塩化カリウムが有効かもしれないと述べている。生後二カ月の赤ん坊をもつある母親がこのアドバイスを真に受け、母乳に三〇〇〇ミリグラムの塩化カリウムを混ぜて赤ん坊に与えた。翌朝も同じように一五〇〇ミリグラムの塩化カリウムを与えると、数時間後に赤ん坊はぐったりとし、皮膚が青ざめ、ついには呼吸が停止した。赤ん坊は急いで病院に運ばれたが、二日後に死亡した。血中カリウム濃度は正常値の三倍だった。何ら科学的根拠のないアドバイスは同業者から激しい批判を浴びたが、一九六〇年代、デイヴィスは依然として親たちから絶大な人気を得ていた。

第九章　ポロニウムとサーシャの無差別な腸

＊1　一九七〇年、ソ連は月探査機ルノホート一号を月面に送り込んだ（まだ誰も回収していない）。月面では、ルノホートの電子部品を保温するためにポロニウム210の放射性崩壊熱が利用された。

＊2　一九六〇年、アメリカ空軍パイロットのフランシス・ゲーリー・パワーズがマヤーク核施設を撮影していたとき、彼が操縦するCIAの偵察機が撃墜された。

＊3　一九九八年一一月一八日にモスクワで行なわれた記者会見。

＊4　リトヴィネンコが暗殺されたころ、アメリカ大使館はグローヴナー・スクエア二四番地のロンドン・チャンセリー・ビルディングにあったが、二〇一八年一月、テムズ川南岸バタシー地区ナイン・エルムズに移転した。新大使館の建物は、建築家キーラン・ティンバーレイクがデザインしたもので、クリスタルの立方体のように見える。レーガンの銅像は、いまもグローヴナー・スクエアにある。

＊5　https://assets.publishing.service.gov.uk/government/uploads/system/uploads/attachment_data/file/493860/The-Litvinenko-Inquiry-H-C-695-web.pdf

第一〇章

＊1　ルイ一四世の宮廷では、太陽王が「毒殺事件」に衝撃を受けていた。媚薬や魔術、殺人がからむ淫らな話は、ヨーロッパじゅうを魅了した。この物語の中心にいたのが、ラ・ヴォワザンとして知られるカトリーヌ・デエー・モンヴォワザンである。夫が破産すると、ラ・ヴォワザンは堕胎や媚薬の販売で財を成し、同様に毒薬の販売も行なっていた。彼女はまた、王の愛人であるモンテスパン夫人から、ヴォワザンの媚薬を使って王の寵愛を取り戻したいと相談を受けた。結果的に、ラ・ヴォワザンは魔術を使った罪で逮捕され、処刑された。

＊2　一八五一年に可決されたヒ素法では、ヒ素を購入できる者が厳しく制限されたが、販売できる者についてはなんの制限もなかった。一八六八年まで薬剤師（pharmacist）の法的な定義はなかったが、法律にもとづく薬局ができると、すべての薬剤師は誰がヒ素を購入したかを記録に残さなければならなくなった。この法律の条項に違反した

者、もしくは虚偽の情報を提供した者には、最大二〇ポンド（現在の約三〇〇〇～四〇〇〇ポンド）の罰金が科された。

＊3　シュタイアーマルク式弁護は、一八五七年のマデリーン・スミスの裁判や一八八九年のフローレンス・メイブリックの裁判で用いられ、その効果はまちまちだった。

第一一章

＊1　ハーバーは連合国軍を塹壕で殺し士気をくじくことで戦争を短期化させたいと考えていた。しかし彼の期待は大きく外れ、戦争はさらに三年半も続いた。

＊2　Ignaz Semmelweis, *The Etiology, Concept, and Prophylaxis of Childbed Fever* (1861). Translated and edited by K. Codell Carter. Madison: University of Wisconsin Press, 1983.

＊3　漂白剤、より正確に言えば漂白剤に含まれる塩素は、変色反応で容易に検出できる。ＤＰＤ（N,N-ジメチル-p-フェニレンジアミン）は無色だが、塩素と反応して色が変わる。色が濃ければ濃いほど塩素の含有用は多い。ＤＰＤは滴下するか、紙に染み込ませ試験紙として用いることができる。

＊4　細菌と出会うと、白血球は自身が合成する漂白剤（次亜塩素酸）を使ってその細菌を殺すことができる。このとき、漂白剤に含まれる塩素が、タンパク質を構成する二〇種類のアミノ酸のひとつチロシンと結合する。クロロチロシンはごく少量でも計測可能なため、クロロチロシンの存在は感染症に対する身体の反応を知るのに利用できる。キンバリー・サエンスのケースでは、感染症の場合に検出されるクロロチロシンの数百倍の量が検出された。

参考文献

以下は、本書で扱われたトピックの原典となる、興味深い書籍や記事の一部である。

全般

Blum, D. *The Poisoner's Handbook: Murder and the Birth of Forensic Medicine in Jazz Age New York*. New York: Penguin Books, 2010.〔『毒薬の手帖——クロロホルムからタリウムまで捜査官はいかにして毒殺を見破ることができたのか』五十嵐加奈子訳、青土社、二〇一九年〕

Christison, R. A. *A Treatise on Poisons in Relation to Medical Jurisprudence, Physiology and the Practice of Physic*. Edinburgh: John Stark, 1829.

Emsley, J. *The Elements of Murder*. Oxford: Oxford University Press, 2005.

Evans, C. *The Casebook of Forensic Detection*. New York: John Wiley & Sons, 1996.〔『不完全犯罪ファイル——科学が解いた１００の難事件』藤田真利子訳、明石書店、二〇〇〇年〕

Farrell, M. *Poisons and Poisoners: An Encyclopedia of Homicidal Poisons*. London: Bantam Books, 1994.

Gerald, M. C. *The Poisonous Pen of Agatha Christie*. Austin: University of Texas Press, 1993.

Glaister, J. *The Power of Poison*. London: Christopher Johnson, 1954.

Harkup, K. *A Is for Arsenic: The Poisons of Agatha Christie*. New York: Bloomsbury, 2015.〔『アガサ・クリスティーと14の毒薬』長野きよみ訳、岩波書店、二〇一六年〕

Herman, E. *The Royal Art of Poison: Filthy Palaces, Fatal Cosmetics, Deadly Medicine, and Murder Most Foul*. New York: St. Martin's Press, 2018.

Holstege, C. P., et al. *Criminal Poisoning: Clinical and Forensic Perpectives.* Burlington, MA: Jones & Bartlett Learning, 2010.

Johll, M. E. *Investigating Chemistry: A Forensic Science Perspective.* New York: Freeman and Co., 2007.

Macinnis, P. *Poisons from Hemlock to Botox and the Killer Bean of Calabar.* New York: Arcade Publishing, 2004.

Mann, J. *Murder, Magic and Medicine.* Oxford: Oxford University Press, 2000.〔『殺人・呪術・医薬——毒とくすりの文化史』山崎幹夫訳、東京化学同人、一九九五年※日本語版は初版〕

McLaughlin, T. *The Coward's Weapon.* London: Robert Hales, 1980.

Ottoboni, M. A. *The Dose Makes the Poison.* New York: Van Nostrand Reinhold, 1991.

Reader, J. *Potato: A History of the Propitious Esculent.* New Haven: Yale University Press, 2009.

Stevens, S. D., and A. Klarner. *Deadly Doses: A Writer's Guide to Poisons.* Cincinnati: Writer's Digest Books, 1990.

Thompson, C. J. S. *Poisons and Poisoners.* London: Harold Shaylor, 1931.

Trestrail, J. H. III. *Criminal Poisoning.* Totowa, NJ: Humana Press, 2007.

第1章

Ackner, B., A. Harris, and A. J. Oldham. "Insulin Treatment of Schizophrenia: A Controlled Study," *The Lancet* 272, no. 6969 (1957): 607–611.

Allen, F. "Studies Concerning Diabetes," *JAMA* 63 (1914): 939–943.

Askill, J., and M. Sharpe. *Angel of Death.* London: Michael O'Mara Books,1993.

Bathhurst, M. E., and D. E. Price. "Regina v Kenneth Barlow," *Med. Leg. J.* 26 (1958): 58–71.

Bliss, M. *The Discovery of Insulin.* Chicago: University of Chicago Press, 2007.〔『インスリンの発見』堀田饒訳、朝日新聞出版、一九九三年※日本語版は初版〕

Bourne, H. *The Insulin Myth. The Lancet* 263 (1953) : 48–49.

Joslin, E. "The Diabetic," *Journal of the Canadian Medical Association* 48 (1943): 488–497.
Marks, V., and C. Richmond. *Insulin Murders—True Life Cases*. London: Royal Society of Medicine Press, 2007.
Parris, J. *Killer Nurse Beverly Allitt.* Scotts Valley, CA: CreateSpace Independent Publishing, 2017.
Peterhoff, M., et al. "Inhibition of Insulin Secretion via Distinct Signaling Pathways in Alpha2-Adrenoceptor Knockout Mice," *Eur. J. Endocrinol.* 149 (2003): 343–350.

第11章

Carter, A. J. "Narcosis and Nightshade," *British Medical Journal* 313 (1996):1630–1632.
Christie, A. "The Thumb Mark of St. Peter," In *The Thirteen Problems*. Glasgow: Collins Crime Club, 1932.
Harley, J. *The Old Vegetable Neurotics: Hemlock, Opium, Belladonna and Henbane*. Charleston, NC: Nabu Press, 2012.
Holzman, R. S. "The Legacy of Atropos, the Fate Who Cut the Thread of Life," *Anesthesiology* 89 (1998): 241.
Marcum, J. A. "'Soups' vs. 'Sparks': Alexander Forbes and the Synaptic Transmission Controversy," *Annals of Science* 63 (2006): 638.
People vs. Buchanan, Court of Appeals of the State of New York, 145 N.Y.1 (1895).

第111章

Bates, S. *The Poisoner: The Life and Crimes of Victorian England's Most Notorious Doctor.* London: Duckworth Press, 2014.
Buckingham, J. *Bitter Nemesis: The Intimate History of Strychnine*. Boca Raton, FL: CRC Press, 2008.
Graves, R. *They Hanged My Saintly Billy: The Life and Death of Dr. William Palmer.* Garden City, NY: Doubleday, 1957.
Griffiths-Jones, A. J. *Prisoner 4374*. London: Macauley Publishers Ltd., 2017.
Li, W-C, and P. R. Moult. "The Control of Locomotor Frequency by Excitation and Inhibition," *J. Neurosci.* 32 (2012):

6220–6230.
Matthews, G. R. *America's First Olympics: The St. Louis Games of 1904*. Columbia: University of Missouri Press, 2005.

第四章

American Medicine 5, "Of Poisons and Poisonings," editorial comment (June 20, 1903): 977.
Headland, F. W. "On Poisoning by the Root of Aconitum nepellus," *The Lancet* 1 (1856): 340–343.
Turnbull. A. *On the Medical Properties of the Natural Order Ranunculaceae: And More Particularly on the Uses of Sabadilla Seeds and Delphinium Straphisagria*. Philadelphia: Haswell, Barrington and Haswell 1838.
Wells, D. A. "Poisoning by Aconite: A Second Review of the Trial of John Hendrickson Jr.," *Medical and Surgical Reporter (Philadelphia)* (1862): 110–118.

第五章

Ball, P. *Murder under the Microscope*. London: MacDonald, 1990.
Markov, G. *The Truth That Killed*. London: Littlehampton Books, 1983.
Schwarcz, J. *Let Them Eat Flax*. Toronto: ECW Press, 2005.

第六章

Graeber, C. *The Good Nurse: A True Story of Medicine, Madness, and Murder*. New York: Hachette Book Group, 2013.
Kwon, K. "Digitalis Toxicity," eMedicine, July 14, 2006; www.emedicine.com/ped/topic590.htm
Olsen, J. *Hastened to the Grave*. New York: St. Martin's Paperbacks, 1998.

Withering, W. *An Account of the Foxglove and Some of Its Medicinal Uses.* London: G.G. and J. Robinson, 1785.

第七章

Christison, R. "On the Capture of Whales by Means of Poison," *Proc. Roy. Soc. Edin.* iv (1860): 270–271.
Gettler, A. O., and A. V. St. George. "Cyanide Poisoning," *American Journal of Clinical Pathology* 4 (1934): 429.
Hunter, D. *Diseases of Occupations.* London: Hodder & Stoughton, 1976.
Kirk, R. L., and N. S. Stenouse. "Ability to Smell Solutions of Potassium Cyanide," *Nature* 171 (1953): 698–699.
Ward, P. R. *Death by Cyanide: The Murder of Dr. Autumn Klein.* Lebanon, NH: University Press of New England, 2016.

第八章

Anderson, A. J., and A. L. Harvey. "Effects of the Potassium Channel Blocking Dendrotoxins on Acetylcholine Release and Motor Nerve Terminal Activity," *Br. J. Pharmacol.* 93 (1988): 215.
Ebadi, S., with A. Moaveni. *Iran Awakening.* New York: Random House, 2006.〔『私は逃げない——ある女性弁護士のイスラム革命』竹林卓訳、ランダムハウス講談社、二〇〇七年〕
Koeppel, Dan. *Banana: The Fate of the Fruit that Changed the World.* New York: Plume, 2008.〔『バナナの世界史——歴史を変えた果物の数奇な運命』、黒川由美訳、太田出版、二〇一二年〕
Manners, T. *Deadlier Than the Male.* London: Pan Books, 1995.〔『世界を凍らせた女たち——女性連続殺人犯9人の愛と嘘』本間有訳、扶桑社、一九九七年〕
Webb, E. *Angels of Death: Doctors and Nurses Who Kill.* Victoria, Australia: The Five Mile Press, 2019.

第九章

Brennan, M., and R. Cantrill "Aminolevulinic Acid Is a Potent Agonist for GABA Autoreceptors," *Nature* 280 (1979): 514–515.

Emsley, J. *Elements of Murder*, Oxford: Oxford University Press, 2005.〔『毒性元素——謎の死を追う』渡辺正、久村典子訳、丸善、二〇〇八年〕

——. *Molecules of Murder*. Cambridge: Royal Society of Chemistry, 2008.〔『殺人分子の事件簿——科学捜査が毒殺の真相に迫る』山崎昶訳、化学同人、二〇一〇年〕

Harding, L. *A Very Expensive Poison*. New York: Vintage Books, 2016.

Owen, R. "The Litvinenko Inquiry" (2016). https://assets.publishing.service.gov.uk/government/uploads/system/uploads/attachment_data/file/493860/The-Litvinenko-Inquiry-H-C-695-web.pdf

Quinn, S. *Marie Curie: A Life*. Cambridge, MA: Perseus Books, 1995.〔『マリーキュリー　1・2』田中京子訳、みすず書房、一九九九年〕

Sixsmith, M. *The Litvinenko File*. London: Macmillan, 2007.

第一〇章

Blum, D. *The Poisoner's Handbook*. New York: Penguin Books, 2010.〔『毒薬の手帖——クロロホルムからタリウムまで捜査官はいかにして毒殺を見破ることができたのか』五十嵐加奈子訳、青土社、二〇一九年〕

Cooper, G. *Poison Widows: A True Story of Witchcraft, Arsenic and Murder*. London: St. Martin's Press, 1999.

Fyfe, G. M., and B. W. Anderson. "Outbreak of Acute Arsenical Poisoning," *The Lancet* 242 (1943), 614–615.

Goyer, R. A., and T. W. Clarkson. *Toxic Effects of Metals: The Basic Science of Poisons*. New York: McGraw-Hill, 2001.

Livingston, J. D. *Arsenic and Clam Chowder: Murder in Gilded Age New York*. Albany: SUNY Press, 2010.

Parascandola, J. *King of Poisons: A History of Arsenic*. Lincoln, NE: Potomac Books, 2012.

Vahidnia, A., G. B. van der Voet, and F. A. de Wolf. "Arsenic Neurotoxicity—A review," *Human and Experimental Toxicology* 26 (2007): 823.
Whorton, J. C. *The Arsenic Century: How Victorian Britain Was Poisoned at Home, Work, and Play*. New York: Oxford University Press, 2010.

第11章

Foxjohn, J. *Killer Nurse*. New York: Berkley Books, 2013.
Hurst, A. *Medical Diseases of the War* (1916). Plano, TX: Wilding Press. 2009.
Keegan, J. *The First World War*. New York: Vintage Books, 1999.
Saenz v. State of Texas, court report, www.courtlistener.com/opinion/4269367/kimberly-lark-saenz-v-state/

訳者あとがき

「毒にも薬にもならない」という言葉がありますが、この本には「毒にも薬にもなる」ものがたくさん登場します。

本書は、二〇二二年にアメリカのSt. Martin's Pressから出版された*A Taste for Poison: Eleven Deadly Molecules and the Killers Who Used Them*の邦訳です。著者のニール・ブラッドベリー博士は、イリノイ州にあるロザリンド・フランクリン医科学大学で生理学および生物物理学を教える現役の教授・研究者で、生理学的な視点から毒を「分子」としてとらえ、それが人間の身体にどう作用するのか、つまりどのような仕組みで命を奪うのかを論じている点が本書の最大の特徴と言えるでしょう。そしてもちろん、実際にあった毒殺事件の話がふんだんに盛り込まれています。著者は大学でも頻繁に実例を挙げながら授業を進めていくようで、おそらく本書はその授業に似ているのかもしれません。

タイトルにもあるように、本書で扱われているのは一一種類の毒――インスリン、アトロピン、ストリキニーネ、トリカブト、リシン、ジゴキシン、シアン化合物、カリウム、ポロニウム、ヒ素、塩素。ミステリ等でおなじみのストリキニーネ、トリカブト、シアン化合物（青酸）、ヒ素は、まさに「毒の四天王」とも言うべき顔ぶれですが、これまで〝毒〟として認識してこなかった意外なものもありました。その最たるものが、ほぼどの家の台所の流しの下にもあるもの――漂白剤でしょう。植物性の毒に、鉱物の毒、由来も作用もさまざまに異なる毒。それらを使った非道な毒殺事件の数々を読んでいると、毒の恐ろしさにばかり意識が行き、「万が一毒殺されるとしたらどの毒がいちばん怖いか」などと、ふと想像してしまう瞬間が何度もありました。

けれども、著者が本書を通じて最も伝えたかったのは、序文にある次の言葉でしょう。「化学物質とは本質的に「善い」ものや「悪い」ものではなく、単なる化学物質にすぎないということだ。その化学物質をどう使うか——つまり、生命を守るために使うのか、奪うために使うのかが善悪を分けるのである」たしかに、毒殺の歴史は物質を悪用してきた歴史であり、いまもなお毒殺魔とそれを突き止めようとする研究者たちのいたちごっこは続いています。そのあたりの流れは、本書でも何度か引用されている『毒薬の手帖——クロロホルムからタリウムまで捜査官はいかにして毒殺を見破ることができたのか』（デボラ・ブラム著、五十嵐加奈子訳、青土社、二〇一九年刊）にドラマチックに描かれています。

本書の読み方としてひとつお勧めしたいのが、各章の冒頭に引用されている本をついでに読んでみることです。アガサ・クリスティーあり、ハムレットあり、ハリー・ポッターあり……もちろん、すべて毒が関係しています。本書で得た毒の知識を踏まえて読むと、味わいがより深まるかもしれません。

最後になりますが、本書の企画を立て、翻訳して日本の読者にお届けできる機会を与えてくださった加藤峻さん、そして編集を担当され、調べ物等を淡々とこなし常に支えてくださった青土社の前田理沙さんに心から感謝を申し上げます。

二〇二三年七月

五十嵐加奈子

著者　ニール・ブラッドベリー（Neil Bradbury）

ロザリンド・フランクリン医科学大学教授。セント・アンドリューズ大学と、ウェールズ大学医学部を卒業し、生化学と医療生化学の学位を取得。本書が初の著書となる。

訳者　五十嵐加奈子（いがらし・かなこ）

翻訳家。東京外国語大学卒業。主な訳書に、ローラ・カミング『消えたベラスケス』、エドワード・ウィルソン＝リー『コロンブスの図書館』（以上、柏書房）、デボラ・ブラム『毒薬の手帖』、リー・メラー『ビハインド・ザ・ホラー』（以上、青土社）がある。

毒殺の化学
世界を震撼させた 11 の毒

2023 年 7 月 20 日　第 1 刷印刷
2023 年 8 月 11 日　第 1 刷発行

著者――ニール・ブラッドベリー
訳者――五十嵐加奈子

発行者――清水一人
発行所――青土社

〒 101-0051　東京都千代田区神田神保町 1-29　市瀬ビル
［電話］03-3291-9831（編集）　03-3294-7829（営業）
［振替］00190-7-192955

組版――フレックスアート
印刷・製本――シナノ印刷
装丁　一大倉真一郎

ISBN978-4-7917-7573-6
Printed in Japan